SAATKORN
EDITION

HEIKE STEINEBACH

Doch die Hoffnung bleibt

Eine Mutter kämpft um ihr krankes Kind

SAATKORN EDITION

Redaktion: Lena Kurzke
Unter Berücksichtigung der neuen Rechtschreibregeln
Umschlaggestaltung: Studio A Design, Hamburg
Titelfoto: Mauritius. Die Bildagentur GmbH
Der Abdruck des Liedes „Was uns bleibt“
von Manfred Siebald (Text) auf S. 213
erfolgt mit freundlicher Genehmigung der
© „When love comes home“ Word Music,
Summerdawn Music/Pila Music GmbH, Dettenhausen

Saatkorn Edition

Lüner Rennbahn 16, D-21339 Lüneburg
Satz: rimi-grafic, Nienhagen
Druck und Bindung: Clausen & Bosse, Leck

ISBN 3-8150-1539-1

Dieses Buch habe ich für meinen Mann Matthias geschrieben, den Mann, den ich mehr liebe als irgendetwas sonst auf der Welt. Für Benjamin war er der beste Vater, den Benny sich wünschen konnte. Und für mich ist er der Mann, mit dem ich auch in Zukunft Höhen und Tiefen erleben möchte und mit dem ich alt werden will.
Mit diesem Buch möchte ich auch meinen Gott ehren, der uns mit Benjamin das schönste Geschenk unseres Lebens gegeben hat und der uns in der ganzen Zeit nie allein gelassen, sondern uns auf seinen Händen getragen hat.

Teil 1

27. Dezember 1994. 1.04 Uhr. Benny liegt in meinen Armen. Er hat gerade seinen letzten Atemzug gemacht. Ich spüre noch seine Wärme. Kann es gar nicht fassen, dass er tot ist. Während ich in sein liebes Gesicht sehe, geht mir sein ganzes kurzes Leben durch den Sinn. In Gedanken gehe ich zurück zu jenem denkwürdigen 2. Mai 1994 ...

Matthias ist gerade noch mal mit dem Roller losgefahren. Er will schnell sein Mikrofon aus der Gemeinde holen. Ich gehe auf den Balkon. Es ist so schön warm, einer der ersten warmen Vorsommertage. Ich schließe die Augen und spüre die Freude in mir – Freude am Leben, an meinem Leben. Ich hätte nie gedacht, dass ich mit einem Mann so glücklich werden kann, wie ich es mit Matthias bin. Wir sind nun schon dreieinhalb Jahre verheiratet und ich liebe ihn jeden Tag mehr. Wir haben uns hier im Norden gut eingelebt, seit wir vor fünfzehn Monaten hierher gezogen sind. Der Beruf als Krankenschwester macht mir immer noch sehr viel Spaß. Matthias konnte sich auch seinen Wunsch erfüllen, seit er die Stelle in der Anästhesie begonnen hat. Die Arbeit als Pfleger auf Station hat ihm nie gefallen.

Dies alles geht mir durch den Kopf, als um 15 Uhr das Telefon klingelt. „Heike Steinebach", melde ich mich.

„Guten Tag, Frau Steinebach, ich bin Frau Schulz vom Jugendamt." Ich kenne ihren Namen nicht, ahne aber nichts Besonderes, bevor sie weiterspricht.

„Frau Steinebach", sie zögert, „es ist nicht ganz einfach, Ihnen das zu sagen – wir suchen eine Familie für einen zwei Wochen alten Säugling, der zurzeit in der Klinik liegt. Er hat einen schweren Herzfehler."

Mein Herz fängt wie wild an zu klopfen. Wir haben doch erst vor drei Wochen unser Überprüfungsverfahren als Pflege- beziehungsweise Adoptiveltern abgeschlossen.

„Das ist für uns kein Problem. Ich hatte schließlich auch einen angeborenen Herzfehler. Nach der Operation kann man dann völlig normal leben. Ich tue das jetzt ja auch."

Ich sage das fast euphorisch. Nach einer kurzen Pause spricht Frau Schulz weiter: „Das ist noch nicht alles. Das Kind, es ist ein kleiner Junge, hat das Downsyndrom."

Alle Euphorie fällt mit einem Schlag von mir ab. Downsyndrom, Mongolismus! Das Baby ist behindert!

Es fällt mir schwer, weiter zuzuhören.

„Seine Eltern lehnen ein behindertes Kind total ab. Keine der Bewerberfamilien für Adoptivkinder will Etilolio, so heißt er, haben. Sie sind die letzte Familie, die ich fragen kann."

Was soll ich sagen? Ich kann nur um Zeit zum Nachdenken bitten. „Ich muss das natürlich noch mit meinem Mann besprechen."

„Lassen Sie sich Zeit, es ist eine schwere Entscheidung. Ich will Sie nicht unter Druck setzen. Wenn Sie Nein sagen, verstehe ich es sehr gut. Denken Sie in Ruhe darüber nach. Wenn Sie sich entschieden haben, sagen Sie mir Bescheid."

Ich lege den Hörer auf und bin wie betäubt. Wo bleibt Matthias nur? Ich laufe auf den Balkon und gucke auf die Straße. Kein Roller zu sehen! Ich kann nicht mehr stillsitzen und renne vom Balkon in die Küche und wieder zurück. Wie sehr haben Matthias und ich uns ein Kind gewünscht! Als uns klar wurde, dass wir kein eigenes haben werden, fiel es uns nicht schwer, uns um eine Adoption zu bemühen. Angenommene Kinder gehörten schon immer zu unserem Lebenstraum. Und jetzt, wo dieser Traum wahr werden soll, ist das Kind behindert. Was wissen wir schon über das Downsyndrom? Ich gehe auf die Knie und meine Tränen fließen ununterbrochen. „Mein Gott, was soll ich tun? Das Kind ist seit zwei Wochen ohne Mutter und Vater. Es hat keine Bezugsperson. Wie allein muss es sich fühlen!"

Mir scheint, als spüre ich seine Einsamkeit an meinem eigenen Leib. Wieder renne ich zum Balkon. Matthias ist immer noch nicht zu sehen. Wenn er wüsste, was ich für Qualen leide! Ich ertrage die Stille in der Wohnung nicht mehr. So greife ich zum Hörer und rufe Anke an. Meine Schwester hat selbst zwei Kinder und kann mir vielleicht einen Rat geben. Doch es ist nur Guido, mein Schwager, zu Hause. Mit ihm kann ich dieses Problem nicht so gut besprechen und so lasse ich Anke nur ausrichten, dass sie mich zurückrufen soll. Und wieder laufe ich auf den Balkon. Es ist immer noch kein Matthias zu sehen. Ich versuche ihn telefonisch zu erreichen und rufe in der Gemeinde an. Doch da sagt man mir, dass Matthias gerade vom Hof gefahren ist. Also muss ich noch etwa zwanzig Minuten warten, bis er nach Hause kommt.

In Gedanken bin ich bei dem Baby. Ich spüre, wie es mich gefangen nimmt. Ist es nur Mitleid? Was hat dieses Gefühl der Sehnsucht bei mir zu suchen? Ich kenne dieses Kind noch nicht einmal!

Mitten im Zimmer sinke ich auf den Boden und wieder bitte ich Gott, uns bei der Entscheidung zu helfen.

Endlich geht die Tür auf und Matthias kommt herein. O du ahnungsloser Mann! Die nächsten Minuten werden auch dein Leben völlig durcheinander bringen. Er lächelt mich an und gibt mir einen Kuss. Ich warte, bis er seine Jacke ausgezogen hat, obwohl ich vor Ungeduld fast platze. Dann sprudelt es aber aus mir heraus: „Schatz, das Jugendamt hat angerufen. Sie brauchen Eltern für einen zwei Wochen alten Jungen mit einem Herzfehler und Downsyndrom."

Matthias macht während dieser kurzen Mitteilung alle Phasen durch, von Überraschung zu Freude bis hin zu Ernüchterung und Trauer. Wir setzen uns erst einmal auf das Sofa und ich berichte ihm alles, was ich weiß. Während ich, wenn ich aufgeregt bin, das Bedürfnis habe, ganz viel darüber zu reden, ist Matthias ein Typ, der still sitzen bleibt und erst einmal darüber nachdenkt. Ich weiß das und lasse ihn eine Weile mit seinen Gedanken allein. Dabei versuche ich krampfhaft, mich im Haushalt zu beschäftigen.

Als Matthias zu mir kommt, weiß ich, dass er bereit ist, darüber zu sprechen. Wir fühlen uns beide nicht fähig, uns jetzt zu entscheiden. Es ist wohl kein Zufall, dass Matthias morgen überstundenfrei hat. Und für mich ist dies sowieso eine Freiwoche. So entscheiden wir uns, noch einmal beim Jugendamt anzurufen.

Frau Schulz ist noch da und meldet sich sofort. Ich sage ihr, dass uns die Entscheidung nicht leicht fällt und wir mehr Informationen brauchen: „Wir möchten gerne mit dem Arzt sprechen. Er kann uns sicher sagen, auf was wir uns einstellen müssen."

Das kann Frau Schulz verstehen und verspricht, morgen mit uns in die Klinik zu fahren. Bis dahin gibt sie uns aber schon mal die Telefonnummer der Station, auf der Etilolio liegt. Ich rufe sofort dort an und bekomme nach einiger Zeit den Arzt zu sprechen. Nachdem ich ihm gesagt habe, dass wir überlegen, ob wir das Kind in Pflege nehmen, stelle ich meine Fragen an ihn: „Was ist mit seinem Herzfehler? Kann er operiert werden?"

Der Arzt ist sehr zurückhaltend, gibt mir aber Antwort: „Das Kind ist schwer herzkrank. Es hat einen AV-Kanal. Das bedeutet, dass alle vier Herzkammern miteinander verbunden sind. Daraus folgt ein erhöhter Lungendruck mit Überflutung der Lungen."

Das hört sich ziemlich schlimm an. Während der Jahre, die ich im Krankenhaus gearbeitet habe, habe ich schon viele Patienten mit Wasser in der Lunge erlebt. Was muss der kleine Kerl leiden!

„Wann kann er denn operiert werden?", will ich wissen.

„Das kann ich Ihnen so nicht sagen. Das Kind ist zur Zeit für eine Operation zu klein und zu schwach."

Mehr Auskunft will er uns am Telefon nicht geben und so verabreden wir uns für morgen zu einem Gespräch, bei dem auch Frau Schulz dabei sein soll.

An diesem Abend gibt es für uns kein anderes Gesprächsthema als Etilolio. Wir wissen nicht einmal, wie der Name ausgesprochen wird. Frau Schulz vermutet, dass er „Etilio" ausgesprochen wird. Gegen sechs Uhr abends versuche ich Anke noch mal zu erreichen, doch sie ist immer noch nicht zu Hause. Die Eltern wollen wir noch nicht informieren. Vielleicht kommt dieses Kind für uns gar nicht infrage und so können wir ihnen diese Aufregung ersparen. Außerdem sind Matthias' Eltern gerade im Urlaub und da möchten wir nicht unnötig stören.

Gegen halb sieben ruft Anke uns dann an. In den letzten Jahren wurde mein Verhältnis zu ihr immer besser, sodass sie nun in solchen Dingen meine engste Vertraute ist. Vielleicht will ich auch nur deshalb mit ihr sprechen, weil ich insgeheim weiß, dass Anke so ein Kind niemals ablehnen würde. Brauche ich nur jemanden, der mir Mut macht, meinen Gefühlen nachzugeben und ja zu diesem Kind zu sagen? Ich erzähle Anke die ganze Geschichte.

Guido hört mit zu und ist skeptisch: „Das ist eine Entscheidung, die euer ganzes Leben beeinflusst. Ein behindertes Kind geht nicht mit zwanzig Jahren aus dem Haus und ist selbstständig. Das müsst ihr bedenken."

Damit hat er die Probleme, die wir haben, auf einen Punkt gebracht. Was wird sein, wenn wir alt sind? Wer kümmert sich um das Kind, wenn wir es nicht mehr können? Anke sieht das Ganze aus einer anderen Perspektive:

„Was wird aus dem Kind, wenn ihr es nicht nehmt? Behinderte Kinder, die in einer Familie aufwachsen, haben viel bessere Entwicklungsmöglichkeiten als im Heim. Aber ihr müsst dem natürlich auch gewachsen sein."

Nach etlichen Minuten und noch mehr Einheiten auf dem Gebührenzähler von Anke und Guido will ich von Anke wissen: „Würdest du an unserer Stelle das Kind aufnehmen?"

Was hätte anderes kommen können als: „Ja, ich würde es nehmen."

Matthias und ich reden den ganzen Abend über „das Kind". Irgendwie fällt es uns schwer, ihn Etilolio zu nennen.

Wir haben das Gefühl, wenn wir ihn beim Namen nennen, nehmen wir uns einen Teil unserer Objektivität. Aber der Name geht mir einfach nicht aus dem Kopf.

Nach etlichen Stunden des Grübelns und Überlegens sind wir so erschöpft, dass wir müde ins Bett fallen. Doch vorher bitten wir Gott noch einmal um die richtige Entscheidung. Das Wissen, dass da ein Gott ist, der jeden Weg mit uns geht, egal, wie die Entscheidung ausfällt, hilft uns heute weiter. In dieser Nacht schlafen wir beide sehr unruhig.

Am nächsten Morgen kommt mir alles wie ein Traum vor, aber die Tatsache, dass Matthias morgens um acht mit mir frühstückt und unmöglich den gleichen Traum gehabt haben kann, macht mir bewusst, dass es Wirklichkeit ist. Unser Leben ist auf einen Schlag unglaublich spannend geworden. Irgendwie genieße ich das. Trotzdem sind die Zweifel, die uns gestern so gequält haben, noch kein bisschen weniger geworden.

Nach dem Frühstück machen wir uns also auf den Weg in die Klinik. Wir sind diese Strecke noch nie gefahren und wissen daher auch nicht, wie lange wir für die Fahrt brauchen. Wir sind schon ganz hibbelig und aufgeregt. Was wird uns der Arzt heute sagen? Unterwegs stehen wir erst mal im Stau – Baustelle. Ich habe das Gefühl, dass ich das nicht durchstehe. Doch auf einmal werde ich ganz ruhig. Mir wird klar, dass ich momentan nichts ändern kann. Ich muss das Ganze auf mich zukommen lassen. Wir reden darüber, ob wir das Kind sehen wollen.

Ich bin mir nicht sicher: „Wenn wir ihn sehen, fällt es uns wahrscheinlich schwer, Nein zu ihm zu sagen, auch wenn wir uns überfordert fühlen."

Auch Matthias hat Angst davor, das Kind zu sehen. So machen wir es von dem Gespräch mit dem Arzt abhängig, ob wir uns das Kind ansehen werden.

Endlich sind wir angekommen. Den Weg zur Kinderklinik finden wir unerwartet schnell. Trotzdem sind wir fast eine halbe

Stunde zu spät. Wir parken in der Tiefgarage vor der Kinderklinik, einem großen achtstöckigen grauen Haus. Die Balkone sind mit Netzen abgesichert. Beim Pförtner fragen wir nach der Station A. Wir müssen mit dem Fahrstuhl in den zweiten Stock fahren. Wir gehen durch eine schwere Eisentür und stehen auf einem dunklen langen Gang. Wir suchen das Schwesternzimmer und fragen nach Frau Schulz und dem behandelnden Arzt.

Die Schwester erklärt uns, dass wir noch etwas auf den Arzt warten müssen, aber Frau Schulz sei schon da. Aus dem Stationszimmer kommt sie auf uns zu.

Sie hat lange dunkle Haare und sieht noch sehr jung aus. Ich schätze sie auf Anfang Dreißig. Wir reichen uns zur Begrüßung die Hand und ich spüre, dass mir diese Frau sympathisch ist. Trotzdem kann ich eine gewisse Scheu nicht verbergen. Diese Situation macht mich unsicher und ich weiß, dass man mir meine Nervosität anmerkt.

Frau Schulz bedankt sich bei uns für unser Kommen: „Keine der anderen Pflegeeltern haben sich überlegt, ob sie dieses Kind nehmen können. Alle haben beim ersten Nachfragen schon abgelehnt."

Ich kann gar nicht glauben, dass man, ohne zu überlegen, Nein sagt. Es geht hier doch um ein Kind und nicht um ein Auto oder einen anderen Gegenstand, den man kaufen kann.

Es dauert nicht lange, bis der Arzt zu uns kommt. Er scheint noch sehr jung zu sein, mittelgroß, blond, etwas schlacksig mit einer Brille auf der Nase, die ihm etwas Studentenhaftes verleiht.

Wir werden in einen Raum am Ende der Station geführt, wo wir auf den wenigen Stühlen, die dort stehen, Platz nehmen. Der Arzt ist genauso nervös wie ich. Unaufhörlich spielt er mit seinen Händen oder seinem Stift. Die Spannung im Raum ist deutlich spürbar. Endlich fängt er an zu sprechen. Er erklärt uns noch einmal den Herzfehler des Kindes und seinen schlechten Allgemeinzustand. Ich frage noch mal nach dem Termin der Operation.

„Dazu kann ich momentan gar nichts sagen. Das Kind wiegt gerade 2490 Gramm. Um so risikoarm wie möglich operiert werden zu können, muss das Kind mindestens fünf Kilo wiegen, besser noch wären zehn Kilo", erklärt mir der Arzt.

Ich bin entsetzt. „Das bedeutet ja, dass das Kind mindestens ein halbes Jahr hier im Krankenhaus liegen muss."

„Das kann ich so nicht sagen. Wenn sich der Zustand des Kindes noch weiter verschlechtert, kann es sein, dass wir eine Notoperation durchführen müssen. Das würde allerdings die Überlebenschance verringern und die Möglichkeit von Komplikationen erhöhen."

Der Arzt erklärt weiter: „Wir versuchen die Operation so weit wie möglich hinauszuschieben. Das kann unter Umständen auch noch ein Jahr dauern."

„Muss der Junge denn die ganze Zeit im Krankenhaus liegen oder kann er zwischendurch nach Hause?", will Frau Schulz wissen. Der Arzt wird noch unruhiger und das Spielen seiner Hände verstärkt sich. „Das Kind ist sehr schwer krank und braucht ständige medizinische Überwachung bis zur Operation. An eine vorübergehende Entlassung nach Hause ist überhaupt nicht zu denken."

„Könnte er denn in die Uniklinik unserer Stadt verlegt werden bis zur Operation?", schaltet sich Matthias ein. Mir scheint, als wäre der Arzt etwas ärgerlich. Er lehnt diese Möglichkeit total ab. Er will das Kind unbedingt in seiner Klinik behalten. Mich interessiert die Behinderung des Jungen und ich will wissen, mit was wir da zu rechnen haben.

„Uns beschäftigt die Behinderung des Kindes nicht so sehr, denn das akut Gefährliche ist seine Herzsituation. Über die Behinderung kann ich Ihnen auch nicht viel sagen", meint der Arzt. „Wie stark sie ausgeprägt ist, stellt sich erst im Laufe des Lebens heraus. Ich kann Ihnen aber ein Gespräch mit einer Familie vermitteln, deren Kind zurzeit auf unserer Station liegt. Es ist vor anderthalb Wochen operiert worden und hat auch das Downsyndrom." Dieses Angebot nehmen wir gerne an. Als er uns fragt, ob wir Etilolio sehen wollen, stimmen wir zu, allerdings sehr zögernd. Frau Schulz möchte uns begleiten, wofür ich insgeheim sehr dankbar bin.

Als wir in das Zimmer kommen, fällt mein Blick gleich auf ein kleines Wärmebett, das auf einer Art Fahrgestell steht. Das Bettchen ist mit dem Fußteil nach unten gekippt. Ich weiß, dass das die Schonstellung für das Herz ist.

Die Seitenteile, das Kopf- und das Fußteil bestehen aus Plexiglas. Ich gehe langsam an das Bettchen heran. Darin liegt ein unglaublich blasses, schmales kleines Kind. Der Kopf scheint an der Stirn sehr breit zu sein, während das Kinn sehr schmal ist. Das gibt dem Gesichtchen eine etwas dreieckige Form. Die Augen sind halb geschlossen. Er hat blaue Augen. Die Augenlider sind etwas geschwollen und der Mund ist leicht geöffnet. Man erkennt eine leichte Atemnot. Er hat viele dunkle Haare und auf der Kopfmitte steht ein Haarbüschel senkrecht in die Luft. Ein kleiner durchsichtiger Schlauch führt durch die Nase in den Magen. Durch diesen Schlauch wird er ernährt. Die Magensonde ist über der Oberlippe mit einem schmalen Streifen eines braunen Pflasters befestigt. So wirkt es, als hätte dieses kleine Kerlchen schon einen Schnäuzer. Zugedeckt ist er nur mit einem weißen Bettbezug mit roten Punkten.

Ich stehe an seinem Bett und fühle – gar nichts. Ich bin selbst ein wenig erschrocken darüber, weil ich geglaubt habe, dass ich zu dem Kind gar nicht mehr Nein sagen kann. Ich habe zu diesem Baby noch keine Beziehung.

Ich weiß, dass ich Etilolio jeden Tag sehen muss, um eine echte Mutter-Kind-Beziehung aufbauen zu können.

So frage ich den Arzt noch mal, ob es nicht doch eine Möglichkeit gibt, das Kind in unsere Nähe verlegen zu lassen: „Er muss doch eine Beziehung zu mir aufbauen können und ich zu ihm. Solange er noch im Krankenhaus liegt, muss ich noch arbeiten. Und ich kann unmöglich jeden Tag nach der Arbeit noch so eine weite Strecke fahren. Selbst wenn ich das könnte, würde es nicht viel bringen, weil ich nur höchstens eine Stunde bleiben könnte. Jede Schwester hätte mehr mit ihm zu tun als ich als Mutter."

Matthias stimmt mir zu: „Wenn er dann nach der Operation zu uns nach Hause käme, wären wir fremde Leute für ihn. Würde er allerdings in unserer Uniklinik liegen, könnten wir ihn beide jeden Tag sehen und versorgen."

Es scheint, als wäre dies der wunde Punkt des Arztes: „Ich habe Ihnen vorhin schon erklärt, dass eine Verlegung nicht denkbar ist. Außerdem finde ich das mit der Mutter-Kind-Beziehung Quatsch. Ein Kind in diesem Alter merkt noch nicht einmal, ob es eine Bezugsperson hat oder nicht."

Da bin ich allerdings völlig anderer Meinung, doch der Arzt lässt sich auf keine weitere Diskussion mehr ein. Er sagt, dass er nun weiterarbeiten muss, aber wiederkommt, wenn er die Eltern des anderen Down-Kindes gesprochen hat. Auch Frau Schulz verabschiedet sich, und wir verabreden ein Telefongespräch für morgen.

Nun stehen Matthias und ich alleine an Etilolios Bettchen. Ich spüre, wie sich Matthias' Hand in meine schleicht.

Wir stehen einfach nur da und betrachten unseren möglichen zukünftigen Sohn. Keiner von uns traut sich, ihn zu berühren. Ich habe so stark das Bedürfnis, ihn zu streicheln, lasse es aber, weil ich Angst habe, dann meine Objektivität zu verlieren. Matthias geht es wohl genauso. Nun kommen wir auch dazu, den Rest des Zimmers wahrzunehmen. Hinter uns steht noch ein Wärmebettchen. Daneben steht ein Stuhl, auf dem eine Mutter sitzt und ihr Baby im Arm hält. Ich wäre gern an ihrer Stelle. An beiden Bettchen stehen Monitore, wo die Herzströme der Kinder aufgezeichnet werden.

Die Fensterfront besteht aus einer großen Glasschiebetür, die auf den Balkon führt. Der Balkon ist ein langer schmaler Gang, der von allen Zimmern aus begehbar ist. Vom Ende der Balkonbrüstung bis zur Decke ist eine Art Netz gespannt, das verhindern soll, dass die Kinder über die Balkonbrüstung klettern. Der Nebeneffekt dieses Netzes ist, dass man sich leicht eingesperrt fühlt. Viel Zeit bleibt mir nicht, über diese Dinge nachzudenken, denn der Arzt kommt herein und sagt uns, dass der Vater des anderen Kindes zu einem Gespräch mit uns bereit ist. Noch einen Blick auf Etilolio, und dann folgen wir dem Arzt wieder auf den Flur. Dort steht ein großer, schmaler Mann mit dunklem, lockigem Haar und lächelt uns an: „Guten Tag, ich bin der Klaus!" Auch wir stellen uns vor.

Der Arzt schlägt uns vor, wieder in den Raum zu gehen, in dem wir vorhin unser Gespräch hatten. Dann verabschiedet er sich von uns und bietet uns an, ihn bei weiteren Fragen anzurufen. Er würde jederzeit helfen. Ich kann mich des Eindrucks nicht erwehren, dass ihm ein Telefongespräch mit uns lieber ist als ein Gespräch unter vier bis sechs Augen.

Wir nehmen also wieder auf unseren gewohnten Stühlen Platz, während sich Klaus uns gegenüber niederlässt. Wir erklären ihm kurz unsere Situation. Er hat für uns Verständnis: „Ich kann Ihnen nur Mut machen zu einem Down-Kind. Unsere Swatina ist jetzt anderthalb Jahre alt. Natürlich ist sie nicht so weit entwickelt wie andere Kinder in ihrem Alter, aber man darf sein Kind einfach nicht mit anderen vergleichen. Wir würden nie auf Swatina verzichten wollen. Wenn meine Frau gleich von der Mittagspause zurückkommt, wird sie Ihnen das bestätigen. Natürlich gibt es mit behinderten Kindern Probleme, die man mit anderen Kindern nicht hat, aber andere Probleme hat man dafür nicht, die gesunde Kinder verursachen." Das habe ich mir auch schon überlegt: „Ich kann mir vorstellen, dass ich mit einem behinderten Kind später vielleicht weniger Probleme mit Kriminalität oder Drogen oder so etwas habe." Die Tür geht auf und eine Frau kommt herein. Sie ist unübersehbar schwanger. Auch sie ist mir auf Anhieb sympathisch. Sie begrüßt uns temperamentvoll und wendet sich dann an ihren Mann: „Wie war die Ultraschalluntersuchung von Swatina?"

„Es ist alles in Ordnung. Sie schläft jetzt."

„Hat man ihr was zur Beruhigung gegeben?"

„Ja, sie hat nur geschrien." Die Frau scheint darüber ärgerlich zu sein: „Ich habe mir so etwas schon gedacht. Jedes Mal, wenn ich nicht dabei bin, bekommt sie etwas zur Beruhigung, egal, ob es nötig ist oder nicht. Da haben die hier 'ne echte Macke!"

Dann wendet sie sich wieder zu uns: „Entschuldigung, aber hier muss man wirklich aufpassen, sonst machen die mit den Kindern, was sie wollen. Deshalb haben wir Swatina auch privat versichern lassen. Da trauen sich die Ärzte nicht so viel, weil sie dem Chef über alles Rechenschaft geben müssen." Dann kommen wir wieder auf die Behinderung zu sprechen. Auch Petra, so hat sie sich uns vorgestellt, bestätigt uns, dass ein Down-Kind etwas ganz Besonderes ist:

„Diese Kinder haben Macken, wie alle anderen auch, aber sie sind viel zugänglicher. Ein Down-Kind zu haben ist einfach schön! Und wenn unser zweites Kind ein Down-Kind ist, freuen wir uns auch. Viele Leute fragen, ob ich denn jetzt eine Untersuchung habe machen lassen, um das festzustellen, und verstehen nicht, dass wir das gar nicht wollen." Klaus pflichtet seiner Frau bei: „Es hätte keine Konsequenzen. Ein Down-Kind ist genauso liebenswert wie jedes andere Kind auch."

Sie nickt und erzählt uns von Reaktionen so mancher Leute: „Eine Frau fragte mich mal, ob wir es vorher hätten feststellen können. Als ich es bestätigte, meinte sie nur: ‚Schade, dass Sie es nicht getan haben.' Ich hatte dabei das Kind auf dem Arm! Ich sagte ihr nur: ‚Gut, dass wir es nicht getan haben! Stellen Sie sich mal vor, dann hätten wir dieses Kind jetzt vielleicht nicht!' Manche Leute sind da einfach taktlos." Das Gespräch wird immer lockerer, und als die beiden uns fragen, ob wir ihr Kind mal sehen wollen, stimmen wir gerne zu.

Petra und Klaus gehen leise vor, dann kommen wir nach. Das Zimmer ist mit gelben Gardinen abgedunkelt.

Im Raum stehen zwei Gitterbettchen, in denen die Kinder schlafen. Swatina liegt mit dem Gesicht zur Wand, sodass wir nicht viel von ihr sehen können. Ihre Eltern schieben ihr Bett vorsichtig von der Wand weg, damit wir sie sehen. Sie ist ein süßes Mädchen mit blonden Haaren wie ihre Mutter. Die typischen

Merkmale des Downsyndroms, wie zum Beispiel die etwas schräg gestellten Augen, sieht man ihr an. Swatina liegt zufrieden zusammengekuschelt in ihrem Bett und ich merke, dass ich sie gern habe. Sie sieht aber auch so unschuldig und süß aus! Um die Kinder nicht aufzuwecken, beschließen wir, auf den Balkon zu gehen. Es ist sehr warm, denn die Sonne scheint direkt darauf.

Unser Gespräch bleibt locker und ungezwungen. Ich finde es hier langsam gemütlich.

Petra gibt uns noch ein paar Buchtips über das Downsyndrom. So sitzen wir noch über eine halbe Stunde und reden. Bevor wir uns verabschieden, tauschen wir noch unsere Adressen aus. Wir versprechen den beiden, dass wir sie über unsere Entscheidung informieren.

Wir können nicht weggehen, ohne vorher noch mal zu Etilolio gegangen zu sein. Wieder stehen wir an seinem Bett und trauen uns nicht, ihn zu berühren. Durch das Gespräch mit den beiden ist die Angst vor der Behinderung geringer geworden. Diesmal spüre ich, wie ich mich zu diesem Kind hingezogen fühle. Später können wir uns endlich losreißen.

Wir sind uns in der Sympathie zu Petra und Klaus einig und dankbar, dass wir sie kennen lernen durften und mit ihnen reden konnten. Auch Matthias fühlt sich der Behinderung von Etilolio nicht mehr so hilflos ausgeliefert. Wir überlegen, was für Möglichkeiten wir dem Kind geben könnten und welche Arten von Förderung es für ihn gibt. Wir reden über die Möglichkeit von Krankengymnastik und Frühförderung. Von Frühförderung haben wir vorher noch nie etwas gehört. Klaus hat uns das als eine Art des spielerischen Lernens erklärt.

Zu Hause angekommen geht unser Gespräch weiter. Wir wissen, dass es unmöglich ist, dass ich arbeite und trotzdem jeden Tag die lange Strecke fahre. Wir beschließen, in unserer Uniklinik anzurufen und nachzufragen, ob Etilolio nicht doch in dieser Kinderklinik betreut werden kann, wenigstens bis zur Operation.

Ich lasse mich von der Zentrale mit der Kinderstation verbinden. Es meldet sich jemand, dessen Namen ich nicht verstehe. Ich erzähle ihm von Etilolio und erkläre ihm unser Problem. Er versteht es und verspricht, sich darum zu kümmern. Ich gebe ihm unsere Telefonnummer und bekomme von ihm seine Durchwahl genannt. Nun können wir nur noch abwarten.

Wir beschließen, meine Eltern anzurufen und mal anzutesten, wie sie reagieren würden, wenn wir ein behindertes Kind aufnehmen. Als wir ihnen von unserer Überlegung berichten, zögern sie etwas. Meine Mutter findet als Erste ihre Worte wieder:

„Heike, überlegt es euch gut. Das ist eine schwere Entscheidung. Ihr wisst nicht, wie stark behindert das Kind einmal sein wird. Und was ist, wenn ihr einmal krank werdet?"

„Heißt das, ihr ratet uns davon ab?", will ich wissen. „Nein, wir raten weder ab noch zu. Das ist eure Entscheidung. Wir sagen nur, dass ihr vorsichtig sein sollt."

„Wenn wir ihn nehmen, steht ihr dann hinter uns?"

Diese Frage ist der eigentliche Grund, weshalb wir bei meinen Eltern anrufen.

„Das ist völlig klar. Wenn ihr dieses Kind aufnehmt, werden wir es lieben wie unsere eigenen Enkelkinder auch."

Das ist schon ein gutes Gefühl. Sie versprechen für uns zu beten und wir brauchen diese Gebete.

Irgendwie schaffen wir es, auch die nächste Nacht schlafend zu verbringen.

Mittwoch, 4. Mai 1994. Im Laufe des Vormittags versuche ich die Nummer anzurufen, die mir der Mann von der Kinderstation gestern gegeben hat. Es meldet sich die Sekretärin von Professor Krause. In der Annahme, dass sie nicht weiß, worum es geht, beginne ich wieder unsere Geschichte zu erzählen. Sie sagt daraufhin: „Ja, ich weiß darüber Bescheid. Sie haben gestern mit Professor Krause darüber gesprochen."

Peinlich, ich dachte, es wäre ein Pfleger am Telefon gewesen. Schnell überdenke ich mein Telefongespräch des gestrigen Nachmittags, um festzustellen, ob ich mich in der Annahme falscher Tatsachen blamiert habe. Ich denke aber, dass ich das, was ich dem angeblichen Pfleger erzählt habe, genauso dem Professor erzählt hätte.

„Ich weiß nicht, was der Professor jetzt in die Wege geleitet hat. Er ist zurzeit nicht hier, aber er wird sich bei Ihnen melden, sobald er etwas weiß", fährt die Sekretärin fort. Also beschließe ich, mich in der anderen Klinik nach dem Befinden des Jungen zu erkundigen. Ich habe auch gleich den Arzt von gestern am Apparat:

„Ja, Frau Steinebach, es ist so, dass wir den Jungen heute auf die Intensivstation verlegt haben. Sein Zustand hat sich zwar nicht verschlechtert, aber auch nicht verbessert, sodass wir eine Intensivüberwachung erst einmal vorziehen."

Ich kann mich des Eindrucks mal wieder nicht erwehren, dass

das wieder nur eine Maßnahme ist, die einer Verlegung vorbeugen soll. Denn dass ein intensivüberwachtes Kind nicht so einfach transportiert werden kann, ist uns natürlich auch klar.

Deshalb erwähne ich meine Bemühungen um eine Verlegung besser nicht. Irgendwie mache ich mir aber doch Sorgen um das Kind. Ich rufe noch mal Frau Schulz an und erzähle ihr von dem Gespräch mit Professor Krause und dem Arzt in der Kinderklinik.

Sie versteht auch, dass wir noch keine Entscheidung getroffen haben.

„Das größte Problem ist, dass das Kind so weit entfernt liegt. Ich weiß nicht, wie ich es machen soll, jeden Tag dorthin zu fahren“, erkläre ich ihr.

„Ich verstehe Ihre Probleme und finde es ganz toll, dass Sie sich damit auseinander setzen. Andere hätten schon längst abgelehnt. Lassen Sie sich so viel Zeit für Ihre Entscheidung wie Sie brauchen. Während das Kind noch im Krankenhaus liegt, gibt es noch kein Pflegegeld, aber falls Sie sich für das Kind entscheiden, bekommen Sie für die Besuche Kilometergeld oder wir vereinbaren eine Pauschale.“

Doch für mich ist in diesem Moment der Zeitfaktor fast noch wichtiger als die finanzielle Frage.

An diesem Tag kann ich für unsere Entscheidung nichts mehr tun. Wir warten auf den Anruf von Professor Krause. Der kommt am nächsten Morgen. Da ich zurzeit nicht lange schlafen kann, bin ich sofort am Telefon, als Professor Krause um kurz nach acht anruft. Er hat eine angenehm warme Stimme. Das ist mir schon bei unserem ersten Gespräch aufgefallen.

„Ich habe mich auf unserer Kinderintensivstation erkundigt. Wir hätten zurzeit Platz für den kleinen Spatz. Vom Medizinischen her ist unsere Intensivstation auch für solche Fälle ausgerüstet. Er wäre nicht das erste und sicher auch nicht das letzte herzkranke Kind bei uns. Die Mitarbeiter sind auch schon informiert.“

Ich erzähle ihm, dass Etilolio auf die Intensivstation verlegt wurde und dass der Arzt jetzt mit Sicherheit nicht zustimmt. Professor Krause versichert mir aber, dass sie das Kind auch zu einem späteren Zeitpunkt übernehmen werden, wenn er wieder verlegungsfähig ist. Zum Abschluss wünscht er uns alles Gute für die Zukunft. Ich bedanke mich herzlich bei ihm.

Was nun? Ich rufe bei Matthias an. Wir besprechen, dass unsere Entscheidung nun davon abhängig ist, ob der Arzt einer Verlegung zustimmt, wenn es dem Kind besser geht. Also rufe ich wieder in der Klinik an. Doch der Arzt macht mir am Telefon ganz deutlich klar, dass er einer Verlegung niemals zustimmen wird, egal, wie gut es dem Kind geht. Als ich ihm erkläre, dass unsere Entscheidung davon abhängig ist, ob das Kind irgendwann in unsere Nähe kommt oder nicht, antwortet er mir: „Es tut mir Leid, dass Sie das Kind nicht nehmen können, aber eine Verlegung ist nicht möglich." Ich habe das Gefühl, dass es ihm gar nicht so Leid tut, dass wir nicht imstande sind, das Kind unter diesen Umständen zu nehmen. Ich bin von ihm als demjenigen, der für das Kind das Beste herausholen sollte, total enttäuscht. Ich habe das Gefühl, als habe er in keinem Punkt versucht uns zu helfen. Im Gegenteil, er hat uns alles nur erschwert. Ich müsste wütend auf ihn sein, aber irgendwie ist er mir trotzdem sympathisch, ich kann es nur nicht erklären.

Alles sträubt sich in mir, mich mit dieser Lösung zufrieden zu geben. Matthias hat gestern gesagt: „Egal, wie wir uns entscheiden, die Entscheidung wird unser Leben beeinflussen. Selbst wenn wir ablehnen, werden wir in Gedanken immer bei diesem Kind sein."

Ich muss mich beeilen, denn ich habe noch einen Termin beim Augenarzt. Während der Busfahrt sind meine Gedanken immer bei dem Kind. Und plötzlich kommt mir eine Lösung in den Sinn. Ich rechne im Kopf wild hin und her.

Wie wäre es, wenn ich kündigen würde? Wenn das Jugendamt die Kilometerpauschale zahlt, die Frau Schulz mir vorgeschlagen hat, dann kämen wir finanziell auch hin. Vielleicht wäre es auch möglich, dass man eine generelle monatliche Pauschale mit dem Jugendamt abspricht, sodass ich auch mit dem Zug fahren könnte. Ich bin immer begeisterter von meiner Idee und es fällt mir schwer, beim Augenarzt zu sitzen und zu warten. Da mir der Arzt Augentropfen zur Pupillenerweiterung gibt, muss ich noch etwas im Wartezimmer sitzen, bis meine Augen schön groß sind. Mit den weiten Pupillen kann ich sowieso nicht mehr lesen, also spinne ich meinen Faden weiter: Wenn ich morgens ganz früh mit Matthias aus dem Haus gehe, um zum Kind zu fahren, bin ich früh genug bei ihm, um einige Stunden dableiben zu können.

Nach der Untersuchung gehe ich zum Bahnhof und besorge mir einen Fahrplan von unserer in die andere Stadt. Schon im Bus lese ich wie wild im Plan herum, das heißt, ich versuche zu lesen, denn ich habe ja noch die weiten Pupillen, was zwar angeblich sehr hübsch aussehen soll, aber enorm beim Lesen stört. Ich finde mit aller Mühe trotzdem heraus, dass, wenn ich morgens um sieben Uhr mit dem Zug fahren würde, ich etwa um neun Uhr in der Klinik wäre. Wenn ich bis etwa drei Uhr bei dem Kind bleiben würde, käme ich nur eine Stunde später nach Hause, als wenn ich arbeiten ginge. So hätte mich Matthias nicht viel weniger als sonst auch. Ich finde es wichtig, dass Matthias nicht zu kurz kommt. Er muss auf jeden Fall weiterarbeiten, sodass er den Kleinen immer nur am Wochenende sehen kann. Es wäre schlimm, wenn er mich dann auch kaum noch sehen würde.

Kaum zu Hause angelangt rufe ich mal wieder bei Frau Schulz an. Ich habe langsam die Sorge, dass ich ihr auf die Nerven gehe, aber das weist sie zurück. Sie ist so froh, dass wir nach Möglichkeiten suchen. So erzähle ich ihr meine neue Idee, und wir rechnen einen Weg aus, der es uns auch finanziell ermöglicht, dass ich aufhören kann zu arbeiten.

Als Matthias nach Hause kommt, weiß er von alledem noch nichts. Ich habe ihm, bevor ich zum Augenarzt gefahren bin, nur schnell das Ergebnis des Gespräches mit dem behandelnden Arzt erzählt. So kommt Matthias in dem Gedanken nach Hause, dass wir uns gegen das Kind entscheiden werden. Auf der einen Seite scheint er bedrückt zu sein, dass die Zukunft des Kindes noch ungewisser ist als vorher. Auf der anderen Seite scheint er aber auch erleichtert zu sein, dass wir nun endlich eine Entscheidung getroffen haben. Als ich ihm nun von der neuen Möglichkeit berichte, merke ich, dass ich ihn damit wieder in tiefe Zweifel stürze. Darum schlage ich ihm vor:

„Lass uns heute eine Entscheidung fällen. Wenn du dich überfordert fühlst, dann ist das okay. Wenn wir dieses Kind nehmen wollen, müssen wir beide voll dahinter stehen. Glaub mir, ich habe auch große Angst, ob wir es schaffen!"

Ich gehe in die Küche, um zu spülen. Ich weiß, Matthias braucht jetzt seine Ruhe, um über alle Konsequenzen unserer Entscheidung nachzudenken. Er sitzt ganz still auf dem Sofa und starrt auf den Balkon hinaus.

Nach einer Weile steht er hinter mir in der Küche. Ich drehe mich zu ihm um und schaue ihn erwartungsvoll an.

„Ich möchte, dass wir dieses Kind aufnehmen!"

Mir ist, als wäre alle Last von mir abgefallen: „Ach Schatz, ich bin froh, dass du dich so entschieden hast. Ich habe das Gefühl, es ist richtig."

Wir sprechen über die Angst, die wir dennoch haben, aber irgendwie sind wir beide erleichtert, dass wir endlich eine Entscheidung getroffen haben. Es ist zu spät, um noch beim Jugendamt anzurufen und es Frau Schulz mitzuteilen. Aber irgendwie wollen wir für uns etwas tun, das diesen Schritt bestätigt. So fahren wir noch schnell in die Stadt und kaufen einen Strampelanzug für unseren Sohn. Es macht mir richtig Spaß zuzugucken, mit welchem Eifer Matthias die Regale mit Babysachen durchforstet. Endlich entscheidet er sich für einen quietschgelben Strampler mit kleinen lila und grünen Punkten:

„Der Junge muss doch Farben kennen lernen. Bisher wurde ihm da ja noch nicht so viel geboten", begründet Matthias seine Wahl. Auf dem Weg zur Kasse kommen wir an einem kleinen Sandmann in einem roten Kostüm vorbei. Er hat ein ganz liebes Gesicht. Wenn man ihn aufzieht, spielt er die Melodie von „Guten Abend, gute Nacht". Dabei bewegt er seinen Kopf. Den soll Etilolio haben, Matthias und ich sind uns einig. Wieder zu Hause, freuen wir uns über die neuen Errungenschaften. Etliche Male lassen wir die Spieluhr spielen. Doch jetzt heißt es, der Familie Bescheid zu geben. Meine Eltern scheinen sich schon mit dem Gedanken abgefunden zu haben, dass sie demnächst ein behindertes Enkelkind bekommen werden. Sie sagen uns ihre Unterstützung zu. Nun kommt aber das Schwierige: Die Schwiegereltern sind noch im Urlaub und haben nicht den blassesten Schimmer, was sie gleich erwarten wird. Wir rufen im Hotel an. Die Eltern scheinen schon im Bett zu liegen. Der Hotelier muss sie erst an das Telefon rufen.

„Matthias, was ist los? Ist was passiert?" Mutti ist hörbar aufgeregt.

Matthias versucht sie zu beruhigen: „Nein, es ist nichts Schlimmes. Wir können euch ja leider nicht anders erreichen. Wir wollten euch nur sagen, dass wir ein Kind bekommen. Es ist drei Wochen alt."

Schweigen auf der anderen Seite der Leitung. Sie scheint zu ahnen, dass das noch nicht alles war.

„Das Kind liegt zurzeit noch im Krankenhaus. Es hat einen schweren Herzfehler und muss noch operiert werden." Matthias bemüht sich wirklich, nicht mit der Tür ins Haus zu fallen.

„Ja, und nun?" Mutti ist unsicher.

„Der Junge ist behindert. Er hat das Downsyndrom, also Mongolismus."

Nun ist es heraus. Auf der anderen Seite der Leitung wird es lebendig. Schwiegermutter bittet uns, dieses Kind nicht zu nehmen:

„Ihr belastet euch euer ganzes Leben damit. Tut es nicht, nur weil ihr ein Kind haben wollt."

Matthias erklärt ihr, dass das sicher nicht der Grund dafür ist, dass wir uns für das Kind entschieden haben. An dem Gespräch merke ich, dass Matthias voll und ganz hinter seiner Entscheidung steht.

Mutti bricht das Gespräch ab: „Ich muss erst mit Papi darüber sprechen, aber ich möchte nicht, dass ihr das Kind nehmt."

Im ersten Moment sind wir geschockt über die ablehnende Haltung der Schwiegereltern. Ich spüre eine Menge Wut im Bauch. Was wir brauchen, ist Unterstützung und nicht Ablehnung. Aber ich muss ihnen natürlich auch das Recht auf ihre eigene Meinung zusprechen. Ich kenne auch die Impulsivität meiner Schwiegermutter und verstehe ihre schwierige Situation. Sie sitzen da gerade in einem Hotel in den Bergen fest, bekommen völlig unvorbereitet die Nachricht, dass sie Großeltern eines behinderten Kindes geworden sind und dann kann sie nicht einmal anfangen, Babysachen rauszusuchen. Wir sind überzeugt davon, dass sich ihre Haltung noch ändern wird. Kurze Zeit später klingelt das Telefon und meine Schwiegermutter ist dran. Diesmal bin ich am Apparat. Nun will sie noch wissen, wie das Kind heißt, was mit den Eltern los ist, wann es operiert wird, und und und. Ich denke, das ist der erste Schritt zum Großmutterwerden.

Nun wissen also fast alle Bescheid. Es ist spät geworden und nach der Hektik des Tages tut die Stille richtig gut. Etilolio! Wie soll er nur jemals lernen, diesen Namen auszusprechen? Wo wir selbst gar nicht wissen, wie er richtig ausgesprochen wird.

„Ob es möglich ist, dass wir ihm noch einen Namen dazugeben können?", überlegt Matthias.

„Wir können es auf jeden Fall versuchen. So als Rufnamen. Den anderen Namen sollte er aber auch behalten. Es ist das Einzige, das ihm seine Eltern mitgeben werden", schließe ich mich seiner Überlegung an.

„Wie sollen wir ihn nennen?", fragt Matthias mich.

Die Antwort fällt mir nicht schwer. „Benjamin! Das bedeutet ‚Sohn meines Glücks'."

Ich wollte schon als kleines Mädchen meinen ersten Sohn Benjamin nennen. Und welcher Name passt besser gerade zu diesem Kind!

„Vielleicht bekommt er mal unseren Nachnamen", sagt Matthias. „Benjamin Etilolio Steinebach! Das hört sich gut an."

„Ich schätze, wir werden ihn Benny rufen", überlege ich.

„Warum nicht, wenn es zu ihm passt!" Matthias scheint nichts dagegen zu haben: „Den Namen kann er auf jeden Fall lernen."

Freitag, 6. Mai 1994. Ich rufe gleich morgens Frau Schulz an. Sie freut sich über unsere Entscheidung und sichert uns jede Unterstützung zu, die wir brauchen. Ich spreche sie auf das Namensproblem an und sie versteht unsere Überlegungen. „Ich weiß nicht, ob es möglich ist, auch den Nachnamen zu ändern, solange er Pflegekind ist, aber mit dem Vornamen dürfte das kein Problem sein. Aber wir versuchen trotzdem auch gleich den Nachnamen zu ändern. Da er ja auf keinen Fall in seine Herkunftsfamilie zurückgeht, müsste das auch zu machen sein. Haben Sie sich denn schon für einen Namen entschieden?", will sie wissen.

„Ja, wir möchten ihn Benjamin nennen. Falls er später den Namen nicht aussprechen kann, kann er immer noch Benny sagen. Einen leichteren Namen gibt es schon fast gar nicht mehr."

Mir kommt noch der Gedanke, dass Benjamin durch seine Behinderung und durch sein ausländisches Aussehen später genug Abgrenzung erfahren muss. Da muss ein so ungewöhnlicher Name nicht noch seinen Teil dazutun.

„Können wir Benjamin denn morgen schon besuchen, oder müssen wir noch auf etwas Schriftliches warten?", möchte ich noch wissen.

„Nein, Sie können zu ihm, sooft Sie wollen. Ich werde im Krankenhaus Bescheid sagen, dass Sie das Recht dazu haben", bestätigt mir Frau Schulz.

Nach diesem Gespräch rufe ich jedoch selbst auch noch einmal in der Klinik an und teile dem Arzt den Stand der Dinge mit. Er sagt zwar, dass er sich über diese Entscheidung freut, aber irgendwie habe ich den Eindruck, anders war ihm der Zustand lieber. Vielleicht täusche ich mich aber auch.

Ich bin voller Energie und habe meinen Haushalt schnell fertig. Also fahre ich noch zu meiner Arbeitsstelle, um mit meiner Pflegedienstleitung über einen Auflösungsvertrag zu sprechen. Ich erkläre die Situation und bitte darum, den Auflösungsvertrag zum 1. Juli zu bekommen. So müsste ich dann nur noch zwei Wochen arbeiten, denn den ganzen Juni über habe ich Urlaub und überstundenfrei. „Wir finden das bewundernswert, dass Sie sich eines solchen Kindes annehmen. Wir werden uns Ihnen da ganz sicher nicht in den Weg stellen."

Ich habe also die Zustimmung des Arbeitgebers. Bevor ich nach Hause fahre, gehe ich auf meiner Station vorbei und informiere meine Kollegen. Sie sind etwas sprachlos, aber die meisten freuen sich mit mir, wenn auch sehr verhalten. Schließlich werde ich ja nicht Mutter eines gesunden Kindes.

Zu Hause entschließe ich mich, Matthias von der Arbeit abzuholen. Ich fahre also in die Stadt und warte auf meinen Mann. Auch seine Kollegen wissen schon über alles Bescheid. Mir kommen Kollegen entgegen, die mir gratulieren, aber auch welche, die meinen, erst einmal mit mir sprechen zu müssen: „Das könnt ihr nicht machen. Ein behindertes Kind belastet euch euer Leben lang. Das ist so typisch für ein Jugendamt: Neue Bewerber bekommen erst einmal behinderte Kinder angeboten. Matthias hat bestimmt nur wegen dir zugestimmt. Tu ihm das nicht an und sagt dem Jugendamt wieder ab. Ihr bekommt bestimmt noch mal ein gesundes Kind vermittelt."

Ich ärgere mich etwas über solche Gespräche, denn sie kommen von Leuten, die uns gar nicht richtig kennen und den ganzen Entscheidungsprozess nicht mitbekommen haben. Ich sehe nicht ein, dass ich mich vor ihnen verteidigen soll, und so beende ich diese Unterhaltung bald. Zum Glück kommt Matthias aber auch bald aus dem OP-Trakt heraus. Wir gehen wieder Babysachen kaufen. Ein paar Strampler, Bodys, Hemdchen, Höschen und was so ein kleines Kind noch so braucht. Ich möchte Benjamin seine eigenen Sachen anziehen, sobald er von der Intensivstation runter ist.

Samstag, 7. Mai 1994. Um halb zehn beginnt der Gottesdienst. Heute fällt es mir schwer, mich zu konzentrieren. Mir gehen immer Gedanken durch den Kopf wie: Wie geht es Benjamin jetzt? Ich kann es gar nicht fassen, ich habe ein Baby. Ich will ihm eine gute Mutter sein. Ich wünschte, wir könnten ihn schon mit zum Gottesdienst nehmen. Ich versuche mich krampfhaft auf die Predigt zu konzentrieren, aber es funktioniert nicht. Also nutze ich die Zeit zu einem Gespräch mit meinem Gott: „Vater, du hast uns geholfen, diese Entscheidung zu treffen. Du kennst unsere Ängste, was die Zukunft betrifft. Bitte hilf uns! Geh diesen Weg mit uns! Bewahre unseren Benjamin und lass mich eine gute Mutter für ihn sein! Ich danke dir für dieses Kind!"

Wir erzählen noch nicht so vielen Leuten von Benjamin. Nach dem Gottesdienst wollen wir nur schnell nach Hause, um etwas zu essen und dann zu unserem Kind zu fahren. Matthias nimmt noch seine Kamera mit. Es sind nur noch drei Bilder drauf, aber wir wollen unbedingt ein Bild von unserem Sohn haben. Schließlich wollen unsere Familien auch wissen, wie er aussieht.

Und wieder sind wir im Krankenhaus. Wir stehen vor der Glastür zur Intensivstation. Über die Sprechanlage melden wir uns an. Man lässt uns herein und erklärt uns, dass wir uns einen der Überziehkittel anziehen und unsere Hände desinfizieren müssen. Dann führt man uns in ein Zimmer, in dem zwei Glasbettchen stehen. Benjamin liegt im Bettchen an der rechten Wand. Er schläft. Wir stellen uns neben ihn und streicheln ihn. Er hat so weiche Haut. Er liegt da in Hemd und Windel und ist nur mit einem Handtuch zugedeckt. Es ist heute aber auch wieder unglaublich heiß draußen. Wir können uns an unserem Sohn gar nicht satt sehen. Matthias kommt zu mir, nimmt mich in den Arm und so beobachten wir unseren Benjamin. Nun lasse ich die Gefühle zu, die mich zu diesem Kind hinziehen. Er ist mir noch fremd und irgendwie kann ich es gar nicht glauben, dass er mein Sohn sein soll. Aber ich weiß, dass ich ihn liebe. Wie könnte ich so ein Kind nicht lieben!

Nach einer Weile sehen wir uns im Zimmer um. Eine Schwester ist immer im Raum oder sie geht nur kurz weg. In dem anderen Bettchen liegt ein halbjähriges Kind: Finja. Ihr Name und ihr Geburtsdatum stehen an ihrem Bett. Sie hat ein süßes rundes Gesicht. Überall hat sie Schläuche. Aber am schlimmsten finde ich den Beatmungsschlauch durch die Nase. Damit ist der Mund zwar frei für ihren Schnuller, aber man spürt, dass sie sich gegen die Beatmung sträubt. Wir finden den Druck auch sehr hoch, mit dem sie beatmet wird, aber ihre Werte, die das Gerät anzeigt, machen diesen Druck wohl nötig. Bevor die Schwester den Raum für einen Augenblick verlassen will, bittet sie uns, ihr Bescheid zu geben, wenn etwas wäre: „Ich bin im Vorraum. Sie können Finja ihren Schnuller ruhig geben, falls sie ihn verliert." Natürlich verliert Finja ihren Schnuller, sobald die Schwester den Raum verlassen hat. Ich gebe ihn ihr wieder, streichle sie und rede mit ihr. Sie schaut mich mit ihren großen blauen Augen an und wird gleich wieder ruhig. An ihrem Bett liegt ein kalter Lappen. Die Schwester hat ihr damit immer über die Stirn gewischt. Ich tupfe ihr damit den Schweiß aus dem Gesichtchen. Bevor ich wieder zu Benjamin gehe, mache ich Finja noch die Spieluhr an. Auch Benjamin hat seine Spieluhr in seinem Bettchen stehen.

Nun machen wir endlich unsere ersten Bilder von unserem Sohn. Wir sind so stolz auf ihn!

„Schau mal, das ist unser Sohn!" Ich kann es noch gar nicht fassen. Benjamin macht die Augen auf. Er hat schöne blaue Augen. Sein dunkles Haar steht auch heute nach oben ab. Die Schwester kommt wieder herein und meint, dass es jetzt Zeit zum Wickeln ist. „Möchten Sie das gerne machen?", fragt sie uns. Das lasse ich mir natürlich nicht nehmen. Es gibt keinen Wickeltisch, aber da Benjamin sowieso an etlichen Strippen hängt, wickle ich ihn im Bett. Die Beinchen sind so dünn, dass man sie kaum spürt, wenn man sie anfasst. Unter dem Bettchen liegen noch Windeln mit einem Ausschnitt für den Nabel. Ich weiß, dass das die kleinsten Windeln sind, die es gibt. Aber für Benjamin scheinen selbst die noch zu groß zu sein. Matthias reicht mir alles an, was ich zum Wickeln brauche. Es ist ein gutes Gefühl, etwas tun zu können und nicht völlig hilf- und nutzlos rumzustehen. Ich bin der Schwester sehr dankbar, dass sie uns in die Pflege mit einbezieht. Ich möchte gerne wissen, wie groß Benjamin ist. Auf meine Frage hin holt die Schwester ein Maßband her und misst ihn: „Er ist 48 Zentimeter groß", lautet ihr Ergebnis.

Finjas Eltern kommen herein. Nachdem sie sich einige Zeit mit ihrem Kind beschäftigt haben, kommen wir ins Gespräch. Sie wollen wissen, was Benny für einen Herzfehler hat. Nach unserer Erklärung berichten sie etwas über Finja: „Sie liegt seit ihrer Geburt hier und wird auch schon fast die ganze Zeit beatmet." Ich kann das gar nicht glauben und gucke noch mal auf das Schild mit ihrem Geburtsdatum. Soll das wahr sein, dass so ein süßes Kind schon ein halbes Jahr an der Beatmungsmaschine hängt? Das erscheint mir grausam. Nun möchte ich gerne wissen, welchen Herzfehler sie denn hat. Warum wurde sie noch nicht operiert? Der Vater erklärt es mir: „Finjas Herz hat nur eine Herzkammer. Das kann man leider nicht operieren. Wir warten auf ein Spenderherz. Die Ärzte sagen, dass die meisten Spenderherzen zur Weihnachtszeit zur Verfügung stehen, aber so lange wird Finja nicht mehr leben können. Wir hoffen, dass sie bald ein neues Herz bekommt."

Ich bin schockiert. Niemals vorher habe ich mir über Organspenden so sehr Gedanken gemacht. Ich glaube, dass wenn Eltern, deren Kinder gestorben sind, Finja gesehen hätten, keiner eine Organspende verweigern könnte. Das ist doch eine Möglichkeit, sein eigenes Kind irgendwie weiterleben zu lassen, indem ein anderes Kind weiterleben darf. Finjas Mutter ist sehr still und man merkt ihr an, dass ihr dieses Thema schwer fällt. Sie müssen sich ganz konkret mit der Möglichkeit des Todes ihres Kindes abfinden. In diesem Moment fange ich an, in meinem Herzen für Finja zu beten, sobald ich an sie denke. Ich bin froh, dass Benjamins Herzfehler dagegen noch so leicht wirkt. Dabei bin ich mir bewusst, dass ich die Schwere seiner Krankheit verdränge. Auf die Idee, dass auch er sterben könnte, komme ich keine Minute lang. Ich habe doch jetzt mein Baby, wer sollte es mir wegnehmen!

Wir merken gar nicht, wie schnell die Zeit verfliegt. Als ich auf die Uhr schaue, stelle ich fest, dass schon einige Stunden vergangen sind, seit wir hier sind. Finjas Eltern sind schon wieder nach Hause gefahren. Wir können uns von Benjamin nur schwer trennen: „Morgen kommen wir wieder, kleiner Spatz!", versprechen wir ihm, als wir gehen. Ich denke, es ist eher ein Trost für uns als für Benny.

Sonntag, 8. Mai 1994. Wir sind früh wach. Uns hält zu Hause nichts mehr fest. Ich spüre eine permanente innere Unruhe. Alles treibt mich zu Benjamin. Also fällt unser Frühstück sehr kurz aus. Ich nehme noch ein paar belegte Brote für mittags mit. Diesmal melden wir uns gar nicht an, als wir zur Intensivstation kommen. Heute hat eine andere Schwester Dienst. Sie begrüßt uns freundlich. Benny schläft. Wir streicheln wieder seine kleinen Händchen. Wir möchten gerne mit einem Arzt sprechen. Die Schwester unterstützt uns darin. Nach einer Weile kommt der Arzt zu uns. Er nimmt uns mit in den Aufenthaltsraum des Dienst habenden Arztes. Wir wollen wissen, wie es Benny geht und wie es weitergehen soll. Der Arzt scheint nicht sehr gesprächig zu sein. Etwas herablassend meint er: „Naja, Sie sehen ja, wie es ihm geht. Wie es weitergehen soll, darüber kann ich heute noch nichts sagen." Ich finde diese Art einfach unverschämt. Für diese Antwort brauche ich keinen Arzt. „Ich möchte gerne genau wissen, wie es unserem Sohn geht. Was machen seine Lungen? Ab welchem Gewicht, meinen Sie, kann er operiert werden? Ich hätte gerne eine genauere Auskunft."

Ich muss schon aufpassen, dass ich nicht patzig werde, aber irgendwie fühle ich mich von diesem Arzt nicht ernst genommen. „Sein Zustand ist zurzeit stabil, aber da er noch Wasser in der Lunge eingelagert hat, muss er weiter intensiv überwacht bleiben." Endlich scheint er sich auf uns einzulassen. „Wir versuchen die Operation so weit wie möglich hinauszuschieben, aber es kann auch sein, dass sie schon morgen nötig ist, wenn sich sein Zustand weiter verschlechtert." Ich bitte den Arzt uns über jede Veränderung zu informieren und so lässt er sich dazu überreden, unsere Telefonnummer aufzuschreiben.

Als wir wieder bei Benny sind, bekommt er gerade von der Schwester seine Mahlzeit mit einer Spritze durch die Magensonde gespritzt. Er scheint das zu spüren, denn er lächelt dabei. Die Zeit vergeht wieder wie im Fluge. Als wir das erste Hungergefühl verspüren, ist es schon drei Uhr nachmittags. Wir gehen zum Auto und essen unsere Brote. Es ist schönes Wetter und wir überlegen, ob wir etwas spazieren gehen sollen. Aber irgendwie treibt es uns doch wieder zur Intensivstation, zu Benjamin. Sehr viel mehr als ab und zu wickeln und dabei Fieber messen tun wir an diesem Nachmittag eigentlich nicht. Es reicht uns aber auch, dass wir an Bennys Bettchen stehen können, ihn streicheln und mit ihm reden. Wir finden es wichtig, dass wir viel mit ihm reden, denn er soll ja unsere Stimmen kennen lernen.

Um sechs Uhr abends verabschieden wir uns. Morgen muss ich wieder arbeiten. Ich werde es wohl nicht schaffen, nach der Arbeit noch hierher zu fahren. Es gibt auch zu Hause noch viel zu tun. So sagen wir den Schwestern Bescheid, dass wir erst übermorgen wiederkommen. Wir hinterlassen aber noch mal unsere Telefonnummern, auch die vom Dienst. Es fällt mir schwer, mich von Benny zu verabschieden. Ich tröste mich selbst damit, dass es ja nur noch zwei Wochen dauert, bis ich nicht mehr arbeiten muss und täglich zu Benjamin fahren kann. Zu Hause angekommen, sinken wir erschöpft auf den Boden, sobald die Haustür hinter uns ins Schloss gefallen ist. Wir sind total geschafft und fragen uns, woher das kommt. Eigentlich haben wir den ganzen Tag nichts getan, außer am Bett rumzustehen. Sicher, dadurch dass es für uns nur einen Hocker zum Sitzen gab, haben wir die meiste Zeit gestanden. Wir gehen heute früh ins Bett und fallen bald in einen tiefen Schlaf.

Montag, 9. Mai 1994. Es kommt mir wie eine halbe Ewigkeit vor, dass ich nicht mehr arbeiten war. Dabei hatte ich nur eine Woche frei. Eine Woche, die mein ganzes Leben verändert hat. Es fällt mir schwer, mich auf meine Arbeit zu konzentrieren. Ich muss immer an Benjamin denken. Dennoch versuche ich meine Arbeit so gut wie möglich zu verrichten. Ich bin gerade bei einem Aufnahmegespräch, als Vera mich ans Telefon ruft: „Heike, es ist eine Frau Schulz vom Jugendamt." Ich beeile mich, zum Telefon zu gehen.

Frau Schulz möchte wissen, ob es möglich ist, Benjamin über uns versichern zu lassen. Ich verspreche ihr, darüber mit Matthias zu reden. Bennys Eltern sind selber nicht krankenversichert und so wird zurzeit alles vom Sozialamt bezahlt. Ich finde es auch nur natürlich, wenn Benjamin über uns versichert wird, denn schließlich wird er bei uns leben.

Der Tag schleppt sich endlos lang dahin. Endlich ist Feierabend. Zu Hause bespreche ich mit Matthias die Frage nach der Krankenkasse. Morgen will er bei dem Sachbearbeiter anrufen. Bevor wir ins Bett gehen, rufen wir auf der Intensivstation an, um zu fragen, wie es Benjamin geht. Sein Zustand ist unverändert.

Dienstag, 10. Mai 1994. Wir fahren abends nach dem Dienst noch zu Benny. Wir fahren über eine Stunde mit dem Auto durch den Feierabendverkehr, bis wir endlich am Ziel sind. Benjamin schläft, als wir kommen. Die Dienst habende Ärztin sieht uns, als wir die Station betreten und kommt kurz darauf ins Zimmer: „Benjamin geht es etwas besser. Die Lungen sind frei, das heißt, er hat kein Wasser mehr in der Lunge eingelagert. Wundern Sie sich nicht, dass er so viel schläft. Er wird mit Medikamenten ruhig gestellt. Dadurch bewegt er sich nicht so viel und setzt mehr Fett an. Wir hoffen, dass wir ihn auf 3000 bis 3500 Gramm bekommen, bevor wir operieren müssen. Das Risiko bei einem leichteren Gewicht wäre einfach zu groß."

Wir möchten wissen, ob er wegen seines Herzfehlers nur so geringe Mengen zu trinken bekommt. Achtmal täglich 20 Milliliter sind wirklich sehr wenig, finden wir. Wie kann da ein Mensch zunehmen? „Das Herz ist zu schwach, um es mit größeren Trinkmengen zu belasten. Das ist das Seil, auf dem wir uns bewegen. Einerseits sollte Benjamin ein Mindestgewicht haben, um so sicher wie möglich operiert werden zu können, andererseits belastet ein höheres Gewicht sein Herz so sehr, dass eine frühzeitige Operation notwendig wird", erklärt uns die Ärztin. „Wir müssen sehen, dass wir auf diesem Seil draufbleiben und nicht herunterfallen." Sie lässt sich viel Zeit für das Gespräch und verabschiedet sich erst, als alle Fragen geklärt sind. Bevor sie geht, versichert sie uns noch: „Sie dürfen jederzeit kommen. Für Eltern gibt es keine festen Besuchszeiten. Nur wenn Visite ist oder Untersuchungen im Zimmer stattfinden, müssten Sie draußen warten. Und wenn Sie mal nicht kommen können, dürfen Sie gerne jederzeit hier anrufen. Wir würden Sie natürlich sofort anrufen, wenn etwas mit Benjamin los wäre." Seltsam, bei ihrem Kollegen mussten wir am Sonntag um diese Zusage kämpfen!

Mittwoch, 11. Mai 1994. Frau Schulz kommt am Nachmittag zu einem Hausbesuch. Es tut gut, mit ihr über Benjamin zu sprechen, zumal wir ihn heute nicht besuchen können. Es gibt noch so viel zu klären. Matthias ist nach der Arbeit bei der Krankenkasse vorbeigegangen. Er wollte die Frage von Bennys Mitgliedschaft klären. „Solange das Kind nicht bei Ihnen als Wohnort gemeldet ist, können wir ihn in unserer Versicherung nicht aufnehmen", hat ihm der Sachbearbeiter der Krankenkasse gesagt. Ich nehme mir vor, Benjamin so bald wie möglich beim Einwohnermeldeamt eintragen zu lassen. Doch keiner von uns dreien weiß genau, ob das überhaupt möglich ist, solange noch kein festes Pflegeverhältnis besteht.

„Solange ein Kind längere Zeit im Krankenhaus liegt, ist das Pflegeverhältnis unterbrochen. Damit Sie aber alle Rechte haben, die Sie brauchen, habe ich eine schriftliche Bestätigung des Pflegeanbahnungsverhältnisses mitgebracht", dabei überreicht uns Frau Schulz einen DIN-A-4-Zettel. Ich lese ihn mir durch:

„Zwischen den Eheleuten Heike und Matthias Steinebach ... besteht seit dem 1.5.94 zu dem Kind Etilolio ... geb. am 12.4.94 ein Anbahnungspflegeverhältnis. Da Etilolio sich seit seiner Geburt in stationärer Behandlung in der Klinik für Kinderkardiologie befindet und dieser voraussichtlich auf längere Sicht bedarf, wird die Aufnahme in den Haushalt der Pflegeeltern erst nach seiner Entlassung erfolgen. Das Ehepaar Steinebach ist jedoch auch zum jetzigen Zeitpunkt mit allen Rechten und Pflichten von Pflegeeltern ausgestattet."

Frau Schulz versichert uns, dass auch die Ärzte diese Bescheinigung zugesendet bekommen: „Falls sie Ihnen Schwierigkeiten machen sollten, dann berufen Sie sich auf diese Bescheinigung. Und außerdem sind wir jederzeit für Sie da und stehen hinter Ihnen."

Sie spürt unsere Angst vor dem, was uns erwarten könnte, und es tut gut zu wissen, dass wir Hilfe bekommen können. Frau Schulz erzählt uns auch, dass am Dienstag der Termin beim Vormundschaftsgericht ist, wo den Eltern das Sorgerecht entzogen werden soll: „Das wird kein Problem werden, da die Eltern das Sorgerecht ja gar nicht haben wollen. Momentan läuft es damit auch etwas ungünstig, da der Vater schon mehrmals wegen irgendwelchen Einverständniserklärungen ins Krankenhaus zitiert wurde. Da er mit dem Kind aber nichts zu schaffen haben will, ist diese Situation für alle Seiten unbefriedigend."

Nachdem Frau Schulz gegangen ist, rufen wir im Krankenhaus an. Wir wollen wissen, wie es Benjamin geht. Der Dienst habende Arzt gibt uns Auskunft: „An sich ist sein Zustand unverändert. Sein Hb-Wert ist etwas zu niedrig, deshalb haben wir ihm heute etwas Blut transfundiert." Was ist da los? Gestern war von einem niedrigen Hb-Wert nicht die Rede. Ich bin unruhig und wünschte, etwas tun zu können. Aber Matthias beruhigt mich: „Wir fahren morgen hin und gucken, was da los ist. Heute können wir doch nichts mehr tun. Er wird doch rund um die Uhr bewacht."

Donnerstag, 12. Mai 1994. Benjamin ist heute genau einen Monat alt. Nach dem Dienst fahren wir sofort zu ihm. Die Neugeborenenstation in Matthias' Krankenhaus hat uns tütenweise Proben, Hefte, Flaschen und vieles mehr mitgegeben. Unter anderem auch einen Schnuller für Neugeborene. Diesen nehmen wir heute für Benny mit. Ich habe ihn zu Hause ausgekocht. Das gehört schließlich zu den Aufgaben einer Mutter.

Benjamin ist heute ziemlich oft wach, trotz der Beruhigungsmittel. Wir fragen den Arzt, ob wir Benny auf den Arm nehmen dürfen. „Es geht ihm heute gut und solange er dadurch nicht überanstrengt wird, dürfen Sie ihn hochnehmen, sooft Sie wollen."

Als ich die eine Seite von seinem Glasbettchen öffne, schaut mich Benny mit seinen großen blauen Augen an. „Hallo Schatzekind, kommst du mal zur Mami auf den Arm?" Es ist nicht ganz leicht, ihn hochzunehmen und dabei nicht mit den vielen Kabeln durcheinander zu kommen. Matthias ist ganz besorgt und hält Benjamins Köpfchen noch extra fest, bis er richtig in meinem Arm liegt. Fürsorglich schiebt er mir den einzigen Stuhl im Zimmer hin, damit ich mich setzen kann. Ich bin mir aber dessen bewusst, dass diese Fürsorge wohl eher seinem Sohn als seiner Frau gilt. Aber damit kann ich leben. Benjamin ist so winzig klein, dass ich fast das Gefühl habe, als hätte ich nichts im Arm. Er wiegt heute 2630 Gramm, aber für mich sind es viel weniger. Ich habe noch nie ein so kleines, leichtes Kind im Arm gehabt. Es ist ein unglaublich schönes Gefühl, ihn zu spüren. Ich genieße diesen Augenblick, als käme er nie wieder. Benny wird auf meinem Arm sofort ruhig und schläft ein. Dabei lehnt er sein kleines Gesichtchen an meine Brust. So hört er wohl meinen Herzschlag und das beruhigt ihn.

Nach einer Weile wird Matthias unruhig: „Bitte gib ihn mir

auch mal!“ Also beginnen wir mit dem umständlichen Übergabemanöver. Benny schläft dabei weiter. Nun überlasse ich Matthias den Stuhl. Ich kann ihm ansehen, wie stolz er ist. Wir verbringen den ganzen Abend damit, unseren Sohn im Arm zu halten. Die Krankenschwester staunt, wie still Benny dabei ist: „Ich habe das Gefühl, es tut ihm wirklich gut.“ Dann bringt sie uns eine Babyflasche: „Heute darf er zum ersten Mal die Flasche trinken. Heute morgen hat er 30 Milliliter getrunken.“ Ich habe ihn gerade im Arm und so biete ich ihm die Flasche an. Er fängt sofort zu saugen an und trinkt sehr hastig. Nach fünf Millilitern ist er total erschöpft, sodass die Schwester ihm den Rest durch die Magensonde sondiert. Wir geben Benjamin den mitgebrachten Schnuller und er fängt sofort an, wie ein Wilder daran zu saugen. Diesen Schnuller scheint er lieber zu nehmen als den vom Krankenhaus.

Bevor wir gehen, kommt der Arzt noch mal zu uns um, uns den aktuellen Stand der Dinge mitzuteilen. Bennys Lungen sind immer noch frei. Das ist ein gutes Zeichen, dass er da kein Wasser einlagert. Trotzdem geht der Arzt davon aus, dass Benjamin schon in ein bis zwei Monaten operiert werden muss. Es ist also wichtig, dass er zunimmt. Obwohl ich Angst vor den Risiken habe, wünsche ich mir insgeheim, dass es kein halbes Jahr mehr bis zur Operation dauert. Auch heute können wir uns nur schwer von Benjamin trennen und so gehen wir nach dem Gespräch mit dem Arzt doch noch mal zu ihm. Jetzt, wo er nicht mehr auf unserem Arm ist, ist Benny wach. Er strampelt richtig mit den Beinchen und bewegt die Arme dabei. Man sollte nicht glauben, dass er etwas zur Beruhigung bekommen hat.

Freitag, 13. Mai 1994. Heute müssen wir unbedingt zum Reisebüro gehen. Wir haben schon so lange unseren Urlaub gebucht. Im Juni soll es für drei Wochen nach Norwegen gehen. Das kommt jetzt natürlich nicht mehr infrage. Viele haben uns zugeredet, dass wir doch für ein bis zwei Wochen trotzdem wegfahren sollen, denn wir werden alle Kraft brauchen, wenn es an die Operation geht, und ebenso für die Zeit danach. Also versuchen wir umzubuchen. Statt zwei Wochen Ferienhaus werden wir nur eine Woche bleiben und direkt danach wieder zurückfahren. Mit Hin- und Rückfahrt werden das auch zehn Tage werden. Ganz wohl ist uns bei der Sache nicht. Wir lassen Benjamin nicht gerne allein, auch wenn wir es für unwahrscheinlich halten, dass er uns bis dahin so gut kennt, dass er uns vermisst. Andererseits sind wir wirklich urlaubsreif und es hilft Benjamin nicht, wenn wir gerade dann zusammenklappen, wenn es drauf ankommt. Also entschließen wir uns zu diesem Kompromiss. Aber eine Vorfreude auf den Urlaub verspüre ich wirklich nicht. Da wir schon mal in der Stadt sind, besorgen wir uns farbige Karten. Wir möchten nämlich so eine Art Geburtsanzeige schreiben. Soll die Welt doch wissen, dass Benjamin nun zu uns gehört! Zu Hause angekommen machen wir uns an die Arbeit: Auf die Innenseite kommt ein Bild von Benny und die Anzeige. Auf der Rückseite der Karte steht dann dieser Text:

> Wir wollen vom ersten Augenblick an lernen,
> das Kind um seiner selbst willen zu lieben.
> Es ist ein Wesen, das uns anvertraut ist.
> Wir sind seine Eltern und nicht: Es ist unser Kind.
> Zwischen beidem liegt eine Welt
> und die ganze Zukunft des Kindes.

Wir stehen voll und ganz hinter diesem Text.

Sonntag, 15. Mai 1994. So langsam verlieren wir die Angst, wenn wir Benny auf den Arm nehmen. Es ist immer noch sehr schwierig, wegen der ganzen Kabel und weil Benjamin sehr schlaff ist. Er liegt so zufrieden in meinen Armen: „Hallo, kleiner Schatz. Guckst du dir deine Mami ganz genau an?", frage ich ihn. Er öffnet seine Augen ganz groß, wenn ich mit ihm rede und dann verzieht er seinen Mund zu einem kleinen Lächeln. „Oh, guck mal Matthias, er hat gelächelt!" Matthias muss über meine Begeisterung lachen: „Freu dich nicht zu früh, das war sicher nur ein unbewusstes Grimassieren." Ich lasse es mir nicht nehmen: „Er hat gelächelt!"

Dienstag, 17. Mai 1994. Ich rufe nach der Arbeit auf der Intensivstation an und erkundige mich, wie es Benjamin geht. „Benjamin liegt nicht mehr bei uns", wird mir auf der Intensivstation gesagt. „Es ging ihm die letzten Tage so gut, dass wir ihn heute auf die Normalstation verlegt haben." Das ist mal eine wirklich gute Nachricht. Am liebsten würde ich sofort losfahren, um mich von der Richtigkeit dieser Mitteilung zu überzeugen, aber ich habe noch zu viel zu tun. Aber morgen hält mich niemand davon ab.

Mittwoch, 18. Mai 1994. Ich fahre direkt von der Arbeit aus zu

Benny. Inzwischen kenne ich die Station A auch. Ich erkundige mich im Schwesternzimmer nach Benjamin. „Er liegt in Zimmer 1", wird mir gesagt. Es stehen drei Betten in dem Zimmer. Es wirkt sehr überfüllt. Im ersten Bett, direkt hinter der Tür, liegt Benjamin. Ihm gegenüber an der Wand steht ein großer, orangener, fahrbarer Wickeltisch mit einer dicken grünen Auflage. Neben der Tür ist das Waschbecken und eine tiefe Metallbadewanne für Kinder. Benjamin ist wach, als ich in das Zimmer komme. Ich habe das Gefühl, er freut sich, dass ich da bin, denn er beobachtet jeden Schritt von mir. Wenn ich um sein Bettchen gehe, dreht er den Kopf mit. So etwas hat er bisher noch nie getan. Wenn ich mit ihm rede, lächelt er wieder. Es ist warm draußen, dennoch ist Benjamin mit einem dicken Federbett zugedeckt. Ich nehme ihn aus dem Bett und lege ihn auf meinen Bauch. Eine Schwester kommt herein und erklärt mir, wie ich ihn zum Wickeln vom Monitor abmachen kann. Das genieße ich richtig. Nun kann ich Benjamin das erste Mal ohne Kabel auf den Arm nehmen. Ich lege ihn über die Schulter und gehe zum Fenster. Benjamin scheint diese Lage zu mögen, denn er guckt ganz interessiert im Zimmer umher. Dann wickle ich ihn und messe Temperatur: 38,2 °C. Kein Wunder, so dick wie er zugedeckt war! Ich decke nur ein dünnes Handtuch über ihn, während er auf meinem Bauch liegt. Nachdem die Schwester ihn durch die Magensonde gefüttert hat, schläft Benjamin satt und zufrieden mit seinem Kopf an meinem Herzen ein. Ich bin heute noch gar nicht dazu gekommen, mir die anderen Kinder im Zimmer anzusehen. Das Kind im Bett gegenüber ist zu weit weg und liegt mit dem Gesicht zur Wand. Ich sehe nur einen dunklen Haarschopf. Neben mir im Bettchen liegt ein zartes, schmales Kind mit einem bezaubernden Lächeln. Als sie mich ansieht, sehe ich ihre schräg stehenden Augen. Sie sieht aus wie ein Kind mit Downsyndrom! Ich schaue auf ihr Namensschild: Lucia. Benjamin hat diese typisch schräg stehenden Augen nicht. Bevor ich gehe, messe ich noch mal seine Temperatur: 37,4 °C. Ich verstecke die dicke Daunendecke ganz tief hinten, auf der Ablage unter seinem Bett. Ich beschließe, ein Nagelset zu kaufen. Benjamin scheint es dringend zu brauchen.

Donnerstag, 19. Mai 1994. Ich schaffe es mal wieder nicht, zu Benjamin zu fahren. Heute werde ich von einem meiner Patienten gefragt, ob ich Kinder habe. Ich bin so stolz, als ich sage: „Ja, ich habe einen Sohn!"

Freitag, 20. Mai 1994. Nach der Arbeit fahren Matthias und ich zusammen ins Krankenhaus. Benny geht es nicht so gut. Er ist heute sehr unruhig und unzufrieden. Er weint oft. Sein Weinen ist noch sehr leise und irgendwie scheint er nicht die Kraft zu haben, mal so richtig zu schreien. Er wimmert nur so vor sich hin. Immer nur kurz, aber sehr häufig. Auf dem Arm wird er gleich ruhiger. Bei Matthias schläft er ein. Er sieht dort so friedlich aus. Die Schwester erzählt uns, dass Benny in den letzten Tagen abgenommen hat. Heute wird er gebadet. Das scheint ihm echt Spaß zu machen. „Wenn Sie ihn einmal baden wollen, sagen Sie uns ruhig Bescheid."

Heute möchte ich lieber noch mal beim Baden zugucken, schließlich ist es auch schon fast sechs Jahre her, dass ich das letzte Mal ein so kleines Baby gebadet habe. Aber nach dem Baden nehme ich ihn auf meinen Arm. Es ist schon wieder halb acht und wir müssen bald nach Hause. Doch vorher lege ich ihn noch mal auf meinen Bauch. Er riecht so gut nach dem Baden. Seine Haare sind ganz weich. Während er so auf meinem Bauch langsam einschlummert, küssen wir ihn sanft auf die Stirn. Zum Abschied singen wir ihm noch ein Gutenachtlied vor. Schön klingt es zwar nicht, uns fehlt halt die Übung, aber es tut seinen Zweck. Als wir gehen, schläft Benjamin.

Heute Abend kommen Anke und Guido mit Sven und Silke. Es ist spät, als sie ankommen, aber wir sind alle aufgeregt. Schließlich ist Benny der erste Neffe von Anke und Guido und der Cousin für Sven und Silke. Außer den Bildern, die wir gemacht haben, können wir noch nicht viel zeigen. Ich habe die ersten Babysachen für Benny zusammengepackt. Morgen werde ich sie mitnehmen.

Samstag, 21. Mai 1994. Wir fahren nur kurz zu Benny. Ich bringe ihm einen kleinen Koffer, wo seine Sachen drin sind. Da es im Zimmer keinen Schrank gibt, lege ich die wichtigsten Dinge in seinen Nachttisch, den Rest lasse ich im Koffer unter dem Bett. Heute wird Lucia abgeholt. So sehen wir zum ersten Mal auch ihre Mutter. Sie ist ganz aufgeregt: „Das ist heute ein richtiges Geschenk für mich, ich habe nämlich Geburtstag." Ich wünschte, ich könnte Benjamin an meinem Geburtstag auch mit nach Hause nehmen. Das wäre dann in einer Woche.

Sonntag, 22. Mai 1994. Wir fahren morgens recht früh zur Klinik, damit wir mittags wieder zurück sind. Unser Besuch wird sich den

Vormittag schon vertreiben können. Guido gibt uns seine Videokamera mit, damit wir Benny filmen können. Benny geht es heute wieder besser. Matthias ist die ganze Zeit am Filmen. Zur Mahlzeit kommt die Schwester ins Zimmer und fragt, ob wir Benjamin sondieren wollen. Sie geht wohl davon aus, dass wir das schon mal gemacht haben. Das haben wir auch schon, nur eben nicht bei Benny. Ich halte Benny dabei auf meinem Schoß, während Matthias ihm seine Mahlzeit durch die Magensonde verabreicht. Er macht es viel langsamer und behutsamer als die Schwestern. Wir stehen allerdings auch nicht so unter Zeitdruck. Ich bin froh, dass Matthias ihn sondiert. Irgendwie fühle ich mich da bei Benny noch etwas unsicher. Ich habe einfach Angst, dass ich etwas falsch machen könnte. Ich lege Benny bei Matthias auf den Bauch und man kann sehen, dass beide es genießen: Vater und Sohn.

Wieder zu Hause angekommen hat Anke schon das Essen fertig. Vorher wollen alle aber noch das Video sehen. Benjamin gefällt ihnen. Sven und Silke finden ihn einfach süß!

Montag, 23. Mai 1994. Es ist Pfingstmontag. Heute wollen Anke, Guido, Sven und Silke mit ins Krankenhaus kommen.

Ich habe etwas die Befürchtung, dass es ihnen zu langweilig wird, denn Sven und Silke dürfen nicht mit auf die Station gehen. Matthias und ich gehen zuerst rein, um zu sehen, wie es Benjamin geht. Als wir in sein Zimmer kommen, ist das Bettchen leer. Wir bekommen einen Riesenschreck. Wo ist Benjamin? Matthias läuft vor Angst gleich zu den Schwestern und ich komme hinterher. Im Schwesternzimmer ist niemand da, also sehen wir in der Stationsküche nach. Dort sitzen alle Schwestern um den Tisch versammelt und unser Sohnemann liegt zufrieden bei einer Schwester im Arm und genießt die allgemeine Aufmerksamkeit. Das ist ein lustiges Bild. Benny liegt da wie ein kleiner Charmeur.

„Benjamin ist heute etwas unruhig“, erklärt uns die Schwester, während sie uns Benny gibt. Ich trage ihn wieder in sein Zimmer, während Matthias Anke hereinholt. Anke ist sofort in ihren Neffen verliebt. Ich gebe ihn ihr auf den Arm und Benny strahlt sie mit seinen großen blauen Augen an. Da jetzt nur noch zwei Betten im Zimmer stehen, haben wir Platz, um auch mal ein paar Schritte zu gehen. Nach einer Weile gibt mir Anke Benjamin zurück und geht zu ihrer Familie, um ihr den Weg zur Glastür am anderen Ende des Flures zu zeigen. Ich packe Benjamin in seine blaue Decke und gehe mit ihm und Matthias auch zur Glastür. Auf der anderen

Seite der Tür stehen schon Sven und Silke mit ihren Eltern. Ich beuge mich runter, damit die Kinder ihren neuen Cousin sehen können. Man versteht leider nicht, was auf der anderen Seite der Tür gesprochen wird, aber ich denke, Sven und Silke wundern sich über die keinen Finger von Benny. Sie zeigen immer auf seine Händchen. Guido filmt die ganze Szene. Danach kommt er zu uns auf unsere Seite der Tür. Ich gebe ihm Benny in den Arm und Guido strahlt über das ganze Gesicht: „Schön, so einen Neffen zu haben!"

Von irgendwelchen Zweifeln, ob unsere Entscheidung richtig war, ist nicht mehr die Rede. Anke bringt Benny noch ins Zimmer, bevor sie mit ihrer Familie die Stadt besichtigen geht. So haben Matthias und ich einige Stunden Zeit für Benny. Bevor wir fahren, kommt Guido noch mal auf Station. Er will Benjamin noch mal sehen.

Auf dem Rückweg will Sven mit Matthias und mir mitfahren. Guido fährt hinter uns her. Plötzlich haben wir ihn verloren. Wir sind noch nicht weit gefahren, deshalb fahre ich noch mal bis zu der Stelle zurück, an der wir Guido das letzte Mal gesehen haben. Doch von seinem Auto ist nichts zu sehen. Wir warten noch einige Minuten am Straßenrand, dann beschließen wir weiterzufahren. Sven ist damit gar nicht einverstanden:

„Heike, kennt sich mein Vater hier aus? Nein, er kennt sich nicht aus!" Da macht sich der kleine fünfjährige Stöpsel Sorgen um seinen Vater. Ich finde das rührend und versuche ihn zu beruhigen: „Na Sven, der Papi ist doch nicht dumm. Er wird den Weg schon anhand der Schilder finden."

Eine Weile ist es auf der Rückbank ruhig, dann kommt ganz zaghaft die Frage aus Svens Mund: „Und was ist, wenn der Papi doch dumm ist?" Irgendwie haben wir es aber doch geschafft, uns alle wieder zu treffen.

Dienstag, 24. Mai 1994. Heute ist mein letzter Arbeitstag. Als Matthias letzte Woche seinen Arbeitgeber darüber informiert hat, dass wir ein Kind in unserer Familie aufgenommen haben, wurde er darauf hingewiesen, dass ich Erziehungsurlaub beantragen könnte. Wir waren uns da nicht so sicher und haben noch mal beim Versorgungsamt nachgefragt. Die haben uns das auch bestätigt, weil Benjamin dauerhaft in unserer Familie bleiben wird und eine Adoption für die Zukunft vorgesehen ist. Da ich von meinem Arbeitgeber noch keine Bestätigung für meinen Auflösungsvertrag bekommen habe, habe ich die Bitte um einen Auflösungsvertrag schriftlich zurückgezogen und Erziehungsurlaub beantragt. So habe ich die Möglichkeit, in drei Jahren meine Halbtagsstelle wieder aufzunehmen, wenn Benny in den Kindergarten geht. Ein kleiner Trost ist das schon, denn mir hat die Arbeit auf dieser Station immer Spaß gemacht. Trotzdem würde ich sie nie meiner neuen Aufgabe als Mutter vorziehen.

Mittwoch, 25. Mai 1994. Anke und ihre Familie bleiben diese Woche noch bei uns. Trotzdem fahre ich heute das erste Mal mit dem Zug zu Benny. Die Strecke ist wunderschön, gerade jetzt, wo alles so grün ist. Ich bin furchtbar aufgeregt, weiß aber nicht weshalb. Um kurz vor neun bin ich in der Kinderklinik. Ich habe anderthalb Stunden für die Strecke gebraucht. Als ich ankomme, ist der Flur voll von Schwestern und Ärzten. Ich gehe erst mal zu Benjamin rein. Er liegt wach und friedlich im Bett. Eine Schwester steckt ihren Kopf zur Tür herein: „Frau Steinebach, gleich ist Visite. Würden Sie Benjamin schon mal ausziehen und auf den Wickeltisch legen? Der Arzt kommt sofort."

Das ist kein Problem für mich. Benjamin ist schon eine ganze Weile ausgezogen, als der Arzt endlich kommt. Ich habe ihn noch mal in ein Handtuch gewickelt, weil er ganz kalt wurde. Neben dem Stationsarzt ist noch eine AiPlerin (Arzt im Praktikum) dabei. Sie ist scheinbar ganz neu auf Station. Sie stellt sich mir vor, während der Arzt Benjamin abhorcht. Dann darf auch sie mal an Bennys Herz lauschen. Der Stationsarzt erklärt ihr noch sehr viel. Sie scheint gerade mit dem Medizinstudium fertig geworden zu sein. Da der Arzt meinen Beruf nicht kennt, weiß er nicht, dass ich seine Fachsprache verstehe. So erfahre ich allein durchs Zuhören eine ganze Menge über Bennys Zustand.

Dann wendet der Arzt sich zu mir und erklärt mir:

„Etilolio, äh, ich meine Benjamin, ich kann mich einfach an diesen Namen nicht gewöhnen, hat in den letzten Tagen stark zugenommen. Wir müssen die Lunge heute röntgen, um zu sehen, ob sich da Wasser angesammelt hat."

„Haben Sie denn beim Abhorchen etwas gehört?", will ich wissen. Der Arzt ist etwas irritiert: „Nein, aber wir kontrollieren die Lungen besser doch noch mal mit einer Röntgenaufnahme." Und als wolle er sich rechtfertigen, schiebt er noch hinterher: „Er wurde jetzt auch schon über eine Woche nicht mehr geröntgt." Welch eine Begründung! Ich komme mir etwas veräppelt vor, bin aber erst mal still, schließlich will ich nicht gleich mit Ärger hier beginnen. Plötzlich scheint es der Arzt auch eilig zu haben, denn er verabschiedet sich recht hastig. Ich ziehe Benjamin also wieder an und lege ihn in sein Bett. Da kommt auch schon eine Schwester herein, nimmt Benny auf den Arm und geht mit ihm zum Fahrstuhl. Ich lasse mich nicht abwimmeln und gehe mit.

„Wundern Sie sich nicht, das Röntgen bei so kleinen Kindern sieht ganz schön brutal aus“, warnt sie mich. In der Röntgenabteilung können wir auch gleich in den Röntgenraum gehen. Die Schwester zieht Benny aus und legt ihn dann mit Hilfe der Röntgenassistentin in eine unglaublich enge Schale. Benny wird darin richtig eingezwängt. Die Arme werden an beiden Seiten des Kopfes vorbei nach oben gelegt. Dann wird er über dem Kopf und über dem Unterkörper mit einer Schnalle festgeschnallt. Über den Unterleib und die Beine bekommt er eine Röntgenschürze gelegt. Dann wird er geröntgt. Wir müssen dabei den Raum verlassen. Ich finde das alles viel schlimmer als Benny. Er nimmt das alles ganz cool hin. Trotzdem nehme ich ihn erst mal auf den Arm, als wir wieder im Zimmer sind. Ich befürchte, dass Benjamin schon so viel Schlimmes erlebt hat, dass ihn so etwas ganz kalt lässt. Es wäre aber besser, wenn er schlimme Sachen auch schlimm finden und darüber weinen könnte.

Bennys Bett steht jetzt am Fenster. Ihm gegenüber liegt ein neues Kind. Sie ist sehr groß, obwohl sie nur zwei Wochen älter ist als Benny. Was mir auf Anhieb auffällt, ist ihr unglaublich großer Kopf und die vielen dunklen Haare, die nach allen Seiten abstehen. Das Gesicht ist sehr dick und ihr Mund ist o-förmig geöffnet. Sie hat große dunkle Augen. An ihrem Bett steht ihr Name: Angelina. Ich finde, dieses Kind sieht irgendwie nach einer Behinderung aus. Aber so eine, die ich noch nie gesehen habe.

Irgendwann kommt ein junger Mann ins Zimmer, begrüßt Angelina und fragt die Schwester, die sich gerade um Angelinas tutenden Monitor kümmert: „Haben Sie meine Frau gesehen?“ Doch die Schwester verneint es. Nach einiger Zeit kommt eine junge Frau, ich schätze sie auf etwa 18 Jahre, mit ihrer Mutter herein. Sie sprudelt gleich los: „Guck mal Jürgen, Mutti und ich haben dieses T-Shirt in der Stadt geholt. Gefällt es dir? Wie geht es Angelina? Hallo, Angelinamaus! Was hat der Arzt gesagt? Wird Angelina bald operiert? Sieh mal, diese Strümpfe habe ich für sie geholt ...“ So geht es etwa fünf Minuten lang ohne Punkt und Komma. Der Mann kommt überhaupt nicht dazu, auch nur eine Frage zu beantworten. Falls die Tochter mal eine Redepause macht, steigt ihre Mutter dafür ein. Es ist eine unglaubliche Unruhe im Zimmer. Diese wird noch verstärkt, als der Vater der Frau und die Eltern des Mannes, der ja anscheinend Jürgen heißt, dazukommen. In dem ganzen Durcheinander erfahre ich nur, dass die Mutter von Angelina Mirjam heißt. Ihr Vater kommt wohl aus dem Iran, daher hat sie vielleicht das Temperament. Benny und ich werden nicht beachtet, was mir ganz lieb ist. Nach einer Weile kommt der Arzt herein und bittet Mirjam und Jürgen zu einem Gespräch. Auch die anderen verlassen den Raum. Endlich Ruhe!

Nach einiger Zeit kommen Angelinas Eltern wieder herein. Mirjam weint und man merkt, dass sie wütend ist: „Was bildet der Arzt sich eigentlich ein! Wir können doch unseren Eltern nicht verbieten, Angelina zu besuchen!"

Jürgen versucht sie zu beruhigen: „Ach Mausi, das hat er doch gar nicht gesagt. Er meint nur, es sollten nicht alle auf einmal kommen."

„Was heißt überhaupt, Angelina soll noch warten, bis sie operiert wird? Irgendwann ist es zu spät! Der will mir erzählen, wie es meinem Kind geht! Das weiß ich selber viel besser!" Mirjam erinnert mich an ein trotziges kleines Mädchen. „Ich komm hier noch mal mit einem Messer her, dann soll er sich mal vorsehen! Aber das geht ja auch nicht, weil Angelina noch auf ihn angewiesen ist. Im städtischen Krankenhaus war alles viel besser. Hier ist alles so doof!" Die Beruhigungsversuche ihres Mannes weist sie zurück: „Ach, lass mich doch! Ich habe es mir viel schöner vorgestellt mit einem Kind. Wieso bekommen andere immer gesunde Kinder und wir so ein krankes? Guck doch meine Kusine an. Die hat jetzt ihr viertes Kind bekommen und alle sind gesund. Dabei kümmert die sich wirklich kaum um ihre Kinder. Und ich habe mein Kind so lieb, obwohl es krank ist. Geh doch jetzt, du musst doch zur Arbeit!"

Ihr Mann bestätigt zumindest ihren letzten Satz: „Ja, aber ich lasse dich nicht gerne so hier allein." Ich bezweifle, dass er noch den ersten Satz ihrer Rede weiß. Er geht aber doch recht bald aus dem Raum. Scheinbar ist er solche Szenen schon gewöhnt. Nur ich bin etwas erstaunt.

Nun sind wir beiden Mütter mit unseren Kindern alleine. Ich hätte mich gerne mit Angelinas Mutter unterhalten, aber sie sitzt nur auf dem Wickeltisch, guckt raus und schmollt. Ich wundere mich, dass sie ihr Kind nicht in den Arm nimmt. Angelina ist unruhig, sie bekommt das ja alles mit. Ich habe Benny wieder auf meinen Bauch gelegt, so bleibt er ruhig. Die Mahlzeiten sondiere ich ihm heute. Matthias ist ja nicht da und so muss ich wohl oder übel ran. Ich lege Benny dafür ins Bett. Die Schwester, die Angelina sondiert, nimmt sie dabei auf ihre Beine, sodass Angelina sie angucken kann. Mirjam sitzt dabei auf der Wickelkommode und spricht kein Wort. Ich traue mich noch nicht, Benjamin beim Sondieren auf den Schoß zu nehmen. Nach der Mahlzeit schläft er dann, doch gerade in dem Moment, als ich mich fertig mache zum Gehen, wacht er auf und weint. Ich beruhige ihn erst, dann muss ich mich beeilen, damit ich meinen Bus nicht verpasse. Es ist 14 Uhr, als ich Benny verlasse.

Donnerstag, 26. Mai 1994. Auch heute schaffe ich es, wieder rechtzeitig zur Visite da zu sein. Der Arzt macht sich Sorgen wegen Bennys Gewicht: „Der Junge nimmt zu viel zu. Ich befürchte, dass er Wasser einlagert."

„Was hat denn die Röntgenaufnahme gestern gezeigt? Hat man da Wassereinlagerungen gesehen?", will ich wissen.

„Das nicht, trotzdem werde ich ihm heute einen Zugang legen, damit er eine Infusion zur Entwässerung bekommt. Das wirkt besser als Tabletten", versucht der Arzt mich zu überzeugen. Ich bin von der Tatsache, dass Benny wieder einen Zugang bekommen soll, nicht erfreut und so schlage ich dem Arzt vor, Benny erst noch mal zu wiegen. Ich hole die Waage selber her und wiege mein Kind: 3170 Gramm. Benny hat 55 Gramm abgenommen. So kann ich den Arzt überzeugen, auf den Zugang zu verzichten. Wenigstens einmal habe ich Benny jetzt vor einer unnötigen Stecherei in den Kopf oder Arm bewahrt. Der Arzt wendet sich dann an die junge Ärztin von gestern:

„Ich denke, wir planen in etwa zwei Wochen eine Koronarangiographie ein. Ich weiß nicht, wie lange wir das Kind mit der Tachykardie und Tachypnoe hinhalten können." Da er nicht den Versuch macht, mir irgendetwas zu erklären, beschließe ich, mit meinem Wissen nicht hinter den Berg zu halten. Ich will jetzt alles erfahren, was Benjamin betrifft:

„Weshalb wollen Sie ausgerechnet in zwei Wochen den Herzkatheter machen? Ist es nicht besser, man wartet bis kurz vor der OP damit? Und sind sein schneller Herzschlag und die schnelle Atmung lebensbedrohlich für ihn?" Ich muss an mich halten, um nicht laut loszulachen, aber der schier erstaunte Gesichtsausdruck des Arztes ist köstlich. Als er sich dann gefangen hat, fragt er mich auch gleich:

„Sind Sie vom Fach?“

So kann man das auch nicht sagen, aber ich denke, ein wenig ernster werde ich nun hoffentlich doch genommen. Zumindest bekomme ich nun alles erklärt:

„Der schnelle Herzschlag und die schnelle Atmung sind natürlich nur Zeichen des Herzfehlers, aber sie belasten das Herz zusätzlich, sodass wir davon ausgehen müssen, dass die Operation früher als geplant stattfinden wird. Daher machen wir jetzt auch bald den Herzkatheter. So viel ändert sich in zwei oder drei Monaten am Herzen eines so kleinen Kindes nicht. Es kann auch sein, dass wir Benjamin während des Katheters beatmen müssen. Falls wir ihn danach nicht von der Beatmung wegkriegen, muss die Operation sehr bald laufen.“

Das muss ich erst einmal schlucken. Aber bis dahin sind es ja noch zwei Wochen. Ich versorge Benny wieder vollständig. Benjamin schläft heute sehr viel, nur als ich mich zum Gehen fertig mache, wacht er wieder auf und fängt an zu weinen, als ob er es spürt, dass ich weggehe. Ich beruhige ihn erst und muss mal wieder rennen, um den Bus zu erreichen.

Ich bin ganz schön geschafft, als ich gegen halb fünf zu Hause ankomme. Dank Anke muss ich mich in dieser Woche wenigstens nicht noch um den Haushalt kümmern.

Freitag, 27. Mai 1994. Pünktlich um 8.30 Uhr bin ich bei Benjamin. Der Arzt ist heute sehr zufrieden mit ihm: „Die Lungen hören sich heute besser an. Benjamin atmet ruhiger. Das bedeutet, dass die Lungen weniger überflutet sind.“

Ich frage ihn, ob Benjamin aus der Flasche trinken darf: „Er hat sonst nie das Gefühl, dass er durch das Saugen etwas erleben kann.“

Der Arzt antwortet mir darauf : „Das Problem ist, dass das Saugen für ihn zu anstrengend ist. Wegen seines Herzens müssen wir jede Anstrengung vermeiden.“

„Aber wenn Benny an seinem Schnuller saugt, strengt er sich doch viel mehr an, weil er da nichts rausbekommt“, wende ich ein. „Er strengt sich nicht so doll an, wenn er beim Saugen Erfolg hat. Außerdem kann man ja einen Sauger mit einem größeren Saugloch nehmen. Und wenn ich merke, dass es zu anstrengend wird, höre ich eben auf und sondiere ihm den Rest.“

Der Arzt gibt sich geschlagen: „Also gut. Es geht ihm ja heute wirklich gut, und ich weiß, dass Sie verantwortlich mit dem Trinken umgehen."

So biete ich Benny die Flasche an. Innerhalb von zwei Minuten hat er 15 Milliliter getrunken. Zwischendurch musste er nur einmal Luft holen. Ich denke, er hat es richtig genossen.

Samstag, 28. Mai 1994. Nachmittags sind wir wieder bei Benny. Mirjam und Jürgen haben Angelina mit auf den Balkon genommen. Auch wir wickeln Benny in eine Decke und gehen mit ihm auf den Balkon. Es gibt kein Kind auf der Station, das nicht mit seinen Eltern auf dem Balkon sitzt. Manche Eltern gehen mit ihren Kindern draußen spazieren. Wir haben uns die Erlaubnis, mit Benny auf den Balkon zu gehen, vorher von der Kinderschwester geholt:

„Sicher, es ist so schönes Wetter heute. Ich denke, die frische Luft tut Benjamin gut. Gehen Sie heute ruhig raus. Für die nächste Woche können Sie sich ja am Montag die Erlaubnis vom Arzt holen."

Es ist schön, mit Benny an der frischen Luft zu sitzen. Während Matthias ihn im Arm hält, bewege ich mich etwas auf dem ca. 15 bis 20 Meter langen Balkon. Am Abend baden wir Benny. Danach gibt Matthias ihm die Flasche. „25 Milliliter hat er getrunken. Mensch Matthias, ihr beide brecht noch alle Rekorde!" Ich bin ganz stolz auf diese Menge. So zufrieden wie heute haben wir Benny noch nie erlebt.

Sonntag, 29. Mai 1994. Heute ist mein Geburtstag. Ich bin etwas früher wach als die anderen. So habe ich Zeit, mir Gedanken darüber zu machen, wie anders mein Leben heute aussieht als an meinem letzten Geburtstag. Gott hat mein Leben so reich gemacht. Erst habe ich Matthias bekommen, was Besseres hätte mir gar nicht passieren können, und nun setzt er dem Glück mit Benny noch die Krone auf.

Matthias rührt sich. Er dreht sich zu mir um, nimmt mich in den Arm und gratuliert mir.

Als Sven und Silke merken, dass wir wach sind, kommen sie ins Schlafzimmer gestürmt. Eine jubelnde Geburtstags-Glückwunsch-Raufparty beginnt. Nachdem ich alle Glückwünsche überlebt habe, machen wir uns an ein gemütliches Frühstück. Heute wollen wir einen Ausflug machen. Doch vorher möchte ich unbedingt nach Benny sehen. Die anderen verstehen das. Auch Anke möchte

Benny noch mal sehen, da sie heute wieder nach Hause fahren müssen. Benny spürt die Unruhe, die wir haben, da wir nur kurz bleiben können. Anke und Guido nehmen ihn noch einmal auf den Arm, dann lassen sie uns mit Benny alleine und wir beruhigen ihn etwas. Es wundert mich, dass sich Benny schon so gut an uns gewöhnt hat, dass er sich leicht von uns beruhigen lässt. Als wir gehen, ist Benny zwar noch wach, aber ruhig.

Der Nachmittag ist schön, trotz des Regens. Doch dann heißt es Abschied nehmen von Anke, Guido, Sven und Silke. Als wir nach Hause kommen, wirkt die ungewohnte Ruhe geradezu bedrückend: „Es wird Zeit, dass Benny nach Hause kommt und Leben in die Bude bringt!“, seufze ich. Matthias nimmt mich nur still in den Arm.

Montag, 30. Mai 1994. Benjamin geht es heute wieder besser. Die Unruhe ist vorbei. Weil die Lungen immer noch ohne Wassereinlagerung sind, brauchen wir nicht mehr zu bilanzieren. Das heißt, dass ich nicht mehr jeden Milliliter aufschreiben muss, den er getrunken hat. Und ich kann aufhören, die leeren und vollen Windeln zu wiegen. Das ist irgendwie ein Stück mehr Normalität.

Dienstag, 31. Mai 1994. Da der Arzt bei der Visite mit Benny weiterhin so zufrieden ist, wage ich es, ihm ein neues Anliegen zuzutragen: „Sehen Sie eine Möglichkeit, dass Benjamin Krankengymnastik bekommen kann? Er ist nun einmal ein Kind mit dem Downsyndrom und mit der Krankengymnastik kann man so viel machen, was seine Entwicklung unterstützt.“

Der Arzt ist ungewöhnlich entgegenkommend: „Ja, da es Benjamin zurzeit wirklich gut geht, können wir es mit der Krankengymnastik wagen. Ich werde heute noch dort Bescheid sagen. Aber falls es Benjamin mal wieder schlechter geht, brechen wir die Krankengymnastik sofort wieder ab.“ Dagegen habe ich ja gar nichts. Ich bin froh über das Ergebnis dieses Gespräches. Kaum eine Stunde später erscheint eine Krankengymnastin bei uns im Zimmer. Sie ist etwa in meinem Alter, aber kleiner als ich. Ihre dunklen Haare sind zu einem Pferdeschwanz zurückgebunden. Sie wirkt sehr energisch.

„Ich möchte heute erst einmal testen, wie weit Benjamin ist und was er kann. Wir gehen dafür besser runter in den Turnraum.“

Ich lege Benjamin in einen stationseigenen Kinderwagen und gehe hinter der Krankengymnastin her. Das ist das erste Mal, dass ich mit Benny im Kinderwagen die Station verlasse. Ich fühle mich dabei großartig. Die Krankengymnastikabteilung liegt eine Etage tiefer. Der Raum, in den wir hineingehen, ist etwa zwei mal drei Meter lang. Er wird fast völlig von einem großen, höhenverstellbaren Turntisch ausgefüllt. Der Kinderwagen muss im Flur bleiben, weil er beim besten Willen in diesen Raum nicht mehr hineinpasst. Ich ziehe Benny aus und die Krankengymnastin sieht ihn sich erst einmal genau an. „Ich prüfe erst mal, wie er reagiert." Dafür hält sie ihm eine Rassel vor das Gesicht und bewegt sie von rechts nach links und zurück. Benny verfolgt die Rassel ganz interessiert mit seinen Augen. „Das machst du ja schon ganz toll", lobt ihn die Krankengymnastin. Dann steckt sie ihm ihren Finger in den Mund, um zu prüfen, wie sein Saugreflex ist. Auch damit ist sie zufrieden. Nachdem sie ihn durchbewegt hat, erklärt sie mir ihre Turnmethode:

„Es gibt verschiedene Turnmethoden. Die bekanntesten sind die nach Bobath und nach Voita. Ich benutze bei Kindern wie Benjamin lieber die Voita-Methode. Damit wird die zu schlaffe Muskulatur besser unterstützt. Dafür gibt es bestimmte Druckpunkte auf Brustkorb und Rücken, die das Kind zu bestimmten Bewegungen anregen. Das ist sehr anstrengend für die Kinder, darum weinen sie dabei auch oft." Benny macht bei den Übungen echt gut mit. Nach 20 Minuten hören wir aber auf, denn nun ist Benny wirklich groggy. Ich ziehe ihn wieder an, lege ihn in den Kinderwagen und mache mich mit ihm auf den Rückweg. Dabei werden wir von der Krankengymnastin nicht begleitet: „Morgen können wir so um halb zehn mit dem Turnen anfangen. Sie können ja gleich runterkommen."

Ich genieße es, alleine mit meinem Sohn durch die Flure zu gehen. Heute schläft Benny wirklich gut nach dem Turnen.

Mittwoch, 1. Juni 1994. Benjamin schläft viel. Um kurz nach neun Uhr wickle ich Benny in eine Decke und gehe mit ihm zur Krankengymnastik. Den Kinderwagen lasse ich auf der Station. Er steht in der Gymnastikabteilung doch nur im Weg. Heute weint Benjamin viel und macht kaum mit. Vielleicht tut ihm das Drücken in die Rippen weh, doch das verneint die Krankengymnastin. Nach dem Turnen beruhigt sich Benny wieder sehr schnell.

Donnerstag, 2. Juni 1994. Nun ist es genau einen Monat her, dass wir den Anruf vom Jugendamt bekommen haben. Was ist in diesem einen Monat nicht alles passiert! Benny gehört schon so sehr zu unserem Leben dazu. Ich kenne ihn schon so gut und liebe ihn mit jedem Tag mehr.

Ich fahre heute früher nach Hause, denn Matthias und ich wollen uns noch in der Stadt treffen. Es gibt noch etliche Dinge zu besorgen. Da Benjamin in letzter Zeit angefangen hat, seine Umwelt zu beobachten, halten wir jetzt ein Mobile für angebracht. Im Spielwarengeschäft finden wir eins mit Tieren, die eine Mischung aus Kuh und Elch zu sein scheinen. Außerdem haben sie auffallend bunte Farben. Sie drehen sich zu der Melodie von „Guten Abend, gute Nacht". Außerdem besorgen wir uns nun endlich unsere eigene Videokamera.

Freitag, 3. Juni 1994. Heute warte ich, bis Matthias von der Arbeit kommt. Er hat schon Sehnsucht nach Benjamin und es wird auch Zeit, dass er mal wieder mit ins Krankenhaus kommt. Ich baue Bennys Mobile auf, während Matthias seine Kamera aufnahmebereit macht. Benny findet das alles unglaublich spannend. Er beobachtet fasziniert sein Mobile und bewegt aufgeregt seine Arme und Beine. Ich wundere mich immer wieder, wie er bei so viel Beruhigungsmitteln immer noch so lebhaft sein kann. Matthias filmt alles: das Wickeln, Füttern, Baden und Wiegen.

Wir sprechen mit dem Arzt. „Benjamin entwickelt sich erstaunlich gut. Für mich ist er ein Wunderkind. Medizinisch gibt es eigentlich gar keinen Grund, dass es ihm so gut geht." Der Arzt ist also zufrieden und so frage ich ihn nun endlich mal, ob wir mit Benny bei schönem Wetter auf den Balkon gehen dürfen.

„Nein, das geht nicht. Dazu ist das Kind zu krank."

Matthias schaltet sich ein: „Aber jetzt steht er mit seinem Bett doch auch direkt an der Balkontür. Was macht dieser eine Schritt, den wir weitergehen, für einen Unterschied?"

„Wenn es einen Notfall gibt, ist er auf dem Balkon völlig falsch am Platz. Sie können sich mit dem Stuhl meinetwegen direkt vor die offene Balkontür stellen und Benjamin auf den Arm nehmen."

Auf diese Antwort des Arztes regt sich bei mir heftiger Widerstand: „Ob ich nun auf dieser Seite der Balkontür sitze oder zwei Zentimeter weiter auf der anderen Seite, macht für den Notfall doch, bitte sehr, keinen Unterschied. Wenn es darum geht, dass Benny am Monitor bleiben soll, ist das kein Problem. Die Kabel sind lang genug, dass sie bis zum Balkon reichen."

Eigentlich geht es mir jetzt nur um das Prinzip. Natürlich ist es für uns auch nicht so ein großer Unterschied, ob wir dies- oder jenseits der offenen Balkontür sitzen, aber irgendwie ist es schon seltsam, dass alle anderen Eltern mit ihren Kindern auf dem Balkon sitzen dürfen. Eben nur diese zwei Zentimeter weiter. Der Arzt weiß nun nichts Rechtes mehr zu erwidern und sagt nur: „Ich möchte bitte nicht, dass Benjamin auf den Balkon geht, und Sie haben das zu akzeptieren!“

Ich spüre, wie die Wut in mir hochkommt, unterdrücke sie aber, weil ich um unsere Abhängigkeit von dem Arzt weiß. So schlucke ich also und sage: „Wir müssen ja tun, was Sie sagen, das ist uns klar. Aber dass Sie uns keine vernünftigen Gründe geben, ist nicht okay. Wir sind ja nicht blöd und würden medizinische Gründe akzeptieren. Wir wollen sie nur gerne wissen!“ Doch der Arzt lehnt wieder einmal jede weitere Diskussion ab. Wir sind wütend, wohl mehr auf unsere Hilflosigkeit in dieser Situation als auf die Situation selbst. Warum verliefen meine Gespräche mit dem Arzt in letzter Zeit so friedvoll und sobald Matthias dabei ist, wird der Arzt verstockt? Ich habe das Gefühl, dass er Angst vor Matthias hat. Er weiß, dass Matthias Anästhesiepfleger ist und ein großes medizinisches Wissen hat, wohl mehr als ich. Mir kann er wahrscheinlich eine ganze Menge vormachen, während Matthias viel mehr hinterfragt und logische Argumente hat. Wir versuchen jedoch unsere Wut vor Benny zu verbergen. Aber auf dem Weg nach Hause diskutieren wir erregt über dieses Gespräch. Irgendetwas muss geschehen, damit der Arzt uns als Benjamins Eltern akzeptiert.

Samstag, 4. Juni 1994. Nach dem Gottesdienst fahren wir noch mal zu Hause vorbei, bevor wir zu Benny fahren. Ein Brief vom Jugendamt liegt im Briefkasten. Es ist die Kopie eines Schreibens an die Ärzte der Kinderklinik. Darin wird den Ärzten mitgeteilt, dass nun das Jugendamt die Vormundschaft für Benny trägt und dass Matthias und ich Benny beziehungsweise Etilolio, denn offiziell heißt er ja noch so, nach seiner Entlassung aus dem Krankenhaus bei uns zu Hause aufnehmen werden. Weiter heißt es in dem Brief:

„Als Amtsvormund für Etilolio bitten wir Sie, dem Ehepaar Steinebach folgende Rechte einzuräumen: 1) Die tägliche Betreuung und Versorgung von Etilolio. 2) Informationen, die Veränderungen des Gesundheitszustandes des Kindes betreffen. 3) Benachrichtigungen über anstehende Untersuchungen, bei denen Etilolio von seinen Pflegeeltern begleitet werden kann. 4) Ein Mitspracherecht über verschiedene Behandlungsmöglichkeiten, ggf. in Verbindung mit dem Kreisjugendamt. 5) Einsicht in das Vorsorgeuntersuchungsheft, den Impfpass und unter Umständen die Akten.

Für Ihre Zusammenarbeit bedanken wir uns im Voraus. Durchschrift gelangt an: Eheleute Steinebach ..."

Kein Wunder, dass der Arzt gestern so merkwürdig war. Ich vermute, er hat seinen Brief schon gestern bekommen. Vor ein paar Tagen hat Frau Schulz mich gefragt, welche Rechte wir für Benny bräuchten, und ich habe ihr alle die Rechte genannt, die sie im Brief aufgelistet hat. Wir sind so froh, dass das Jugendamt hinter uns steht. Jetzt fühlen wir uns nicht mehr so hilflos wie gestern. Wir beschließen, das Verhalten des Arztes als eine Reaktion auf den Brief anzusehen und es somit zu entschuldigen. „Wenn er sich beruhigt hat und merkt, dass wir ihm gar nichts Böses wollen, sondern dass es uns nur um Bennys Wohl geht, werde ich ihn vielleicht noch mal fragen, ob wir mit Benny auf den Balkon gehen dürfen", bespreche ich mit Matthias. Jetzt wollen wir erst einmal Gras über den Ärger wachsen lassen.

Wir genießen den Nachmittag mit unserem Sohn. Nach dem gestrigen Tag tut uns allen ein ruhiger Wochenendtag gut. Auch die Schwestern auf der Station haben weniger zu tun, das überträgt sich auch auf die Stimmung. Mirjam und Jürgen sind auch den ganzen Nachmittag bei Angelina. Sie kämpfen darum, dass ihr Kind so bald wie möglich operiert wird. Doch die Operation wird immer wieder verschoben: „Andere Fälle sind wichtiger", bekommen sie dann immer zu hören. Ich bekomme das jeden Tag in der Woche mit. So genießen auch sie heute die Entspannung. Es ist ein richtiger Ruhetag!

Sonntag, 5. Juni 1994. Heute drehen wir einen richtig langen Videofilm von Benny. Es ist wieder sehr heiß. Auf der Station sind alle Türen und Fenster auf. Der Stationsarzt hat heute Bereitschaftsdienst. Als wir auf die Station kommen, begrüßen wir ihn ganz normal, so als wäre nichts geschehen. Da uns schon seit längerer Zeit erlaubt wurde, Benny in den Kinderwagen zu legen und auf dem Flur spazieren zu gehen, tun wir heute genau das. Der Flur ist zwar auch nicht länger als der Balkon, aber wir können uns wenigstens etwas bewegen. So laufen wir von unserem Zimmer bis ins Spielzimmer und zurück. Ich filme, wie Matthias Bennys Kinderwagen auf dem Flur schiebt. Als er an der Küchentür vorbeikommt, geht sie auf und der Arzt kommt heraus: „Guten Tag, Herr Doktor. Wir promenieren hier." Matthias spielt für die Kamera eine Rolle. Er würde niemals zu einem Arzt „Herr Doktor" sagen. Wozu haben die Menschen Namen, aber der Arzt scheint das nicht zu merken. Er guckt in den Kinderwagen und sagt nur: „Das ist schön." So, die Szene habe ich im Kasten! Es war keine geplante Szene, aber sie gefällt mir.

Nach dem Baden haben wir Benjamin gemessen: 56 Zentimeter! Unglaublich! Er ist in dem einen Monat, den wir ihn kennen, sieben Zentimeter gewachsen. Die kleinen Stampler passen ihm kaum noch.

Montag, 6. Juni 1994. Bei der Visite ist der Arzt immer noch sehr zufrieden. Die Herzkatheteruntersuchung wird auf Donnerstag festgelegt. Ich bin davon nicht so begeistert, denn Donnerstag fahren wir doch in den Urlaub. Aber es lässt sich wohl nicht ändern. Wir werden dennoch erst zu Benny fahren, um zu sehen, wie es ihm geht.

Im Laufe des Vormittags kommt der Arzt noch einmal zu mir: „Frau Steinebach, ich möchte Ihnen gerne erklären, weshalb Benjamin nicht auf den Balkon gehen soll. Es ist nicht, dass es ihm dafür zu schlecht geht, im Gegenteil, es geht ihm ungewöhnlich gut und frische Luft täte ihm bestimmt auch gut, aber es gibt Kinder auf dieser Station, denen es so schlecht geht, dass sie wirklich nicht rausgehen dürfen. Wenn die Eltern dieser Kinder sehen, dass ich es Ihnen erlaube, wird es nur Ärger geben. Bitte haben Sie dafür Verständnis."

„Sicher habe ich das, aber es gibt so viele Kinder, die auf dem Balkon sind", werfe ich ein.

„Das sind alles schon operierte Kinder", entgegnet der Arzt.

In dem Moment kommt Mirjam zur Tür herein. Auch ihr wurde von den Schwestern gesagt, sie solle den Arzt fragen, ob sie mit Angelina auf den Balkon gehen dürfe. Sie packt die Gelegenheit beim Schopf und fragt den Arzt nach seiner Erlaubnis. „Ja, Sie dürfen mit Angelina auf den Balkon!" Bevor ich etwas sagen kann, ist er aus dem Zimmer verschwunden. So eine Frechheit! Mir erzählt er, dass nur Kinder, die schon operiert sind, auf den Balkon gehen dürfen, und Angelina, die genauso wenig operiert ist wie Benny und der es dazu noch schlechter geht als ihm, der erlaubt der Arzt den Schritt über die Türschwelle auf den Balkon. Damit ist für mich klar, dass es eine Aktion ist, die gegen uns gerichtet ist.

Ich nehme mir jetzt mein Kind, packe es in die Decke und gehe den einen Schritt über die Türschwelle auf den Balkon. Nicht lange, nur für ein oder zwei Minuten, aber würde ich das jetzt nicht tun, wäre ich geplatzt! Ich beschließe trotzdem, bis zum Urlaub erst einmal ruhig zu bleiben. Wer weiß, was sie sonst mit Benny machen, wenn wir nicht da sind.

Dienstag, 7. Juni 1994. Heute hat sich eine Gruppe von acht Studenten Benny angeguckt. Sie haben ihn alle abgehorcht. Eine Schwester hat mich vorher gefragt, ob ich damit einverstanden wäre: „Sicher, solange sie ihm dabei nicht wehtun. Irgendwie müssen Studenten ja auch was lernen. Und es kommt irgendwann anderen Kindern zugute." Heute Abend bleibe ich länger bei Benny.

Mittwoch, 8. Juni 1994. Heute hat Benny das erste Mal „gesprochen". Bisher hat er, außer wenn er geschrien hat, keinen Ton von sich gegeben. Heute lag er bei mir auf dem Arm und erzählte mir etwas mit unterschiedlichen Hm-Lauten. Dabei sah er mich mit seinen großen Augen an. Benjamin schaut den Menschen immer ins Gesicht. Am Gesicht erkennt er Freund und Feind. Morgen soll nun die Herzkatheteruntersuchung stattfinden. Ich bitte den Arzt, das Aufklärungsgespräch mit mir zu führen. Da ein Herzkatheter ein operativer Eingriff ist, muss mit den Eltern ein solches Gespräch im Voraus laufen. Die Einwilligungserklärung kann bei Benny allerdings nur das Jugendamt geben. Aber ich denke, darum hat der Arzt sich schon gekümmert. Am Nachmittag kommt der Arzt dann zu mir, setzt sich auf einen Stuhl, während ich ihm gegenüber an die Wickelkommode gelehnt stehen bleibe, und sagt: „Ja, was soll ich Ihnen über den Herzkatheter sagen? Sie sind ja selber Krankenschwester und wissen, wie das abläuft."

„Naja, um den Ablauf geht es mir auch gar nicht so sehr. Ich kenne mich in der Kinderkrankenpflege auch nicht so aus. Ich würde gerne wissen, was für Gefahren für Benny bestehen und welches Ergebnis erwartet wird."

„Also über die Gefahren habe ich Ihnen ja bereits gesagt, dass es möglich ist, dass wir eine Vollnarkose machen und ihn damit auch beatmen müssen. Falls wir ihn dann von der Beatmung nicht wegbekommen, muss die Operation sehr bald laufen. Ansonsten hängt der Termin der Operation von dem Ergebnis des Herzkatheters ab." Der Arzt bleibt mit seinen Antworten ausweichend. Ich hake also nach: „Weshalb soll Benny denn eine Vollnarkose bekommen? Einen Herzkatheter kann man doch sehr gut in örtlicher Betäubung machen! Es gibt doch genügend andere Möglichkeiten, ein Kind ruhigzustellen, erst recht, wenn eine Vollnarkose so hohe Gefahren mit sich bringt wie bei Benjamin."

Der Arzt steht von seinem Stuhl auf und geht in Richtung Tür: „Manchmal ist eine Vollnarkose trotzdem nötig. Die Untersuchung dauert morgen bis etwa 14 Uhr. Er wird gleich morgens abgeholt. Sie können dann gegen 14 Uhr herkommen. Nun muss ich aber weiter. Es ist ja so weit alles geklärt. Auf Wiedersehen", sprach es und ist aus der Tür raus. Zurück bleibt eine verdutzte Heike. Für mich ist noch lange nicht alles geklärt. Dieses Gespräch hätte er sich auch sparen können!

Benny meldet sich, also mache ich ihn schnell fertig, füttere ihn und mache mich wieder auf die Suche nach dem Arzt. „Der ist schon weg", bekomme ich von den Schwestern zu hören. Wieder einmal fühle ich mich unglaublich hilflos. Benny schläft, also mache ich mich auch auf den Weg nach Hause, schließlich muss ich noch unsere Urlaubssachen packen. Eigentlich ist mir gar nicht nach Urlaub zumute.

Zu Hause warten drei große Pakete von meiner Schwiegermutter. Das größte Paket ist voll von Stofftieren und Puppen, die sie selbst gemacht hat. Der selbst gestrickte Clown ist größer als Benny selbst. Die anderen Pakete enthalten Kinderkleidung, Decken, Flaschen und viele Dinge mehr, die ein Kind so braucht. Einige von den Stofftieren packen wir in einen Beutel. Mit so vielen Tieren kann Benny gar nicht alleine spielen. „Wir nehmen es mit auf Station für das Spielzimmer. Da haben dann auch andere kranke Kinder etwas davon", schlägt Matthias vor. Den Videofilm vom letzten Sonntag hat Matthias noch schnell bearbeitet und vervielfältigt. Wir bringen zwei Filme noch schnell zur Post, damit unsere Eltern bald etwas von ihrem Enkel zu sehen bekommen.

Donnerstag, 9. Juni 1994. Unser Auto ist bis obenhin voll gepackt. Wir wollen heute Abend noch nach Dänemark fahren und von dort morgen in aller Frühe mit der Fähre nach Norwegen übersetzen. Auf dem Weg zur Klinik fahren wir schnell noch mal bei meiner Arbeitsstelle vorbei, um die Bestätigung für meinen Erziehungsurlaub abzuholen.

„Ich weiß nicht, ob ich Ihnen das bestätigen kann." Die Sekretärin ist verunsichert.

„Warum sollte das nicht möglich sein? Ich bin doch schon im

Urlaub und eine Nachfolgerin wird doch auch schon gesucht." Ich bin über die plötzlichen Schwierigkeiten erstaunt.

„Naja, es ist ja nur, weil es nicht Ihr eigenes Kind ist, weiß ich nicht, ob Sie Anspruch auf Erziehungsurlaub haben."

Matthias hat so etwas schon geahnt und hat die Unterlagen vom Versorgungsamt und der Krankenkasse mitgebracht: „Anhand dieser Unterlagen sehen Sie, dass es uns zusteht. Was tun wir denn anderes als Eltern mit eigenen Kindern nach der Geburt?"

„Naja gut, dann gebe ich Ihnen die Bestätigung gleich mit."

Nun haben wir es aber eilig, zu Benny zu kommen. Es ist fast halb zwei, als wir auf der Station ankommen. Ob Benny schon da ist? Wir gehen in sein Zimmer und prallen fast wieder zurück. Da liegt Benny sehr, sehr blass in seinem Bettchen und hängt an drei Infusionen.

Irgendjemand muss dem Arzt Bescheid gegeben haben, dass wir da sind, denn es dauert nicht lange, bis er kommt: „Erschrecken Sie nicht. Es geht Benjamin so weit gut – nur ...", der Arzt stockt.

„Was nur?", fragt Matthias.

„Bei dem Herzkatheter wurde die rechte Beinarterie verschlossen. Das ist nicht weiter schlimm", beeilt sich der Arzt zu sagen. „Wir versuchen sie mit dem Liquemintropf wieder zu öffnen. Wenn das in 18 Stunden nicht geholfen hat, brauchen wir es auch nicht mehr weiter zu versuchen. Darum müssen wir jetzt aber jede Stunde die Fußpulse überprüfen."

Ich bin beunruhigt: „Was ist, wenn sich die Arterie nicht wieder öffnet? Was für Folgen hat das für Benjamin?"

„Wahrscheinlich gar keine. Das Blut bildet Umgehungskreisläufe, die das Bein versorgen. Das geht bei so kleinen Kindern noch sehr schnell. Es kann sein, dass er später bei großer Belastung des Beines etwas Probleme bekommt. Im schlimmsten Fall wächst das Bein langsamer als das andere und bleibt etwas zurück. Das heißt, er würde später laufen lernen als sonst."

„Ja toll, als ob seine eine Behinderung nicht schon genug ist! Er lernt doch sowieso schon später laufen, und nun soll es noch später sein?!" Ich bin echt wütend. Von diesen Gefahren hat mir der Arzt gestern überhaupt nichts erzählt. So macht er sich auch bald aus dem Staub. Kurz darauf kommt eine Schwester, um die Fußpulse zu tasten. Am rechten Fuß spürt sie nichts. „Können Sie es mal versuchen?", fragt sie Matthias, aber auch er kann nichts fühlen. Wie auch, die Arterie ist ja verschlossen. Ich frage die Schwester, seit wann Benny wieder auf der Station ist. „Seit halb zwölf", bekomme ich zur Antwort. „Er blieb etwas länger als gewöhnlich unter Beobachtung, darum kam er so spät.“ Ich frage mich, weshalb wir dann erst um 14 Uhr kommen sollten.

Benny darf jetzt endlich etwas trinken. Er hat so einen Durst, dass er 30 Milliliter auf einmal ohne Pause austrinkt. Sein rechtes Bein liegt in einer Schiene, die am Bett festgebunden ist. Auf der Einstichstelle des Katheters liegt ein Sandsack. Ich würde Benny gerne auf den Arm nehmen, um ihn zu trösten, doch das geht nicht. Es ist unglaublich, was er in seinem kurzen Leben schon alles mitgemacht hat! Kurze Zeit später kommt der Arzt wieder ins Zimmer:

„Wir müssen Benjamin noch einen Zugang legen. Sein Hb-Wert ist zu niedrig. Wir werden ihm noch etwas Blut geben.“ Ich will erst einmal wissen, wie hoch oder niedrig der Hb-Wert eigentlich ist. „Der Wert ist bei 10,5. Sicher, es ist noch nicht unbedingt notwendig, aber in dieser Situation tut es ihm gut. Wir geben ihm nicht viel Blut.“

Matthias hat noch seine Bedenken: „Es wäre besser, Sie würden ihm einmal etwas mehr Blut geben als immer wieder nur kleine Mengen von verschiedenen Blutspendern.“ Dann rechnet er dem Arzt aus, welche Menge Blut gebraucht würde, um Bennys Hb-Wert auf die gewünschte Zahl von 14 zu bringen. Das wäre fast die doppelte Menge von der, die der Arzt zu geben gedenkt.

Doch der reagiert sauer: „Zu viel Blut wollen wir ihm auch nicht geben. Außerdem sind unsere Blutbanken sehr sicher. Wir hatten noch nie einen HIV-positiven Fall!“

„Naja, einmal ist immer das erste Mal“, murmelt Matthias vor sich hin. „Wofür wollen Sie denn einen extra Zugang legen? Sie können doch einen Dreiwegehahn benutzen, dann muss Benjamin nicht mehr gestochen werden. Er hat heute schon genug mitgemacht!“ Matthias kämpft wie ein Löwe, um Benny zu ersparen, was möglich ist.

Der Arzt behauptet: „Liquemin und Blut kann man nicht durch denselben Schlauch laufen lassen.“

„Während der Operationen geht das doch auch!“ Matthias redet aus Erfahrung, aber der Arzt reagiert nicht mehr darauf und sucht schon verzweifelt nach einer guten Vene bei Benny.

Ich halte Matthias zurück: „Wenn wir jetzt noch mehr Ärger machen, lassen sie es nächste Woche an Benny aus.“ So stellen wir uns an Bennys Kopfende und beobachten den Arzt. Der ist sichtlich nervös. Seine Hand zittert, als er zusticht. Er trifft die Vene nicht. Ich streichle Benny: „Wir sind bei dir, kleiner Spatz!" Sofort hört Benny auf zu schreien. Nach dem fünften oder sechsten Versuch holt der Arzt eine Kollegin. Auch sie sticht fünf- oder sechsmal zu, vergeblich. Langsam werde ich unruhig. Muss das alles sein? Nach etlichen weiteren Versuchen hat der Arzt endlich Glück und trifft die Vene. Benny bekommt nun „sein" Blut. Für mich sah die ganze Aktion nach Kindesmisshandlung aus. Als alle Ärzte und Schwestern aus dem Zimmer gegangen sind, macht Matthias seiner Wut Luft:

„Wenn ich einen Zugang legen soll und treffe nicht gleich beim ersten Mal, dann versuche ich es gar nicht länger, sondern hole gleich den Besten, den es gibt. Ich lasse nicht zu, dass bei einem Patienten zwanzigmal zugestochen wird! Und schon gar nicht bei einem Kind!"

Wir haben kein gutes Gefühl, in den Urlaub zu fahren, doch der Arzt ermutigt uns, es doch zu tun: „Lassen Sie sich nicht von Benjamins momentaner Situation erschrecken. Morgen geht es ihm wieder gut. Das kennen wir bei Kindern nach einem Herzkatheter."

Ich möchte gerne das Ergebnis der Untersuchung wissen.

„Eigentlich ist genau das herausgekommen, was wir erwartet haben. Das Loch in Benjamins Herzen ist sehr groß und muss bald operiert werden, aber es kann dennoch etliche Wochen dauern. Sein Zustand ist stabil und davon machen wir den Zeitpunkt der Operation abhängig."

Matthias will wissen: „Ist es denn möglich, dass er operiert wird, während wir im Urlaub sind?"

„Das ist sehr unwahrscheinlich. Dafür müsste schon ein Notfall eintreten. Sie sollten eher damit rechnen, dass es noch zwei bis drei Monate dauert."

Ich bin dennoch beunruhigt: „Wir lassen Ihnen auf jeden Fall eine Telefonnummer hier, über die Sie uns erreichen können, wenn etwas mit Benny ist. Es ist die Nummer der Besitzerin unseres Ferienhauses. Bitte rufen Sie da an, wenn es Benny schlecht geht."

Der Arzt scheint nicht erfreut zu sein: „Naja, wenn es Benjamin mal etwas schlechter und mal etwas besser geht, rufen wir nicht dauernd an."

Mir platzt fast der Kragen: „Sie wissen genau, was ich meine!" Der Arzt verspricht uns also, uns im Notfall oder wenn es Benny drastisch schlechter geht, zu informieren. Ich will mich auf sein

Wort alleine nicht verlassen und gebe auch den Schwestern noch einmal die Telefonnummer.

Es ist spät, als wir Benny verlassen. Unser Herz ist schwer. „Wir müssen versuchen, den Urlaub zu genießen. Wir haben ihn so nötig“, versuche ich Matthias Mut zu machen. Wir übernachten in Dänemark auf einem Parkplatz. Bis zur Fähre schaffen wir es heute nicht mehr, dazu sind wir zu müde. Unser Abendgebet gilt besonders unserem Benjamin.

Freitag, 10. Juni bis Sonntag, 19. Juni 1994. Unser Ferienhäuschen liegt direkt im Wald an einem kleinen See. Bis zum nächsten kleinen Ort sind es acht Kilometer. Der Weg zum Haus ist so schmal und steil, dass wir beschließen, dort so wenig wie möglich langzufahren. Es ist still – unglaublich still. Nach der Hektik der letzten Zeit tut uns die Stille richtig gut. Dennoch kommen wir nie richtig zur Ruhe. Unsere Gedanken sind immer bei Benny. Wie mag es ihm wohl gehen? Ob er uns vermisst? Wir machen Pläne für die Zukunft. Wir müssen eine neue Wohnung suchen. Unsere zwei Zimmer sind einfach zu wenig für drei Personen. Wir haben Bücher über das Downsyndrom mitgenommen, die wir nun endlich einmal lesen können. Bisher kamen wir nie dazu. Nach dem Urlaub muss ich mich um die Frühförderung für Benjamin kümmern. Wenn Benjamin operiert ist, dann fahren wir mal mit ihm zu unseren Eltern. Wenn Benjamin operiert ist, dann machen wir den nächsten Urlaub mit ihm zusammen in Dänemark. Wenn Benjamin operiert ist, dann ... Ich glaube, das ist unser häufigster Satz.

„In neun Tagen sind wir wieder bei Benny!“ – „In acht Tagen sind wir wieder bei Benny!“ – „Nur noch sieben Tage, dann sehen wir Benjamin wieder!“ – „ Morgen fahren wir zu Benny!“

Der Urlaub wäre so schön gewesen, wäre nicht unser Heimweh und unsere Sorge um Benny gewesen. Wir haben die Ruhe genossen, die Sauna und unser Ruderboot ausgenutzt und wir waren fasziniert von den Elchen, die in zwanzig Metern Entfernung an unserem See getrunken und uns ein Abendkonzert gegeben haben. Dennoch stand über allen diesen Dingen unsere Sorge um Benny. So sehnen wir den Tag der Abfahrt wie ein Fest herbei. Und endlich bricht die letzte Nacht an!

Montag, 20. Juni 1994. Endlich stehen wir an der Fähre und fahren zurück nach Deutschland. Ich habe mich über das Ende eines

Urlaubes noch nie so sehr gefreut wie heute. Dabei hat mir der Urlaub an sich wirklich gut gefallen.

„In zehn bis zwölf Stunden sind wir bei Benny", auch Matthias kann es kaum noch erwarten. Der Verkehr ist ruhig und wir kommen gut durch. Früher als erwartet treffen wir im Krankenhaus ein. Wir rennen fast zum Eingang und dass wir auf den Fahrstuhl warten müssen, raubt uns den letzten Nerv. Also laufen wir doch schnell die Treppe hoch. Als wir auf die Station kommen, hören wir die Schwestern flüstern: „Benjamins Eltern sind da. Sag mal dem Arzt Bescheid." Das macht mich misstrauisch und so gehen wir gleich in Bennys Zimmer rein. Benny liegt direkt hinter der Tür in seinem Bett und schläft. Als er unsere Stimmen hört, macht er gleich die Augen auf. Wir sind entsetzt: Benny hängt immer noch am Heparintropf! Die Arterie hat sich also nicht wieder geöffnet.

Ich nehme Benny auf den Arm: „Hallo, kleiner Schatz, Mami und Papi sind wieder bei dir! Jetzt fahren wir nie wieder so lange ohne dich weg!"

Als ich Benny im Arm halte und mit ihm spreche, merke ich, wie alle Spannung aus ihm rausgeht. Er lässt sich so richtig fallen. Ich glaube, er ist froh, dass wir wieder bei ihm sind.

Es dauert nicht lange, da steht ein Arzt neben uns, den wir noch nie gesehen haben. Er fängt gleich an, uns etwas über Benjamin zu erzählen. Ich stoppe ihn nach den ersten drei Sätzen und sage: „Einen Moment mal, wer sind Sie eigentlich? Sind Sie jetzt der für Benjamin zuständige Arzt?" Ich finde es frech, dass er sich nicht einmal vorgestellt hat.

„Nun ja, ich bin der Oberarzt vom Katheterlabor. Ich habe bei Benjamin die Katheteruntersuchung gemacht."

Matthias kann sich nicht verkneifen zu sagen: „Ach dann waren Sie es, der den Mist verzapft hat!" Ich teile Matthias' Ärger, will aber nicht, dass wir es uns mit noch einem Arzt verderben. So lenke ich schnell ab: „Weshalb hat Benny noch die Heparininfusion?"

Der Arzt erklärt uns mit unsicherer Stimme: „Die Arterie ist bisher noch nicht wieder aufgegangen. Solch eine Heparintherapie kann in einem Zeitraum von bis zu vierzehn Tagen zum Erfolg führen. Wenn es bis dahin nicht geklappt hat, bricht man die Therapie ab."

Während der Erklärung ist der Stationsarzt ins Zimmer gekommen und hat sich neben mich gestellt. Da er für mich immer noch der behandelnde Arzt und somit Ansprechpartner ist, wende ich mich jetzt an ihn: „Was hat sich in der Zeit, wo wir weg waren, noch alles ereignet?"

„Benjamin geht es gut, bis auf die Sache mit der verschlossenen Arterie, aber da hoffen wir ja noch auf Erfolg. Zurzeit hat er etwas Fieber, aber das hatte er vorher ja auch immer mal wieder gehabt."

„Wie viel trinkt er denn jetzt?", will ich wissen.

„Wir sondieren ihn zur Zeit voll. Das möchte ich auch bis zur Operation beibehalten." So was habe ich mir schon gedacht. Ich ärgere mich immer mehr, dass wir in den Urlaub gefahren sind. Ich komme mir vor, als hätten wir Benny im Stich gelassen. Auf meine Frage nach dem Grund kam wieder nur ein: „Ich möchte es jetzt so!" vom Arzt. Inzwischen hat der andere Arzt klammheimlich das Zimmer verlassen, ohne sich zu verabschieden. Matthias wendet sich jetzt auch an den Stationsarzt: „Wie hoch ist der Hb-Wert eigentlich angestiegen nach der letzten Transfusion?" Irgendwie tut mir der Arzt ein bisschen Leid, weil wir ihn mit unseren Fragen in die Enge treiben, aber von sich aus erzählt er ja nichts.

Er antwortet: „Leider hat die Transfusion nicht viel gebracht. Der Wert ist nur auf 11,5 gestiegen. Es kann also sein, dass wir in den nächsten Tagen noch einmal eine Transfusion geben müssen." Der Tonfall klingt schon fast ein wenig patzig. „Wenn Benjamin dann wieder nur so wenig Blut bekommt, können wir uns das auch sparen", Matthias geht ganz auf Konfrontation, aber der Arzt lässt sich auf kein weiteres Gespräch mehr ein. Er verabschiedet sich von uns.

Nun sind wir wieder allein mit Benny. Es stehen noch zwei andere Kinderbetten im Raum. Angelina wurde zwei Tage, bevor wir in den Urlaub gefahren sind, operiert. Sie scheint noch auf der Intensivstation zu liegen. Im Laufe des Abends kommen Mirjam und Jürgen zu uns rein. Sie erzählen: „Angelina liegt jetzt seit zwei Wochen auf der Intensivstation. Sie wird immer noch beatmet. Die Ärzte haben festgestellt, dass ein Loch im Herzen wieder aufgegangen ist. Angelina muss dringend operiert werden, sagen die Ärzte, aber es wird immer wieder verschoben. Seit drei Tagen wird sie für die OP vorbereitet. Das heißt, dass sie seit drei Tagen ab dem Abend nichts mehr zu essen oder zu trinken bekommt, auch wenn abends schon feststeht, dass die Operation am nächsten Tag wieder verschoben wird." Mirjam ist voller Wut und schimpft auf die Ärzte. Irgendwie kann ich sie jetzt verstehen.

Zu Hause wartet viel Post auf uns. Viele Freunde und Verwandte haben uns geschrieben und etwas für Benny geschickt. Aber am meisten freuen wir uns über die Karte von meinen Schwiegereltern:

„Liebe Kinder, ihr seid großartig, danke dafür! Danke für die schöne Kassette und die netten Bilder. Wir sind ganz begeistert von unserem Benjamin. Ihr macht es toll, uns kamen die Tränen. Macht weiter so, ihr habt unsere Unterstützung. In Liebe, eure Eltern."

Dienstag, 21. Juni 1994. Wir sind zur Visite im Krankenhaus. Ich spreche das „Trinkproblem" noch mal an und kann erreichen, dass Benny doch wieder die Flasche trinken darf. Benjamin geht es heute wieder viel besser. Selbst der Stationsarzt muss zugeben, dass es Benny seit der Katheteruntersuchung nicht mehr so gut ging wie heute. Aber ich glaube nicht, dass er das auf unsere Anwesenheit bezieht. Beim Trinken macht Benny heute nur Faxen. Jedes Mal, wenn ich ihm den Sauger in den Mund stecke, fängt er an zu erzählen.

Mittwoch, 22. Juni 1994. Ein Kollege von Matthias, der den ganzen Ärger mit den Ärzten durch Erzählungen mitbekommen hat, kennt Professor Krause aus der Uniklinik. Er hat ihm von Benjamin berichtet und Professor Krause wollte uns gerne einmal kennen lernen. Heute um elf Uhr haben wir einen Termin bei ihm. Ich erinnere mich, dass ich mit Professor Krause Anfang Mai schon mal telefoniert habe, als es darum ging, ob Benny verlegt werden kann. Nun lerne ich ihn persönlich kennen. Ich finde es bewundernswert, dass er sich Zeit für uns nimmt, schließlich hat er als leitender Arzt der Neugeborenenklinik noch ganz andere Dinge zu tun. Wir werden in sein Zimmer gebeten und er begrüßt uns mit einer Herzlichkeit, die uns tief beeindruckt. Professor Krause ist ein älterer Herr mit weißen Haaren. Er bittet uns, auf den Stühlen vor seinem Schreibtisch Platz zu nehmen. „Ihr Lieben, erzählt mir mal die ganze Geschichte. Ein bisschen was habe ich ja schon gehört."

So erzählen wir ihm im Schnelldurchlauf von unserer Entscheidung für Benny, über seine Entwicklung bis hin zum Herzkatheter und was alles damit zusammenhängt. „Das verstehe ich einfach nicht, dass man Ihnen das Kind nicht nach Hause gibt! Sie müssen doch zu dem kleinen Spatz eine Beziehung aufbauen. Ich werde mit dem Professor Lauer dort in der Klinik telefonieren, er ist für die Herzklinik zuständig. Leider kenne ich ihn nur von Telefonaten und nicht persönlich. Wenn sie Benjamin bis zur OP nicht nach Hause entlassen wollen, versuche ich eine Verlegung hierher zu erreichen. Dann sehen wir mal, wie es ihm geht, und sobald es möglich ist, bekommen Sie ihn von hier mit nach Hause. Also nein, so kann man doch mit zwei so lieben Menschen nicht umgehen!"

Als wir von Professor Krause weggehen, sind wir froh und dankbar, dass wir ihn kennen lernen durften. Matthias' Kollege hat schon im Voraus gesagt: „Ihr werdet euch mit Professor Krause bestimmt gut verstehen. Er ist auch ein überzeugter Christ, aber das werdet ihr selber merken." Es gibt nicht viele Christen, denen man ihre Überzeugung auf Anhieb anmerkt, aber Professor Krause ist einer der überzeugendsten, die ich kenne. Und dabei haben wir kaum über unseren Glauben geredet.

Wir fahren direkt weiter zu Benny. Der Stationsarzt hat heute frei. Die AiPlerin berichtet uns die Ergebnisse der Visite: „Benjamin geht es wieder sehr gut. Heute Morgen wurde Blut abgenommen. Der Blutzuckerwert war erhöht. Ich denke aber, dass das ein Messfehler war, denn mit dem Blutzucker hat Benjamin noch nie Probleme gehabt."

„Das muss auch nicht noch dazukommen!" Ich bin in diesem Punkt ein gebranntes Kind und hoffe schwer, dass es sich um einen Irrtum handelt.

„Wir machen heute Nachmittag noch mal einen Test zur Kontrolle. Wir haben noch einmal den Hb-Wert bestimmt. Er liegt bei 10,9. Das ist nicht hoch. Wir wünschen uns einen Wert, der bei 14 liegt." Ob sie nun gedenkt, eine Bluttransfusion zu geben, sagt sie nicht und wir hüten uns, dieses Thema zu erwähnen. Nachmittags ist der Blutzuckerwert normal.

Mir fällt auf, dass sich Bennys Augenfarbe verändert. Sie sind nicht mehr so strahlend blau wie am Anfang, sondern bekommen einen braunen Schimmer. Das sieht wunderschön aus, finde ich. Aber ich finde sowieso alles an meinem Kind wunderschön! Benny will jetzt auch zunehmend beschäftigt werden. Sobald jemand in der Nähe ist, lässt er ihn nicht mehr aus den Augen. Beim Trinken macht Benny auch heute wieder Terz. Die eine Woche Trinkpause hat ihm echt geschadet und ich bin überzeugt, dass die Schwestern sich nicht die Zeit nehmen, ihn an den Mahlzeiten, an denen wir nicht da sind, mit der Flasche zu füttern. Auf dem Heimweg treffen wir in der Eingangshalle auf Mirjam und Jürgen.

Wir erkundigen uns gleich nach Angelina. „Ja, sie wurde heute operiert. Endlich, nach zwei Wochen warten wurde es auch Zeit. Aber bei der Operation wurde ein Nervenstrang durchschnitten. Nun braucht Angelina ihr Leben lang einen Herzschrittmacher. Wir fassen das alles noch gar nicht!"

Mir war bisher gar nicht so bewusst, was alles während der OP passieren kann. Langsam bekomme ich richtig Angst vor Benjamins Operation.

Um kurz vor zehn Uhr abends klingelt bei uns das Telefon. „Steinebach", melde ich mich.

„Guten Abend, Frau Steinebach, hier ist Krause. Ich wollte Ihnen nur sagen, dass ich heute Mittag, direkt nach dem Sie gegangen sind, Professor Lauer erreicht habe. Er hat von Benjamin schon gehört und hat mir zugesagt, dass Benny in den nächsten drei bis vier Tagen entweder nach Hause entlassen oder zu uns verlegt wird. Ich wollte Ihnen die freudige Botschaft gleich übermitteln. Ich hoffe, er hält sich an sein Wort."

Ich weiß gar nicht, wie ich mich genug bei Professor Krause bedanken kann. Ich bin so aufgeregt, dass ich glaube, heute Nacht kein Auge zutun zu können. „Stell dir mal vor, vielleicht ist Benny in drei Tagen schon hier! Was müssen wir in der Zeit noch alles machen! Wir müssen noch einen Kinderwagen, ein Bett und die Wickelkommode besorgen!" Ich bin kaum zu bremsen und habe das Gefühl, nie in meinem Leben glücklicher gewesen zu sein. Matthias bremst mich: „Warte erst einmal ab. Vielleicht hält er sein Versprechen gar nicht. Lass uns erst mal schlafen gehen." Matthias ist da nüchterner als ich, was ihm für den Schlaf in dieser Nacht bestimmt zugute kommen wird.

Donnerstag, 23. Juni 1994. Wir sind schon vor der Visite im Krankenhaus. Heute konnte ich doch nicht länger schlafen. Der Stationsarzt erklärt uns, wie es mit Benjamins Heparintherapie weitergehen soll: „Die Arterie ist leider nicht wieder aufgegangen. Wir lassen die Infusion noch bis morgen weiterlaufen, dann kommt sie ab. Meine Kollegin hat Ihnen ja gestern gesagt, dass der Hb so niedrig ist. Wir wollen morgen also noch einmal etwas Blut geben. Wir nehmen dazu den Zugang vom Heparintropf, dann müssen wir Benny auch nicht noch einmal stechen."

„Diesmal müsste die Menge Blut aber größer sein, sonst bringt es genauso wenig wie letztes Mal und erhöht nur das Risiko für eine Infektion!" Matthias hat seinen Ärger über die letzte Blutübertragung noch nicht überwunden und ich bin froh, dass ich in ihm jemanden habe, der medizinische Standpunkte überzeugend rüberbringen kann. Der Arzt bleibt seltsam ruhig und versichert uns, dass vor der Bluttransfusion der Hb-Wert noch einmal kontrolliert wird.

Gegen zehn Uhr hören wir, wie der Arzt auf dem Flur über Benny redet. Wir können nur verstehen, dass Professor Lauer irgendetwas wollte. Die Tür zu unserem Zimmer steht dabei offen, doch eine Schwester entdeckt die offene Tür und kommt schnell angelaufen, um sie zu schließen. So bekommen wir den weiteren Stand der Dinge nicht mehr mit. Wir rufen beim Jugendamt an, um die zuständigen Mitarbeiter zu informieren. „Wir stehen hinter Ihnen, wenn es um die Verlegung von Benjamin in Ihre Uniklinik oder nach Hause geht."

Den Rest des Vormittags geschieht nichts mehr. So gehen wir mittags zum Sekretariat von Professor Lauer und bitten um einen Termin bei ihm. Die Sekretärin verspricht, uns auf Station Bescheid zu geben, sobald Dr. Lauer Zeit hat. Gegen 14 Uhr kommt der Stationsarzt zu uns ins Zimmer. Wir können uns schon denken, dass es um das Gespräch mit Professor Lauer geht. Ich versuche mir meine Aufregung nicht anmerken zu lassen. Da ich Benjamin gerade auf dem Arm habe, geht das auch ganz gut. Doch der Arzt kommt nicht gleich zur Sache. Er beobachtet uns ein paar Minuten und sagt dann: „Ich möchte eigentlich, dass Benjamin wieder voll sondiert wird." Ich bin total baff. Damit habe ich jetzt gar nicht gerechnet: „Wieso, finden Sie, dass es Benny schlechter geht?"

„Nein, das nicht gerade, aber es ist doch sehr anstrengend für ihn."

Das kann Matthias so nicht stehen lassen: „Das Saugen an der Flasche ist nicht so anstrengend wie das Saugen am Schnuller, wenn er da unbedingt etwas herausbekommen möchte. Je weniger Erfolg er beim Saugen hat, umso mehr strengt er sich doch an! Außerdem ist das Saugen ein Grundbedürfnis für einen Säugling. Wollen Sie ihm das nehmen?"

Der Arzt muss Matthias zustimmen, bittet uns aber, darauf zu achten, dass Benny sich nicht überanstrengt. Aber das haben wir die ganze Zeit sowieso gemacht. Nun endlich kommt er zur Sache: „Was ich Ihnen noch sagen wollte, mir wäre es lieber, wenn Sie erst mit mir sprechen würden, bevor Sie zu Ärzten gehen, die mit der Sache nichts zu tun haben!"

Darauf habe ich gewartet: „Sie reden bestimmt von Professor Krause. Doch erstens sind wir nicht zu ihm gegangen, sondern er bat uns zu sich. Er hat von einem Arzt aus dem Krankenhaus, in dem mein Mann arbeitet, von Benny gehört und sich für ihn interessiert. Den Termin für ein Gespräch haben wir erst gestern abgemacht. Und zweitens waren Sie gestern gar nicht hier, sodass wir sie überhaupt nicht informieren konnten."

Matthias bestätigt mich: „Außerdem ist Benjamin unser Kind. Sie verstehen doch sicher, dass wir für unser Kind nur das Beste wollen. Das war keine Aktion, die gegen Sie gerichtet war. Uns geht es nur um das Wohl unseres Kindes!"

Dagegen kann der Arzt nichts sagen: „Ich bin dennoch dagegen, dass Benjamin verlegt wird."

Matthias will wissen, was denn noch dagegen spricht. „Nun, wenn wir Benjamin jetzt verlegen, müssen in der anderen Klinik die ganzen Blutuntersuchungen noch mal gemacht werden. Das heißt, dass Benjamin noch mal gestochen werden muss, und das ist doch nur Quälerei für ihn. Und wenn er dann zur Operation zurückverlegt werden muss, werden noch mal alle Blutuntersuchungen gemacht. Das ist dann doppelte Quälerei."

Ich weiß nicht, ob der Arzt uns für so unglaublich dumm hält, aber diese Argumente kann ich beim besten Willen nicht nachvollziehen: „Sie nehmen ihm doch auch alle paar Tage Blut ab. Wo ist dann der Unterschied, ob das hier oder dort gemacht wird? Entschuldigen Sie, aber dieses Argument kann ich einfach nicht akzeptieren. Außerdem wird vor der Operation sowieso eine umfassende Blutuntersuchung gemacht. Das ist sogar bei kleinen Operationen nötig. Das wäre also auch kein Problem bei der Rückverlegung. Wir möchten ja, dass Benjamin hier operiert wird. Das nehmen wir Ihnen gar nicht weg." Matthias unterstützt mich, wo er nur kann. Nun weiß der Arzt auch nichts mehr zu erwidern und flüchtet sich in ein: „Naja, Professor Lauer wird heute noch mit Ihnen darüber reden." Damit verabschiedet er sich. Wir warten den ganzen Nachmittag, dass wir zu Dr. Lauer gerufen werden, doch bis vier Uhr tut sich nichts. Weil wir befürchten, dass er um vier Uhr Feierabend macht, gehen wir zu seinem Büro und klopfen dort an. Wir werden von Professor Lauer hereingebeten. Die Oberärztin ist noch bei ihm. Sie verabschiedet sich aber, als sie uns sieht. Professor Lauer bittet uns, am Tisch Platz zu nehmen: „Ich möchte, äh, Ihnen noch einmal den Herzfehler des Kindes, äh, verdeutlichen." Ich denke nur: Es ist nicht ein oder das Kind, sondern unser Kind oder Benjamin, aber wahrscheinlich ist es von einem Professor zu viel verlangt, sich die Namen der Kinder zu merken. Seltsam, dass Professor Krause damit scheinbar keine Schwierigkeiten hat!

Nun erklärt uns der Professor in allen Einzelheiten den Herzfehler und die Vorgehensweise während der OP. „Sie müssen, äääh, verstehen, dass wir das Kind nicht verlegen können, äh. Der Herzfehler ist, äh, doch ziemlich groß." Ich weiß nicht, was mich mehr nervt, die ganzen zum Teil sehr lange andauernden Ähs oder der Inhalt der Rede: „Nein, ich verstehe nicht, warum Sie unser Kind nicht bis zur Operation verlegen wollen! Hier wird ja doch nichts mehr gemacht und überwachen können die Ärzte dort unseren Benjamin auch!" Ich platze fast vor Wut. Doch der Arzt scheint noch etwas draufsetzen zu wollen: „Naja, äh, es ist so, hihi, das bleibt aber unter uns, ja? Also, ich halte die Ärzte dort für unfähig, ein Kind wie dieses zu betreuen." Ich habe das Gefühl als befände ich mich mitten in einem Albtraum. Das darf doch wohl nicht wahr sein! Auch Matthias hat es die Stimme verschlagen. Wir müssen beide erst einmal tief durchatmen. Diese Pause nutzt der Arzt um weiterzureden:

„Es ist allerdings nötig, das Kind, äh, so bald wie möglich zu operieren. Ich verspreche Ihnen, äh, dass die Operation in den nächsten zwei bis, äh, drei Wochen laufen wird, äh, laufen muss. Äh, auf jeden Fall noch im Juli!"

Das ist doch schon mal eine Zusage! „Wir berufen uns auf Ihr Wort! Wenn Benjamin nicht im Juli operiert wird, ist er am ersten August in unserer Uniklinik, das ist unser Versprechen!" Ich bin nur noch wütend und enttäuscht.

Ich bin froh, dass das Gespräch zu Ende ist, wer weiß, was ich sonst noch alles gesagt hätte. Heute bleiben wir lange bei Benny in der Klinik. Für ihn ist es ja viel schlimmer, dass er nicht nach Hause darf, als für uns.

Zu Hause angekommen telefonieren wir noch mit Professor Krause: „Es tut mir so Leid, dass ich Ihnen da jetzt Hoffnung gemacht habe, aber Professor Lauer hat es mir fest versprochen."

„Es war ja auch nicht umsonst. Immerhin wird Benny bald operiert", tröste ich ihn.

Freitag, 24. Juni 1994. Da Matthias noch Urlaub hat, fahren wir wieder zusammen zu Benny. Schon durch die Glasscheibe in der Tür sehen wir, dass das Zimmer voller Leute in gelben Kitteln ist.

Ich weiß, dass das Studenten sind. Wir gehen leise in das Zimmer, sodass uns niemand bemerkt, und stellen uns ganz hinten hin. Auf der Wickelkommode liegt Benjamin und wird von acht Studenten untersucht. Benny ist sehr unruhig und fängt an zu weinen. Mir reicht das jetzt, niemand nimmt darauf Rücksicht, ob Benny weint oder nicht. Niemand tröstet ihn oder spricht mal ein paar Worte zu ihm. Das tut hier anscheinend kein Arzt. Ich habe noch nicht eine Visite erlebt, bei der ein Arzt mit Benny oder einem der anderen Kinder im Zimmer geredet hat. Jetzt wühle ich mich erst einmal durch die Gruppe von Studenten bis an den Wickeltisch heran. Der Arzt, der die Untersuchung leitet, ist mir unbekannt. Er ist sehr erstaunt, als ich plötzlich neben ihm stehe und ohne ein Wort zu sagen Benjamin auf den Arm nehme und ihn tröste. Den Arzt und die Studenten ignoriere ich ganz bewusst. Aber es ist wohl deutlich geworden, was ich will, denn der Arzt sagt zu seinen Studenten: „Naja, machen wir hier erst einmal Schluss!“

Bei der Visite sprechen wir diesen Vorfall beim Stationsarzt an: „Wir haben wirklich nichts dagegen, wenn sich einige Studenten Benjamin angucken, aber wir möchten gerne vorher informiert werden, und vor allem möchten wir dabei sein!“ Matthias geht noch weiter: „Wir möchten generell über alles, was Benjamin betrifft, informiert werden.“ Der Arzt versucht sich herauszureden: „Wir können Sie nicht über alles informieren, da Sie nicht Benjamins leibliche Eltern sind. Verstehen Sie mich nicht falsch, ich finde es ganz toll, dass Sie dieses Kind aufnehmen, und bewundere Ihr Engagement, aber ich bin nicht befugt, Sie über alles zu informieren.“ Das nimmt Matthias so nicht hin: „Einen Augenblick mal, Sie haben das Schreiben vom Jugendamt bekommen, wo uns alle nötigen Rechte, unter anderem auch das Recht auf Information gegeben werden! Sie sind sogar verpflichtet, uns zu informieren.“

Ich versuche ein wenig Verständnis zu wecken und dem Gespräch etwas an Schärfe zu nehmen: „Sehen Sie mal, wir müssen mit Benjamin doch leben, wenn er nach Hause kommt. Wir versorgen ihn und müssen die Dinge kennen, die wir bei ihm beachten müssen. Niemand der Ärzte oder Schwestern muss sich Gedanken um Benny machen, wenn er hier weg ist, aber wir! Wo ist da der Unterschied zu leiblichen Eltern eines Kindes?“ Nun nimmt das Gespräch eine positive Wende und verläuft doch noch recht gut. Ich hasse diese dauernden Auseinandersetzungen mit dem Arzt. Mittags kommt er noch mal ins Zimmer, um die Bluttransfusion mit uns zu besprechen: „Der Hb-Wert war heute morgen auf 11,9. Das ist zwar schon besser als letztes Mal, aber es ist immer noch zu niedrig. Wir möchten ihm noch mal 30 Milliliter Blut geben, damit der Wert auf 14 steigt."

„Bei einem Wert von 11,9 sind aber 60 Milliliter Blut nötig, um den Wert auf 14 zu steigern." Matthias hat das schnell nachgerechnet. „Wenn es schon sein soll, dass Benjamin Blut bekommt, dann bitte einmal richtig, und nicht heute 30 Milliliter und nächste Woche wieder 30 von einer anderen Konserve!"

„Wie gesagt, unsere Blutbank ist wirklich sicher, aber ich werde die Menge noch einmal nachrechnen", verspricht uns der Arzt. Tatsächlich kommt er kurz darauf mit 60 Milliliter Blut an, die er an den Perfusor anbaut und es somit Benny verabreicht. Der Heparintropf wird gleichzeitig abgesetzt.

Benjamin bekommt ständig ein Beruhigungsmittel. Ich finde es nicht so toll, dass er eine so hohe Dosis bekommt, aber der Arzt versichert uns: „Die Dosis ist nicht sehr hoch. Es gibt Menschen, die eine viel höhere Dosis bekommen. Es ist ein sehr schonendes Mittel. Es macht nicht abhängig und schadet der Leber nicht, im Gegenteil, es beeinflusst die Leber sogar positiv."

„Heißt das, dass das Medikament nicht über die Leber abgebaut wird?", will ich wissen.

„Doch, das schon, aber dabei unterstützt es die Funktion der Leber."

„Ich kann mir nicht denken, dass ein Medikament, das über die Leber abgebaut wird, die Leber nicht schädigt", murmelt Matthias vor sich hin.

In der Eingangshalle treffen wir wieder auf Mirjam und Jürgen. Angelina ist von der chirurgischen Intensivstation auf die Kinderintensivstation verlegt worden, da wo Benny Anfang Mai auch lag. „Nach Angelinas erster Operation lag Benny ja auch bei ihr im Zimmer auf Station I, in demselben Zimmer, wo Angelina jetzt liegt", erzählt uns Mirjam. „Wie, du meinst, als wir im Urlaub waren, lag Benjamin auf der Intensivstation?" Ich bin entsetzt.

„Ja, wusstet ihr das nicht? Haben euch die Ärzte wirklich nichts davon gesagt? Das sieht ihnen ähnlich! Es wurde bei ihm eine wohl recht gefährliche Therapie gemacht, um die Arterie wieder durchgängig zu machen." Matthias und ich sind so wütend! Erst vorhin hat uns der Stationsarzt versprochen, uns über alles zu informieren, und dabei weiß er genau, dass er uns diese wichtige Information seit über einer Woche verschweigt. Mirjam erzählt weiter: „Die haben Benny so voll gedröhnt mit Beruhigungsmitteln, dass er nur noch im Bett lag, die Augen verdrehte und total verändert war. Ich habe zum Arzt gesagt, dass ich Benny ganz anders kenne, und der meinte nur: ‚Klar, der hat erst mal eine Dröhnung verpasst gekriegt, die hatte er nötig, damit er mal ruhig ist!' Ich fand das ganz schön hart."

Mir kommen fast die Tränen, als ich das höre. Ich habe immer mehr den Eindruck, als würde Benny hier misshandelt werden. Ich kann in dieser Verfassung jetzt nicht mit dem Arzt darüber sprechen, so versuche ich noch mal, Frau Schulz zu erreichen. Ich habe Glück, sie ist noch im Büro. Ich erzähle ihr alles, was ich gerade erfahren habe. Auch Frau Schulz ist entsetzt: „Dass Benny auf der Intensivstation lag, wusste ich schon, denn sie brauchten für diese Therapie die Unterschrift vom Jugendamt, aber ich dachte, man hätte Sie darüber informiert. Ich werde nächste Woche noch einmal einen Brief an die Uniklinik schicken, mit der ausdrücklichen Bitte, Sie über alles zu informieren. Warum stellen die sich so an? Wir stehen hinter Ihnen, Frau Steinebach, ich möchte, dass Sie das wissen."

Samstag, 25. Juni 1994. Heute wollen wir in dieser Stadt zum Gottesdienst gehen. Wir haben festgestellt, dass die Gemeinde nur zwei Straßen weiter ist als die Kinderklinik. Vorher gehen wir aber noch bei Benny vorbei. Wir wollen die Visite mitbekommen. Der Stationsarzt hat dieses Wochenende keinen Dienst. Die Dienst habende Ärztin kennen wir nicht. Benny bekommt keine Infusion mehr, hat aber noch den Zugang drin. Bei der Visite fragen wir die Ärztin, ob der Zugang drin bleiben soll oder ob die Nadel gezogen werden kann. „Ich muss mir noch mal seine Unterlagen ansehen, dann sage ich Ihnen Bescheid", antwortet sie, bevor sie aus dem Zimmer geht. Einige Minuten später kommt eine Schwester ins Zimmer und bringt Tupfer und Desinfektionslösung mit: „So, die Ärztin hat gesagt, dass Bennys Zugang gezogen werden kann, er braucht jetzt keine Infusion mehr. Ich mache das jetzt schnell, dann haben Sie den Rest des Tages Ruhe vor uns." Damit zieht sie die Nadel aus Bennys Arm und verbindet ihn leicht. Nun kann sich Benjamin besser bewegen, ohne die Schiene, die den Arm ruhig gehalten hat.

Im Gottesdienst ist heute Abendmahl. Wir werden eingeladen, daran teilzunehmen. Vor dem Abendmahl ist die Fußwaschung. Ich habe noch in keiner Gemeinde erlebt, dass sich Ehepaare untereinander die Füße gewaschen haben beim Abendmahl. Uns wird erklärt, dass wir hier wählen können, ob wir mit auf die Empore gehen wollen, wo sich die Ehepaare zur Fußwaschung treffen. Ich finde die Möglichkeit angenehmer, mit Matthias die Fußwaschung zu machen, als mit einer mir fremden Glaubensschwester. Außer uns ist noch ein anderes Ehepaar auf der Empore. Nach der Fußwaschung kommen wir ins Gespräch. Natürlich erzählen wir von Benny und spontan beten sie für ihn. Das verbindet uns mit diesen Leuten, die wir vorher noch nie gesehen haben.

Mittags sind wir wieder bei Benny. Sein Herzschlag ist sehr schnell. Ich habe Angst, dass sein Herz dieses Tempo nicht mehr lange durchhält. Auch Bennys Atmung ist zu schnell, sie dürfte nur halb so schnell sein.

Wir müssen heute früher nach Hause gehen, weil Sabine und Thomas noch zu uns kommen wollen. Ich bin froh, dass meine Kusine in unserer Nähe wohnt. Seit unserer Kindheit haben wir uns immer sehr gut verstanden. Vor einem Dreivierteljahr hat sie ihr erstes Kind bekommen. Dass wir nun auch ein Kind haben, verbindet uns nur noch mehr. Sabine und Thomas haben Benjamin noch nie gesehen. Thomas ist in seinem Beruf als Pastor auch sehr eingespannt. So sind wir jetzt ganz stolz, dass wir ihnen Benny wenigstens auf dem Videofilm zeigen können.

Montag, 27. Juni 1994. Matthias muss wieder arbeiten, so fahre ich alleine mit dem Zug zu Benny. Bei der Visite ist der Arzt stinksauer: „Wer hat Benjamin denn den Zugang gezogen? Es war so schwer, den zu legen! Ich war froh, dass wir einen Zugang für den Notfall hatten! Haben Sie den gezogen?“ Er fragt mich das im Ernst, als ob ich eigenhändig ohne Zustimmung des Arztes Bennys Zugang ziehen würde. Ich bin empört, dass er mir so etwas zutraut: „Nein, das habe ich nicht getan! Was denken Sie von mir?! Die Dienst habende Ärztin hat das angeordnet und eine Schwester hat es ausgeführt. Außerdem lag der Zugang schon über eine Woche. Länger darf ein Zugang wegen der Infektionsgefahr doch gar nicht liegen bleiben. Bei unseren Patienten werden die Zugänge alle paar Tage erneuert.“

Anscheinend mag der Arzt diese Belehrung nicht. Seine Wut lässt er allerdings nicht an mir aus, sondern an Benjamin: „Im Übrigen will ich, dass Benjamin ab sofort voll sondiert wird!“ Ich will zu einer Entgegnung ansetzen, doch der Arzt lässt mich gar nicht erst zu Wort kommen: „Ich weiß, dass sie dagegen sind, ich kenne auch Ihre Gründe, aber ich verbiete Benjamin die Flasche ab sofort. Ich will darüber auch nicht mehr reden!“

Mir reicht das jetzt, er verbietet etwas, ohne einen Grund zu nennen, aus einer von meiner Sicht aus Laune heraus. „Ich finde das unmöglich, wie Sie uns hier behandeln. Wir wollen doch nichts Böses! Sie sind sauer auf mich und lassen die ganze Wut an Benny aus. Bennys Wohl sollte das Einzige sein, was hier zählt. Im Übrigen finde ich es unmöglich, dass sie uns am Freitag versprochen haben, uns über alles zu informieren, und dann müssen wir erfahren, dass Benny während unseres Urlaubs auf der Intensivstation war, und niemand hat es für nötig befunden, uns das zu sagen!“

„Von wem haben Sie das erfahren?“, will der Arzt wissen.

„Das ist doch egal, auf jeden Fall nicht von Ihnen oder Ihren Kollegen!“ Ich rede mich richtig in meine Wut rein, aber der Arzt reagiert auf diesen Vorwurf gar nicht erst. Er entschuldigt sich mal wieder damit, dass er so viel zu tun habe und nun weiterarbeiten müsse. Ich werde mit meiner ganzen Wut alleine gelassen.

Benny teilt sein Zimmer wieder mit zwei anderen Kindern. Auf der rechten Seite steht das Bett von Lutz. Er ist ein halbes Jahr alt und erst nach einiger Zeit wird mir bewusst, dass wir Lutz schon kennen. Er war es, der bei seiner Mutter auf dem Arm lag, als wir Benjamin das erste Mal gesehen haben. Schon damals waren sie Zimmerkollegen. Ich frage die Mutter, warum Lutz immer noch im Krankenhaus liegt: „Er war doch schon längst operiert, als wir ihn kennen gelernt haben, damals im Mai.“

Die Mutter antwortet mir: „Ja, doch man hat ihm wohl nach der Operation zu wenig Heparin zur Blutverdünnung gegeben. Dadurch hat sich das Blut verdickt und einen Herzinfarkt verursacht. Nun warten wir auf ein Spenderherz.“ Ich kann das gar nicht glauben. Das darf doch wohl nicht wahr sein!

Das andere Kind in Bennys Zimmer ist Nils. Nils ist fünf Wochen alt. Er wurde zwei Tage nach der Geburt operiert. Mit seinem Herzfehler hätte er nicht lange leben können. Nils wird entweder von seiner Mutter, seinem Vater oder seiner Tante betreut. Er wird auch nie lange alleine gelassen. Immi, die Mutter von Nils, schaltet sich in mein Gespräch mit Lutz’ Mutter ein: „Doch, Heike, das kannst du ruhig glauben. Bei Nils wurde nach der Operation auch ein großes Gefäß verstopft. Man hat ihn dann auf die Intensivstation gebracht, um eine Liquemintherapie zu machen.“

„Also die gleiche Therapie, die Benny während unseres Urlaubs bekam?“, frage ich nach.

Da Immi mein Gespräch mit dem Arzt mitverfolgt hatte, weiß sie, worum es geht: „Ja, bei Benny ist es zwar ohne Erfolg gewesen, aber auch ohne Nebenwirkungen. Bei Nils hat man aus Versehen die Liqueminmenge für einen Erwachsenen berechnet und verabreicht. Nils bekam ganz schwere Hirnblutungen. Es war wirklich ein Kampf auf Leben und Tod. Wir hoffen nur, dass er keinen Hirnschaden zurückbehält!"

Mir wird ganz übel, als ich das alles höre. Bisher habe ich hier noch kein Kind erlebt, das die Operation ohne Schaden überstanden hat. Immi spricht mich noch mal auf das Gespräch mit dem Arzt an: „Ich finde, du gehst zu sanft mit dem Arzt um. Wir hatten anfangs auch unsere Probleme mit den Ärzten hier, aber dann haben wir einmal richtigen Ärger verursacht und ab da ging alles gut."

Lutz' Mutter gibt zu bedenken: „Ich denke, dass ihr es leichter hattet als Steinebachs, denn euch muss der Arzt ja als Eltern anerkennen. Außerdem ist man ja auf die Ärzte angewiesen. Ich bin auch vorsichtig mit dem, was ich sage." Immi sieht das ein: „Ich meine ja nur, dass Heike sich nicht alles bieten lassen darf. Ich finde das schon ganz schön unverschämt, was der Arzt vorhin geboten hat. Ich hätte gerne was gesagt, aber das Recht dazu habe ich nicht."

Ich fühle mich durch dieses Gespräch schon wieder viel wohler. Ich habe in den beiden Müttern Verbündete gefunden.

Dienstag, 28. Juni 1994. Der Arzt tut, als ob nichts gewesen wäre. Es scheint so seine Art zu sein. Seitdem Benny die Flasche nicht mehr selber trinken darf, strampelt er wie ein Wilder beim Sondieren rum.

Das ist eigentlich auch nicht der Sinn der Sache. Eigentlich soll Benjamin durch das Sondieren weniger belastet werden, aber das Strampeln scheint das Gegenteil zu bewirken, denn er schwitzt bei den Mahlzeiten sehr stark. Bei der Mittagsmahlzeit geht plötzlich die Alarmglocke von Benjamins Monitor los. Es wird eine Pulsfrequenz von 60 angezeigt. Das ist viel zu niedrig. Ich nehme Benny schnell hoch und der Puls steigt gleich wieder an. Das passiert noch zweimal und jedes Mal normalisiert sich der Puls wieder, wenn ich Benny hochnehme. Naja, solange man einen Puls von 180 als normal bezeichnen kann, aber bei Benny sind wir solche Werte ja gewöhnt. Als ich dem Arzt von dem Pulsabfall berichte, glaubt er mir nicht, habe ich den Eindruck, denn er sagt: „Sie möchten sicher, dass ich Ihnen jetzt erlaube, Benjamin wieder die Flasche zu geben. Aber das werde ich nicht tun."

„Das hat damit nichts zu tun. Er hatte diesen Pulsabfall wirklich!" Ich weiß nicht, wie ich den Arzt davon überzeugen kann: „Sie können ja bei einer Mahlzeit daneben stehen bleiben."

„Ich kann nicht bei jedem Kind beim Trinken zusehen! Aber ich werde den Schwestern mal sagen, dass sie darauf achten sollen, wenn sie sondieren." Damit ist die Sache für den Arzt erledigt. Ich könnte nur noch heulen.

Ich habe Frau Schulz versprochen, mich heute noch mal bei ihr zu melden. Sie fragt gleich nach unserer Zusammenarbeit mit dem Arzt. Ich berichte ihr vom heutigen Tag. Irgendwie fühle ich mich dazu verpflichtet, denn schließlich steht Benny auch noch unter ihrer Obhut. Sie fragt: „Soll ich mal vorbeikommen und mit dem Arzt sprechen?"

„Ich weiß es nicht. Aus unserer Sicht wäre das schon eine Hilfe, andererseits fing der Ärger mit dem Arzt ja durch den Brief über unsere Rechte an. Es kann sein, dass er es uns nur noch schwerer macht, wenn das Jugendamt direkt zu ihm geht. Es hilft uns schon, dass wir mit Ihnen darüber sprechen können und dass Sie über alles Bescheid wissen."

„Wenn es aber zu doll wird, sagen Sie Bescheid. Ich komme gerne, auch wenn momentan viel zu tun ist. Aber Sie dürfen jederzeit anrufen!"

Dann besprechen wir noch Formalitäten. Frau Schulz will mal nachfragen, ob es eine Möglichkeit gibt, dass wir Unterschriften geben können, denn eigentlich müsste bei jeder Blutübertragung eine Einverständniserklärung vom Vormund unterschrieben werden, doch die Klinik hat Bennys Vormund noch nicht einmal über die ganzen Blutübertragungen informiert. „Hat Bennys Vormund denn die Einverständniserklärung für den Herzkatheter unterschrieben? Das war schließlich ein operativer Eingriff", will ich wissen. „Nein, von dem Herzkatheter haben wir nur von Ihnen erfahren", erzählt mir Frau Schulz.

Mittwoch, 29. Juni 1994. Es ist wieder mal unglaublich heiß heute und irgendwie nervt es mich, dass wir nie auf den Balkon gehen dürfen. Da ist es doch noch angenehmer, weil wenigstens etwas Wind weht. Also fasse ich mir ein Herz und frage bei der Visite noch mal, ob ich mit Benjamin vielleicht doch auf den Balkon gehen darf. Der Arzt ist heute gut gelaunt und sagt: „Naja, gut wäre das bei der Hitze ja doch. Auf dem Balkon ist es tatsächlich kühler, aber ich werde mir Benjamin nachher noch einmal ansehen. Momentan schreit er zu viel, als dass ich seinen Zustand beurteilen könnte." In den letzten Tagen macht Benny wirklich immer Terz bei der Visite. Ich glaube, dieses dauernde Abhorchen mit dem kalten Stethoskop nervt ihn. Dennoch bin ich heute sehr froh, denn ich glaube fest daran, dass der Arzt uns erlaubt, auf den Balkon zu gehen.

Ich nutze die Zeit am Vormittag und fahre Benny im Kinderwagen auf dem Flur spazieren. Dabei höre ich, wie eine Schwester den Arzt ans Telefon holt: „Das Jugendamt ist dran wegen Benjamin." Der Arzt geht in einem Nebenraum an den Apparat. Ich vermute, dass Frau Schulz oder Bennys Vormund wegen der ganzen Vorfälle der letzten Tage anruft. Ich habe keine Lust und kein gutes Gefühl, bei diesem Gespräch auf dem Flur zu lauschen, und so gehe ich mit Benny ins Zimmer zurück.

Einige Zeit später kommt der Arzt in unser Zimmer rein. Ich unterhalte mich gerade mit Immi, denke aber, dass sich der Arzt jetzt Benjamin ansehen will, um über unsere Ausflüge auf den Balkon zu entscheiden. Er begrüßt uns freundlich und bittet mich, in einen anderen Raum mitzukommen, damit wir uns unterhalten können. Da er dabei sehr freundlich ist, komme ich bereitwillig mit, obwohl ich ein unerklärliches Gefühl von Gefahr habe.

Da unser üblicher Besprechungsraum besetzt ist, gehen wir in den anderen Flur und suchen uns ein leeres Untersuchungszimmer. Der Arzt setzt sich wieder an den Schreibtisch, während ich wieder einmal auf einem Stuhl neben dem Schreibtisch Platz nehme. Dadurch, dass wir uns nicht gegenübersitzen, müssen wir uns auch nicht laufend ansehen. Der Arzt ist wieder einmal sehr nervös und spielt mit einem Stift zwischen seinen Fingern. Es vergehen einige Minuten, bevor er zu sprechen anfängt: „Ich möchte, dass Sie endlich aufhören, von mir Informationen über Benjamin zu verlangen. Was Sie wissen müssen, erfahren Sie schon, und was Sie nicht wissen müssen, erfahren Sie auch dann nicht, wenn das Jugendamt täglich bei uns anrufen würde." Er sagt das ganz ruhig und starrt dabei auf seine Hände. Ich merke, wie ich zu zittern anfange: „Ich denke, alles was Benjamin betrifft, ist nötig uns mitzuteilen. Das Gegenteil davon hat ja schon die ganze Sache mit dem Herzkatheter bewiesen. Wir möchten alles wissen! Und das nächste Mal wollen wir auch bei der OP-Aufklärung dabei sein."

„Das weiß ich noch nicht, ob das möglich ist. Da muss ich mich erst beim Jugendamt erkundigen."

„Haben Sie jemals erlebt, dass das Jugendamt von Ihnen verlangt hat, uns eine Information vorzuenthalten?"

Der Arzt geht darauf gar nicht erst ein, sondern kommt gleich zum nächsten Punkt: „Außerdem möchte ich, dass Sie meine Behandlung, ohne zu fragen, akzeptieren. Damit meine ich, dass Sie nicht mehr nachfragen sollen, warum Benjamin Blut transfundiert bekommt oder warum er nicht selber trinken oder auf den Balkon gehen darf. Wenn Sie noch einmal eine Frage stellen, muss ich das letzte Druckmittel gegen Sie anwenden, das ich habe. Dann werde ich Benjamin so stark unter Beruhigungsmittel stellen, dass er nur noch schläft und ich Ihnen damit verbieten kann, ihn zu sehen oder gar auf den Arm zu nehmen."

Es ist unglaublich, dass er solche Drohungen in einem so netten, freundlichen Ton loslassen kann. Ich spüre, wie mir die Tränen in die Augen schießen, kämpfe sie aber mit aller Kraft hinunter. Nein, diese Blöße gebe ich mir vor ihm nicht! Er soll nicht merken, dass ich langsam am Ende meiner Kräfte bin! Ich raffe also alle meine Kraft zusammen: „Sie drohen uns also?!"

„Nein, das ist keine Drohung, sondern eine medizinische Notwendigkeit. Das Kind muss ruhig gehalten werden!"

„Hören Sie mal, wenn Benjamin unruhig ist, hilft es immer sofort, wenn ich ihn auf den Arm nehme, da ist er sofort ruhig!" Ich bin so wütend und aufgeregt und kämpfe immer noch mit den Tränen, dass auch ich nur ganz ruhig sprechen kann. Ich weiß, sobald ich meiner Wut freien Lauf lasse, fange ich an zu heulen. „Ich weiß, dass Benjamin bei Ihnen ruhig wird, das habe ich oft genug selber gesehen, aber ich habe keine anderen Mittel gegen Sie. Außerdem wissen Sie ja, dass ich eine Mutter-Kind-Beziehung in diesem Alter noch für unwichtig halte, wenn es sie denn überhaupt geben sollte."

Ich fühle mich wie in einem Traum, versuche aber zu retten, was zu retten ist: „Es geht ja gar nicht darum, dass wir etwas gegen Sie haben, wir möchten einfach nur alles verstehen. Ich möchte nur die Gründe wissen, weshalb Benjamin zum Beispiel nicht auf den Balkon soll. Heute Morgen noch haben Sie gesagt, es wäre gut für ihn, und jetzt tun Sie so, als ob er nicht auf den Balkon darf."

Der Arzt sieht mich immer noch nicht an, als er mir antwortet: „Nein, er darf nicht auf den Balkon, aus Prinzip nicht!"

Ich bleibe in meiner Tonlage zwar weiterhin leise, aber deutlich aufgeregter: „Sie glauben doch wohl selbst nicht, dass ich das akzeptiere als Begründung!"

„Das müssen Sie auch nicht, Sie müssen sich nur daran halten! Außerdem wollte ich noch sagen, dass Sie nicht damit rechnen sollen, dass Benjamin die Operation ohne Risiko und ohne einen Restschaden am Herzen überstehen wird."

Ich kann nicht mehr, noch eine Minute länger und ich heule doch los. So beende ich das Gespräch lieber: „Ich rede hier jetzt gar nicht mehr mit Ihnen weiter. Sie lassen hier eine Drohung nach der anderen los. Das muss ich mir nicht anhören!" Damit stehe ich auf und gehe weg. Ich gehe zurück in Bennys Zimmer, nehme mein Kind auf den Arm und fange nun doch an zu weinen. Immi hat das alles beobachtet, lässt mich aber erst mal ein wenig in Ruhe. Als ich mich etwas beruhigt habe, fragt sie mich, was denn los ist. Ich erzähle ihr von dem Gespräch. Sie ist entsetzt. Auch Benny spürt, dass ich traurig bin und weint viel. Ich halte es heute nicht länger in der Klinik aus und fahre bald nach Hause. Dort erzähle ich Matthias von dem Gespräch und auch er ist entsetzt. Er setzt sich auf das Sofa und weint: „Die tun ihm noch was an! Ich merke das! Lass ihn uns da wegholen, und wenn ich dafür ins Gefängnis gehen muss. Hauptsache, Benjamin ist gerettet! Ich habe Angst um ihn!"

Mir geht es nicht anders, dennoch versuche ich Matthias zu beruhigen. Panik hilft uns jetzt auch nicht weiter. Ich beschließe, morgen noch mal zu Professor Lauer zu gehen. So stehen lassen kann ich das Gespräch nicht.

Donnerstag, 30. Juni 1994. Wir haben schlecht geschlafen und während der Zugfahrt geht mir das Gespräch von gestern immer wieder durch den Kopf. Je näher der Zug an sein Ziel kommt, desto nervöser werde ich. Ich weiß nur eins: Ich werde um mein Kind kämpfen. Die Visite ist schon vorbei, als ich ankomme. Meine Nervosität und Traurigkeit überträgt sich auf Benjamin. Er ist unruhig und weint viel. Der Arzt läuft ab und zu an unserer Zimmertür vorbei, aber erst, als ich mit Benny alleine im Zimmer bin, kommt er herein. Er hat eine andere AiPlerin als sonst dabei. Er erklärt mir, dass Benjamins Zustand unverändert, aber kritisch ist: „Wir wissen noch nicht, wann die Operation sein wird, aber wir möchten schon nächsten Mittwoch das Aufklärungsgespräch machen. Der Vormund muss ja dabei sein, deshalb möchten wir das Gespräch rechtzeitig führen. Sie wissen ja, dass es sonst mit dem

Jugendamt zu Terminschwierigkeiten kommen kann. Wir möchten auch gerne, dass Sie und Ihr Mann dabei sind."

Ach nee, und gestern wusste er noch nicht, ob das möglich wäre! Ich sage aber nichts, sondern nehme es als einen Schritt auf uns zu. Außerdem ist die andere Ärztin dabei und ich will den Stationsarzt nicht blamieren. Ich kann mir auch nicht erklären, warum er mir nach dem, was geschehen ist, immer noch so sympathisch ist. Matthias geht es seltsamerweise genauso. Nachdem die Sache mit dem Aufklärungsgespräch abgeschlossen ist, verabschiedet sich die junge Ärztin und geht aus dem Zimmer. Der Stationsarzt steht auch schon an der Tür, kommt aber noch mal zurück, stellt sich ans Fenster und sieht hinaus. Ich frage mich, was er jetzt noch auf Lager hat. Da der Krieg zwischen uns gestern ausgebrochen ist, braucht er keine Rücksicht mehr zu nehmen. Ich ärgere mich, dass wieder einmal keine Zeugen im Zimmer sind, bin aber wild entschlossen, wie eine Löwin zu kämpfen.

Der Arzt dreht sich etwas zu mir um, ohne aber dabei den Blick vom Fenster zu nehmen, hebt den Zeige- und den Mittelfinger der linken Hand zu einem Friedenszeichen hoch und sagt: „Okay, ein Friedensangebot: Sie dürfen mit Benjamin auf den Balkon gehen." Erst jetzt sieht er mich voll an. Ich hebe erstaunt die Augenbrauen hoch. „Naja, ich sehe ein, dass die Begründung des Verbotes mit dem Prinzip nicht akzeptabel ist", erklärt er mir. Ich lasse ihn erst einmal weitersprechen: „Unser Gespräch gestern ist wirklich nicht gut gelaufen. Frau Steinebach, mir liegt wirklich viel daran, dass wir uns gut verstehen und zusammenarbeiten." Da muss ich ihm zustimmen: „Das ist richtig, aber ich kann mit Ihnen nicht zusammenarbeiten, wenn Sie mich als Feind betrachten oder meinen Mann. Wir sind Eltern eines Ihrer Patienten wie alle anderen Eltern auch und auch wir wollen nur das Beste für unser Kind."

„Ja, das weiß ich und mir tut es Leid, wie alles bisher gelaufen ist. Ich brauche Ihr Vertrauen, ohne das kann ich Benjamin nicht behandeln." Ich freue mich über die gute Wendung der Situation, will aber alles dafür tun, dass so etwas wie gestern nicht noch einmal vorkommt.

„Bisher hatten wir noch nicht viel Grund, Ihnen zu vertrauen. Sie haben Recht, ohne Vertrauen kann Benjamin hier nicht behandelt werden. Aber vertrauen können wir nur, wenn uns nicht laufend etwas verheimlicht wird." Der Arzt verspricht mir, uns von nun an in alles einzubeziehen. Ich glaube, er ist genauso erleichtert wie ich, dass wir uns so gut geeinigt haben. Er verabschiedet sich sehr freundlich von mir und ich habe das Gefühl, als müsste ich jetzt losjubeln. Mir sind zehn Zentner Steine vom Herzen gefallen. Auch Benny spürt die neue Stimmung. Sein kleines Gesichtchen hellt sich auf und er fängt wieder an, fröhlich drauflos zu brabbeln. Ich nutze die Zeit, die wir heute noch gemeinsam haben, ziehe Benny seine Mütze an und dann gehen wir auf den Balkon. Es ist ein herrliches Gefühl.

Lange können wir nicht auf dem Balkon bleiben, denn eine Schwester steckt den Kopf raus und sagt: „Frau Steinebach, könnten Sie noch schnell mit Benjamin zum EKG gehen?“ Klaro, das lasse ich doch niemand anderen machen. Während wir vor dem EKG warten, öffnet sich eine Tür und Professor Lauer kommt heraus. Eigentlich wollte ich heute ja sowieso mit ihm gesprochen haben, wegen dem Stationsarzt, doch dazu gibt es ja nun keinen Anlass mehr. Ich will ihn schließlich nicht in etwas reinreiten. Dennoch nutze ich die Chance und frage Professor Lauer, ob er schon weiß, wann Benjamins Operationstermin ist. Ich bin total erstaunt, dass er antwortet: „Ja, die Operation ist für übernächste Woche angesagt.“ Ich drücke vor Freude mein Kind ganz fest an mich.

Auch Matthias ist überglücklich, als ich ihm vom heutigen Tag berichte. Nur noch anderthalb Wochen, dann wird die Operation sein! Ab da kann es nur noch besser werden.

Freitag, 1. Juli 1994. Heute Nachmittag fahren Matthias und ich zusammen ins Krankenhaus. Ich habe also den Vormittag Zeit, unsere Wohnung mal wieder in Schuss zu bringen. Das Telefon klingelt und Frau Schulz ist dran. Sie will sich erkundigen, wie es mit den Ärzten nach ihren Anruf jetzt läuft. Ich habe ihr bisher noch nichts von dem großen Streit am Mittwoch erzählt. Es fällt mir jetzt leichter, das zu erzählen, weil das Ende schließlich gut ist. Dennoch ist Frau Schulz erschrocken über das, was passiert ist. Dann erzählt sie mir noch, dass Benjamin jetzt amtlich bei uns gemeldet ist. Das ist für etliche Behörden unglaublich wichtig.

Wir kaufen einen gebrauchten Kinderwagen. Er sieht noch aus wie neu. Wir lassen ihn gleich im Auto, damit wir ihn morgen mit zu Benny nehmen können. Jetzt, wo er mit auf den Balkon darf, lohnt es sich, den eigenen Kinderwagen mitzubringen. Auch den Autokindersitz nehmen wir gebraucht. Sicher, wir bekämen auch alles neu vom Jugendamt bezahlt, als Erstausstattung, aber das finden wir total unnötig. Wir möchten dem Jugendamt so viele Kosten wie möglich ersparen.

Samstag, 2. Juli 1994. Heute sind wir mal wieder in unserer Heimatgemeinde. Doch nach dem Gottesdienst fahren wir sofort wieder in die Klinik. Benny scheint sein neuer Kinderwagen zu gefallen. Petra und Klaus haben uns ein Spielband mit Holzfiguren und einer Glocke geschickt. Das befestigen wir sofort am Wagen, aber Benny kann damit noch nichts anfangen. Wenn er seine Arme bewegt, stoßen sie an die Spielfiguren an und das Glöckchen klingelt leise dabei. Dann guckt Benjamin immer ganz erstaunt, was das denn nun ist, doch ich denke, den Zusammenhang zwischen seiner Armbewegung und dem Glockenton versteht er noch nicht.

Sonntag, 3. Juli 1994. Es sind heute mehr als 30°C im Schatten. So können wir gar nicht lange auf dem Balkon bleiben. Benny hat heute wieder Fieber und ist daher auch etwas unruhig. Er lässt sich nur noch von uns auf dem Arm beruhigen. Die Schwestern behaupten schon, dass wir Benny verwöhnen. „Wenn Sie ihn jedes Mal, wenn er schreit, hochnehmen, gewöhnt er sich da sehr schnell dran. Ihm das nach der Operation abzugewöhnen, ist dann sehr schwer“, meinen sie. Doch wenn Benjamin schreit, steigt sein Puls auf Werte über 200 Schläge pro Minute. Das ist fast doppelt so schnell wie es schlagen dürfte. Wir würden also sein Leben riskieren, wenn wir ihn schreien lassen würden. Und die andere Möglichkeit gegen das Schreien, die vom Krankenhaus bevorzugt wird, gefällt uns ganz und gar nicht, nämlich die Beruhigungsmitteldosis zu erhöhen und mit anderen Mitteln zu ergänzen. Da gehe ich doch lieber das Risiko ein, mein Kind zu verwöhnen, als ihm in irgendeiner anderen Weise zu schaden.

Montag, 4. Juli 1994. Der Umgangston zwischen dem Stationsarzt und mir ist wirklich vorbildlich. Er bespricht alles mit mir und nimmt sich Zeit für die Visite. Auch sonst hat die Visite nie länger gedauert als fünf Minuten, dennoch hat mir der Arzt noch in der letzten Woche vorgeworfen, dass er bei Benny immer so lange Visite machen muss: „Ich rede jeden Tag mit Ihnen! Das steht Ihnen gar nicht zu! Mit manchen Eltern rede ich die ganze Woche nicht“, hat er damals gesagt. Ich hoffe, dass ich ihm zeigen kann, dass eine gute Zusammenarbeit mit den Eltern mehr wert ist als gar keine Arbeit der Eltern.

Dienstag, 5. Juli 1994. Es ist ganz schön nervig, stundenlang in der Klinik zu sitzen. Benjamin schläft viel und mehr als wickeln und füttern tue ich den lieben langen Tag auch nicht. Ich habe mit der Langeweile zu kämpfen. Wenigstens das ist mir in der Zeit des kalten und heißen Krieges mit dem Arzt nicht passiert. Aber ich bin froh, dass ich mit Benny auf den Balkon gehen darf. Dort trifft man wenigstens noch andere Eltern, mit denen man sich unterhalten kann.

Mittwoch, 6. Juli 1994. Matthias hat sich heute freigenommen, um an dem Aufklärungsgespräch für die Operation teilnehmen zu können. Um 15 Uhr kommen Frau Schulz und Bennys Vormund an. Ich muss schon fast sagen, Bennys Vormundin. Es ist eine nette Frau von etwa 35 bis 45 Jahren. So genau kann ich sie nicht schätzen. Wir setzen uns auf den Balkon und reden erst mal eine Weile alleine. Es dauert seine Zeit, bis das Eis gebrochen ist. Benny haben wir die ganze Zeit auf dem Arm. Ich frage Frau Schulz, ob sie Benny einmal halten möchte. Sie sagt: „O ja, gerne, wenn ich darf!" Sie ist ganz gerührt, als sie Benny im Arm hat, und ihre Augen haben einen feuchten Schimmer bekommen. Bennys Vormund möchte ihn nicht so gerne halten. Sie hat Angst, weil sie ihn für so zerbrechlich hält. Benny ist reif für eine neue Windel, Matthias riecht das. Also schnappt er sich seinen Sohn, geht ins Zimmer, wickelt ihn und kommt nach ein paar Minuten mit einem sauberen Baby wieder, als wäre das schon immer seine Aufgabe gewesen. Frau Schulz ist echt beeindruckt von ihm: „So etwas erlebt man aber nicht allzu häufig, dass ein Mann das Kind so selbstverständlich ohne Aufforderung wickelt." Doch für Matthias ist das eine Selbstverständlichkeit und ich muss sagen, dass ich da unglaublich stolz auf ihn bin.

Nach einer halben Stunde kommt der Stationsarzt mit zwei anderen Ärzten an. Er stellt sie uns als den Anästhesisten und einen der Operateure vor. Dann verabschiedet er sich und lässt uns mit den Ärzten alleine.

Beide sind noch sehr jung, aber auch sehr nett. Über die Risiken der Operation bekamen wir schon im Voraus etwas zu lesen. Dennoch nehmen sie sich für alle Fragen viel Zeit.

Matthias interessiert sich besonders für die Art der Narkose. An der Art, wie er die Fragen stellt, merkt man, dass er Ahnung von diesem Fachgebiet hat. So dauert es auch nicht lange, bis der Anästhesist fragt: „Sind Sie vom Fach? Sind Sie auch Anästhesist?"

„Ich bin Anästhesiepfleger." Damit verläuft das Gespräch erst mal in der Anästhesiefachsprache. So viel Ahnung habe ich davon nun auch nicht und bestehe daher durch meine Zwischenfragen auf eine allgemeinverständliche Aufklärung. Noch mehr Probleme haben anscheinend die beiden Damen vom Jugendamt, die mit den medizinischen Ausdrücken gar nichts anfangen können. Nach anderthalb Stunden sind alle Fragen geklärt. Ich weiß nun, dass die gefährliche Zeit erst nach der Operation für Benny beginnt und einige Tage anhält. Die Gefahr wird sein, dass der Lungendruck steigt und es somit zu einem Lungenkollaps kommt.

Nachdem die Unterschriften des Vormundes abgegeben sind, verabschieden sich die Ärzte.

„Uff, das hört sich ja alles ziemlich schlimm an." Bennys Vormund ist total geschafft. Sicher, mit ihrer Unterschrift steht sie für alles gerade, doch welche andere Möglichkeit außer der Operation haben wir denn? Ich habe die Ärzte gefragt, welche Lebenserwartung Benjamin ohne die Operation hätte, und sie haben geantwortet: „Höchstens zwei Jahre."

Bennys Vormund verabschiedet sich recht bald, Frau Schulz bleibt noch etwas bei uns. Sie hat noch was auf dem Herzen: „Ich wollte Ihnen nur schon rechtzeitig Bescheid geben, dass ich ab September wahrscheinlich an eine andere Stelle des Jugendamtes versetzt werde. Ich fände es aber sehr schön, wenn wir miteinander in Kontakt bleiben könnten, selbst wenn ich nicht mehr für Sie zuständig bin. Ich hatte noch nie eine Pflegevermittlung, wo ich mich mit den Pflegeeltern so gut verstanden habe wie mit Ihnen." Ihre Worte machen uns ganz verlegen, aber stolz. Auch wir sind daran interessiert, den Kontakt zu ihr aufrechtzuhalten.

Dann verabschiedet sich auch Frau Schulz. Kaum ist sie gegangen, steckt der Stationsarzt seinen Kopf auf den Balkon hinaus. Es ist inzwischen schon 18 Uhr. Er scheint heute Überstunden zu machen. „Na, das Aufklärungsgespräch hat aber lange gedauert! Es war das längste, das ich je erlebt habe", er sagt das in einem scherzhaften Ton. Also kontere ich im gleichen Ton zurück: „Wie viele Aufklärungsgespräche haben Sie denn schon mit vier Erziehungsberechtigten erlebt?" Er lacht und verabschiedet sich für den heutigen Tag, doch dann kommt er noch mal kurz zurück: „Was ich noch sagen wollte: Es ist erstaunlich, aber Benjamins Hb-Wert ist immer noch über 14. Sie hatten mit Ihrer Methode Recht, Herr Steinebach. Jetzt haben wir gute Voraussetzungen für die Operation. Einen schönen Abend wünsche ich dann noch!"

Donnerstag, 7. Juli 1994. Bei der Visite frage ich den Arzt, ob schon ein Tag für die Operation festgelegt wurde. „Ja, die Operation ist für Montag angekündigt." Nur noch vier Tage! Mein Herz fängt an zu rasen. Ich rufe Matthias an, damit er sich für Montag freinehmen kann. Er kann ja doch nicht arbeiten, wenn er immer an Benny denken muss. Ich habe mit dem Arzt besprochen, dass ich bis zur Operation nicht mehr möchte, dass die Studenten Benny untersuchen. Das strengt ihn doch zu sehr an. „Ja, das sehe ich auch so", sagt der Arzt, „darum gehe ich mit meinen Studenten schon länger nicht mehr zu Benjamin."

Am Nachmittag kommt die Ernüchterung. Die Operation wird von Montag auf Mittwoch verschoben. Na, das fängt ja gut an!

Freitag, 8. Juli 1994. Das Warten auf die Operation zerrt ganz schön an den Nerven. Gut, dass es die anderen Mütter noch gibt. Als Benny in seinem Kinderwagen eingeschlafen ist, gehe ich in das Nachbarzimmer, wo Janic mit seiner Mutter ist. Weil ich Benny am Monitor lassen möchte, bleibt er mit seinem Kinderwagen neben seinem Bett stehen. Ich kann ihn ja durch die Glasscheibe sehen, die in der Wand ist.

Maren, Janics Mutter, sieht zuerst, dass sich Bennys Zimmer mit gelb bekittelten Leuten füllt: Studenten! „Ich glaube, in eurem Zimmer ist was los!", sagt sie mir. Ich verlasse das Nachbarzimmer über den Balkon und gehe durch die offene Balkontür in unser Zimmer rein. Acht Studenten und ein Arzt sind um Bennys Kinderwagen geschart und drehen mir den Rücken zu. Niemand hat bemerkt, dass ich ins Zimmer gekommen bin. Ich sehe, dass der Arzt gerade ansetzen will, Benny aus dem Wagen zu heben: „So, nun müssen wir erst einmal sehen, wie wir die Kabel hier losbekommen", sagt er dabei. Seine Hände sind schon dabei, Benny greifen zu wollen. Wie im Reflex rufe ich, inzwischen direkt hinter dem Arzt stehend: „Finger weg!!!" Erschrocken dreht der Arzt sich zu mir um. Ich bin über meine Impulsivität selbst erschrocken, fange mich aber schnell wieder: „Sie sehen doch, dass mein Sohn schläft! Außerdem habe ich mit dem Stationsarzt abgesprochen, dass Benjamin bis zur Operation nicht mehr von Studenten untersucht werden soll. Es ist zu belastend für ihn. Sie dürfen seine Krankheitsgeschichte gerne besprechen und ihn sich liegend im Kinderwagen ansehen, aber niemand fasst ihn an!"

Ich kenne den Arzt nicht und irgendwie tut es mir Leid, dass er sich so erschrocken hat, aber auf der anderen Seite hätte er mich über sein Unternehmen auch vorher informieren können. Diese Studentenvisite dauert nicht lange.

Als ich Mirjam später die Begebenheit erzähle, müssen wir trotzdem beide lachen. „Aber weißt du eigentlich, dass ganz oft am späten Nachmittag noch Studenten bei Benny waren?“, informiert mich Mirjam. „Sie haben immer gewartet, bis du weg warst.“ Toll, das erzählt sie mir erst jetzt! Sie wollte wissen, wie der Arzt aussah, den ich heute zusammengestaucht habe. Ich beschreibe ihn. „Volltreffer, Heike, das war der Oberarzt von der Intensivstation!“

Doch auch für Mirjam kommt heute noch ein Hammer. Der Arzt bittet auch sie zu einem Gespräch unter vier Augen. Weinend kommt sie wenig später ins Zimmer zurück: „Der hat doch einen Knall! Er will uns verbieten, anderen Eltern über Angelinas Komplikationen bei der Operation zu berichten. Er meint, damit würden wir die anderen nur aufhetzen. Neulich hätte es ein Aufklärungsgespräch gegeben, das so lange gedauert hat, weil die Eltern fast alle Komplikationen kannten und darüber etwas wissen wollten. Selbst über so seltene Komplikationen wie Angelina sie hat.“

„Ich fürchte, damit meint er unser Gespräch“, erkläre ich ihr. „Außerdem will er Angelina auf die Neurologie stecken, weil sie angeblich behindert ist. Aber das stimmt nicht. Sie ist so süß! Sie muss ja gar nicht klug werden.“ Aber dass Angelina eine Behinderung hat, das sieht man ihr wirklich an, doch damit quäle ich Mirjam jetzt nicht. Ich nehme sie nur in den Arm. Dass der Arzt allerdings Mirjam zum Psychiater schickt, nur weil sie so oft weint, finde ich doch etwas übertrieben. Wie soll eine Mutter denn empfinden, wenn so viel mit ihren Kind passiert!?

Samstag, 9. Juli 1994. Heute haben wir unseren Gemeindeausflug. Es geht zu einem Gelände an einem See. Fünf Leute werden heute im See getauft. Ich finde es immer wieder schön, wenn sich Menschen zu einem Leben mit Gott entscheiden und dazu dann auch in der Taufe stehen. Wir bleiben nur bis zum Mittagessen, danach fahren wir weiter zu Benny. Heute haben viele Menschen nach Benjamin gefragt. Alle bedauern, dass wir den Nachmittagsgottesdienst nicht miterleben können. Bevor wir losfahren, spreche ich noch mal mit Ralf, unserem Gemeindeleiter. Ich bitte ihn, in den Bekanntmachungen zu erzählen, dass Benjamin in der nächsten Woche operiert werden soll und dass die Gemeinde für ihn beten soll. Es ist ein gutes Gefühl, dass viele Menschen für Benjamin beten werden. Ich weiß, dass damals, als ich am Herzen operiert wurde, in vielen Gemeinden und sogar auf einer Straßenevangelisation für mich gebetet wurde. Ich war elf Jahre alt, aber ich wusste, dass Gott mich beschützen wird.

Ich habe das Gefühl, alles wiederholt sich nun bei Benny. Wir machen Familienbilder auf dem Balkon. Die Sonne scheint und Benny ist heute gut drauf.

Montag, 11. Juli 1994. Heute fangen die ersten Vorbereitungen für die Operation an. Als Erstes muss ich mit Benny zum Röntgen gehen. Danach ist mal wieder ein EKG angesagt. Zwischendurch müssen wir uns sputen, dass wir noch eine Mahlzeit zwischenschieben können. Dann soll noch der Urin untersucht werden. Da es bei Benny unmöglich ist, ihn zu überreden, in ein Gefäß zu pieschen, müssen wir ihm einen winzig kleinen Urinbeutel ankleben. Da bei Jungen in der Schamgegend keinerlei gerade Ebene zu finden ist, gestaltet sich dieses Unterfangen als sehr schwierig. Und wie vermutet findet Benny jedes Mal einen Spalt, durch den er am Urinbeutel vorbeipieschen kann. Ich bleibe bis zum Abend bei ihm und als ich endlich nach Hause gehe, hängt die vierte Gabentüte in Bennys Windel.

Dienstag, 12. Juli 1994. Ich höre schon Benjamins Geschrei, als ich morgens auf die Station komme. Er ist im Arztzimmer, wo sie gerade versuchen ihm Blut abzunehmen. Ich möchte gerne zu ihm gehen, doch die Schwestern verweigern mir den Zutritt zum Arztzimmer. Das Geschrei hört nicht auf. Endlich, nach einer halben Stunde, kommt die AiPlerin mit Benny auf dem Arm heraus, drückt ihn mir in den Arm und sagt: „Hier, nehmen Sie das Kind und beruhigen Sie es! Wir versuchen es nachher noch einmal. Wir haben nicht genug Blut bekommen.“ Benjamin ist völlig durchgeschwitzt und erschöpft. Ich trage ihn in sein Zimmer und schließe ihn am Monitor an. Als ich auf den Monitor sehe, bekomme ich einen riesigen Schrecken. Der Puls ist höher als 200! Ich trage Benny im Zimmer umher und rede beruhigend auf ihn ein. Nach einer Stunde ist er endlich eingeschlafen und der Puls ist auf 190 gesunken. Ich lege ihn in sein Bett. Die Gelegenheit ist günstig, schnell mal auf Toilette zu gehen. Die Toilette ist außerhalb der Station. Ich bin etwa fünf Minuten weg. Als ich auf die Station zurückkomme, höre ich Benny wieder schreien. Sie haben ihn aus

dem Schlaf gerupft, um ihm wieder Blut abzunehmen. Ich bin so wütend. Anscheinend hat die Ärztin nur darauf gewartet, dass ich aus dem Zimmer gehe.
Als ich versuche ins Untersuchungszimmer durchzudringen, werde ich wieder von den Schwestern zurückgehalten. Aber inzwischen hat sich genug Wut in mir aufgestaut, dass ich mir das nicht bieten lasse: „Ich gehe da jetzt rein! Das ist mein Kind und niemand kann mich davon abhalten, bei meinem Kind zu sein!" Damit schiebe ich die Schwester zur Seite und gehe ins Arztzimmer. Neben der AiPlerin ist eine andere Ärztin im Raum, die versucht, einen Zugang zu legen. Benny ist schon wieder völlig erschöpft und den Pulswert kann ich erahnen. „Können Sie ihm nicht erst etwas zur Beruhigung geben, bevor Sie weiter Blut abnehmen?", schlage ich vor. „Ich denke, Sie sind so gegen Beruhigungsmittel?", fragt mich die AiPlerin. „Da, wo es nötig ist, habe ich nichts dagegen."

Wieso rechtfertige ich mich überhaupt noch? Die beiden Ärztinnen halten jedoch ein Beruhigungsmittel für unnötig. Als die Ärztin es auch nach etlichen Minuten nicht geschafft hat, einen Zugang zu legen, schlage ich vor, man sollte doch einen Anästhesisten holen. Der ist es doch gewöhnt, schwierige Zugänge zu legen. Doch die beiden Damen fühlen sich scheinbar in ihrer Ehre gekränkt und lehnen diese Möglichkeit kategorisch ab. Auf meine Frage, wo denn der Stationsarzt heute bleibt, antworten sie: „Der ist heute in der Chirurgie. Die Ärzte müssen sich dort abwechseln, wenn ein Kind operiert wurde." O, o, heute wurde also ein Kind operiert. Ich weiß, dass das nächste Kind erst dann operiert wird, wenn das vorige Kind von der chirurgischen Intensivstation auf die Kinderintensivstation verlegt ist. Ich frage also: „Wenn heute ein Kind operiert wurde, ist es denn dann sicher, dass Benjamin morgen operiert wird?" Die Ärztin stockt erst ein wenig, bevor sie antwortet: „Ich wollte es Ihnen jetzt eigentlich noch nicht sagen, aber da Sie fragen: Beim letzten Kind gibt es Komplikationen. Wir wissen nicht, ob es morgen schon verlegt werden kann. Es ist sehr gut möglich, dass Benjamin erst am Donnerstag operiert werden kann."

„Und warum nehmen Sie ihm dann heute schon das Blut ab? Was ist, wenn die Operation erst am Donnerstag ist, fängt die gleiche Prozedur dann morgen noch einmal an?" Die Ärztin beruhigt mich: „Nein, wenn er am Donnerstag operiert wird, reicht es, wenn die Blutuntersuchung heute stattfindet. Außerdem ist es ja noch gar nicht sicher, dass er morgen nicht operiert wird, darum muss heute das Blut abgenommen werden."

Und so versuchen sie es weiter. Ich habe die Einstiche nicht mitgezählt, aber diese Blutentnahme dauert schon fast eine Stunde. Laufend bitte ich die Ärztin, doch mal eine Pause zu machen, doch auch das will sie nicht. Benny schreit ununterbrochen. Ich habe Angst, dass sein Herz das nicht mehr lange mitmacht. Seine Augenlider sind schon ganz geschwollen. In meinem ganzen Leben habe ich noch kein so blasses Kind gesehen, wie Benny es jetzt ist. Als die Ärztin zum wohl fünfzigsten Mal zustechen will, platzt mir der Kragen: „Jetzt ist es aber genug!" Ich nehme Benjamin einfach von der Untersuchungsliege runter und trage ihn in sein Zimmer zurück. Ich kümmere mich nicht um die erstaunten Gesichter der beiden Ärztinnen und der Schwestern, an denen wir vorbeigehen müssen. Ich rede die ganze Zeit beruhigend auf Benny ein. Er hört auf zu schreien, sobald er in meinem Arm liegt. Doch er ist unglaublich heiß. Ich messe seine Temperatur: 40,1 °C. Ich gehe mit Benny auf dem Arm ins Schwesternzimmer, wo die Ärztin sich aufhält und bitte sie um ein Fieberzäpfchen.

„Ach was, der hat nur so hoch Fieber, weil er sich so aufgeregt hat", entgegnet sie mir.

„Ich weiß, trotzdem hat er die hohe Temperatur und sie belastet sein Herz zusätzlich."

Ich merke, dass die Ärztin nur böse auf mich ist. „Nein, er braucht kein Zäpfchen. Übrigens müssen wir nachher noch einmal versuchen Blut abzunehmen, sonst kann die Operation morgen nicht stattfinden." Ich gehe frustriert ins Zimmer zurück und schließe Benny an den Monitor an: Der Puls liegt bei 240! Eine Schwester kommt ins Zimmer rein und drückt mir ein Zäpfchen in die Hand: „Ich finde auch, dass er etwas zur Fiebersenkung braucht, aber verraten Sie mich nicht." Das ist ganz schön mutig von ihr. Benjamin ist auf meinem Arm eingeschlafen, aber immer wenn ich versuche ihn in sein Bett zu legen, wacht er auf und fängt an zu schreien. So trage ich ihn also stundenlang auf dem Arm rum.

Trotz Zäpfchen geht die Temperatur nur auf 39,7 °C zurück und auch der Puls bleibt auf Werten zwischen 180 und 200 Schlägen pro Minute. Dennoch wird Benjamin am Nachmittag noch mal zur Blutentnahme geholt und wieder ohne Erfolg. Diesmal gehe ich von Anfang an mit in das Behandlungszimmer rein und mache der Sache nach zehn Minuten ein Ende. Ich werde heute nicht eher von dieser Station weggehen, bis der Stationsarzt da war. Gegen 18 Uhr kommt er auf die Station. Anscheinend haben ihm die Schwestern schon vom Desaster des heutigen Tages berichtet, denn er kommt sofort zu mir und entschuldigt sich für das Vorgehen seiner Kolleginnen:

„Benjamins Leben war heute wirklich gefährdet. Ich wundere mich, dass sein Herz das mitgemacht hat. Es wäre leicht möglich gewesen, dass das Herz versagt hätte. Es ist natürlich auch nicht verständlich, warum wir Benny nicht mehr die Flasche geben, aber ihn stundenlang schreien lassen. Ich habe schon ein ernstes Wort mit meinen Kolleginnen gesprochen. Es tut mir Leid, Frau Steinebach, aber wir müssen heute noch unbedingt einen Zugang legen und das restliche Blut abnehmen. Aber erst mal soll sich Benjamin erholen und dann gebe ich ihm vor der Blutentnahme noch etwas zur Beruhigung. Sind Sie damit einverstanden?" In diesem Moment vergebe ich ihm alle seine Schandtaten der letzten Wochen, so dankbar bin ich für seine Ehrlichkeit und für sein Entgegenkommen. Es dauert noch, bis der Arzt Zeit für die Blutentnahme hat, so mache ich mich schon mal für die Heimfahrt fertig. Der Abschied von Benjamin fällt mir schwer. Es ist schon spät und ich bin die einzige Mutter in diesem Zimmer, die noch bei ihrem Kind ist. Es ist ruhig im Zimmer. Ich nehme mein Baby auf den Arm und bete: „Lieber Vater im Himmel, du weißt, dass Benjamin morgen operiert werden soll. Du weißt, wie viel Angst ich habe. Aber ich kann mir nicht denken, dass du uns dieses Kind geschenkt hast, nur um es wieder zu verlieren, bevor wir richtig mit ihm leben konnten. Bitte führe du die Hände der Ärzte und gib, dass alles gut wird."

Ich mag mein Kind gar nicht wieder aus dem Arm legen, doch nun wird es auch für mich Zeit zu gehen. Ich warte noch, bis Benjamin eingeschlafen ist, dann gehe ich noch mal zu den Schwestern. Sie sagen mir: „Rufen Sie doch morgen früh einfach mal bei uns an, dann wissen wir, ob Benjamin operiert wird."

„Das mache ich. Ich muss morgen unser Auto zur Werkstatt bringen, es soll mittags fertig sein. Ich komme so bald wie möglich."

Doch die Schwestern kennen den Zeitplan der Operation scheinbar besser: „Vor 14 Uhr werden Sie sowieso nicht zu Benjamin gehen können. Rufen Sie doch auch mittags erst einmal auf der Intensivstation an. Dann wissen Sie, wann Sie kommen können."

Und so fahre ich nun mit einem schweren Herzen nach Hause.

Mittwoch, 13. Juli 1994. Der Wecker geht um fünf Uhr morgens los. Matthias hat für heute nicht freibekommen und muss zur Arbeit fahren. Ich bin auch wach und kann nicht mehr einschlafen. Heute soll Benjamin also operiert werden. Ich habe Angst um ihn, aber auf der anderen Seite freue ich mich darauf, dass es ihm nach der Operation endlich besser gehen wird. Bevor Matthias zur Arbeit fährt, gehen wir noch mal gemeinsam auf die Knie und bitten um Gottes Hilfe.

Um acht Uhr muss ich das Auto in die Werkstatt bringen. Ich nehme mir vor, den Vormittag in der Stadt zu bleiben, um mich etwas abzulenken. Bevor ich losfahre, rufe ich noch in der Klinik an. Die Schwester am Telefon sagt mir: „Es ist noch nicht sicher, ob Benjamin heute operiert wird. Bisher wird er so vorbereitet, als ob es gleich losgeht. Rufen Sie doch noch mal um neun Uhr an. Dann wissen wir, ob er abgeholt wurde."

Die Spannung ist für mich fast unerträglich. Ich bringe das Auto schnell in die Werkstatt und sage gleich Bescheid, dass ich es so bald wie möglich wieder zurück haben muss. Man verspricht mir, dass sie sich beeilen werden. Dann fahre ich mit dem Bus weiter in die Stadt. Um Punkt neun Uhr stehe ich in der Telefonzelle und wähle die Nummer der Station A. Eine Schwester ist am Apparat. Als ich frage, ob Benjamin schon zur Operation abgeholt wurde, sagt sie nur kurz: „Einen Moment, ich verbinde Sie mit dem Arzt." Ich habe ein ungutes Gefühl. Warum sagt sie mir nicht einfach, dass er abgeholt oder nicht abgeholt wurde? Stattdessen habe ich jetzt den Arzt in der Leitung: „Tut mir Leid, Frau Steinebach, die Operation kann heute nicht stattfinden. Das Kind, das gestern operiert wurde, ist noch nicht verlegungsfähig. Damit ist das Kinderbett auf der chirurgischen Intensivstation noch belegt. Wir hoffen, dass wir das Kind morgen verlegen können und Benjamin morgen operiert wird."

Ich bin so enttäuscht, dass ich heulen könnte. Ich rufe Matthias aus der Telefonzelle an und sage ihm Bescheid. Eigentlich hätte ich zu ihm hingehen können. Es wären nicht mehr als fünf Minuten Fußweg gewesen, aber dazu fehlt mir die Kraft. Zu einem Stadtbummel habe ich jetzt keine Ruhe mehr. Ich will zu Benny, und zwar so schnell wie möglich. Also fahre ich wieder zur Werkstatt und beschließe dort zu warten, bis unser Auto fertig ist. Es wird mir allerdings gesagt, dass das noch einige Stunden dauern kann. Als ich erkläre, warum es mir so wichtig ist, das Auto schnell zu bekommen, bieten sie mir ein Auto für Probefahrten als Ersatz an:

„Sie können den Wagen ja morgen wiederbringen, wenn Sie ihr Auto abholen. Außer Benzinkosten müssen Sie dafür nichts zahlen." Ich bin so dankbar für dieses Angebot. Und als ich sehe, was für ein Auto ich als Ersatz bekomme, bin ich ganz aus dem Häuschen. Es ist ein Renault Twingo! Ich wollte dieses Auto schon immer mal gefahren sein, seit ich es das erste Mal gesehen habe! Ein großer Teil meiner Niedergeschlagenheit ist auf einen Schlag verschwunden. Ich denke, das ist Gottes Führung. Da soll mal einer sagen, Gott habe keinen Humor. Er leiht mir ein immer lächelndes Auto, um meiner niedergedrückten Stimmung aufzuhelfen.

Der Arzt sieht mich, als ich auf die Station komme, und begleitet mich bis ins Zimmer. Benny liegt in seinem Kinderwagen und schläft. Er hängt an einer Infusion und sein Monitor zeigt einen Puls von 194 an. Da der Puls im Schlaf üblicherweise sinkt, kann ich mir den Wert vorstellen, den Benny im Wachzustand hat. „Es geht ihm nicht gut", der Arzt steht neben mir an Bennys Bettchen. „Wir haben ihm die Infusion zur Sicherheit weiterlaufen lassen. Er hat noch 40°C Fieber. Der Tag gestern hat seinen Zustand extrem verschlechtert. Wir sehen Benjamin nun als Notfall an. Das sage ich nicht, um Sie zu erschrecken, sondern um Ihnen zu zeigen, dass Benjamin vor allen anderen Kindern in der Klinik Priorität hat." Ich staune immer wieder, wie ehrlich der Arzt nun mit mir umgeht. Er kann ja auch nichts dazu, dass das andere Kind nicht verlegt werden konnte und die Operation verschoben wurde. Außerdem, den einen Tag überstehe ich auch noch.

Am Nachmittag geht es Benny besser. Der Herzschlag ist nicht mehr ganz so schnell. Die Infusion scheint ihm gut zu tun. Der Arzt kommt öfter mal ins Zimmer, um nach Benjamin zu sehen. Er scheint sich ernsthafte Sorgen um ihn zu machen. Als es mal wieder Zeit für so eine Stippvisite ist, bleibt er länger neben mir stehen. Ich habe Benny gerade auf dem Arm, als er anfängt zu sprechen: „Es tut mir Leid, Frau Steinebach, aber Benjamin kann erst am Montag operiert werden."

Ich schrecke auf: „Warum? Ich denke, Benny ist ein Notfall und hat vor allen anderen Kindern Priorität!"

„Der Chef hat ein Kind aus einer anderen Stadt übernommen, das noch schlechter dran ist als Benjamin. Dieses Kind muss morgen operiert werden."

Ich fasse es nicht: „Wie kann Professor Lauer ein anderes Kind aufnehmen, obwohl er selber noch einen Notfall hier liegen hat!

Außerdem gibt es doch in der Nähe noch andere Kliniken, die für ihre gute Herzchirurgie bekannt sind. Warum soll das andere Kind so weit hierher transportiert werden?"

Ich rede mich richtig in Rage, doch der Arzt bleibt ganz ruhig und freundlich: „Ich sehe das auch so, aber kann daran leider nichts ändern. Ich habe Professor Lauer Benjamins Fall persönlich geschildert und ans Herz gelegt. Er hat mir zugesagt, dass es am Montag wirklich losgeht."

Ich rufe Matthias noch mal an, um ihm alles zu berichten. „Ich nehme mir morgen frei. Ich glaube, wir müssen da jetzt beide anwesend sein", sagt er am Telefon.

Ich bleibe am Abend so lange, bis Benjamin eingeschlafen ist. So enttäuscht und entsetzt wir auch sind, Matthias und ich, dennoch geben wir uns nicht dem Trübsinn hin. Wir machen einen Plan, wie wir morgen vorgehen werden. Wir suchen die Nummer einer anderen Herzkinderstation raus. Morgen werden wir mit Professor Lauer sprechen. Wir werden ihm klarmachen, dass wir Bennys Leben nicht länger aufs Spiel setzen lassen. Wenn er am Montag nicht operiert wird, sorgen wir dafür, dass er verlegt wird.

Donnerstag, 14. Juli 1994. Matthias hat es tatsächlich geschafft, sich für heute freizunehmen. Wir fahren so früh wie möglich zu Benny. Wir schaffen es, rechtzeitig zur Visite dort zu sein. Der Stationsarzt ist heute mal wieder in der Chirurgie beschäftigt. Also wird die Visite von der AiPlerin abgehalten. Auch sie bestätigt uns den Termin von Montag für Bennys Operation. Wir lassen uns trotzdem von der Sekretärin von Professor Lauer einen Termin geben. Auch diesmal verspricht sie, uns holen zu lassen, sobald Professor Lauer Zeit hätte. Allmählich glaube ich, was Mirjam immer sagt: „Du kommst hier nur weiter, wenn du so viel Ärger machst, dass du den Leuten auf den Geist gehst und sie froh sind, dich loszuwerden."

Im Laufe des Vormittags kommt die Krankenhausseelsorgerin zu uns. Ich habe sie schon einige Male gesehen. Die Ärzte haben sie öfter mal zu Mirjam geschickt, als sie wegen Angelina auf die Palme ging. Ich hatte sie immer nur kurz begrüßt. Nun kommt sie aber mal richtig zu uns. Sie weiß über Benjamin Bescheid und fragt uns, ob wir uns denn als Benjamins Eltern anerkannt fühlen. Wir kommen mit ihr ins Gespräch und erzählen ihr, wie es jetzt mit der Operation gelaufen ist. Daraufhin meint sie: „Ich kenne die Oberärztin ganz gut. Wenn es Ihnen recht ist, gehe ich mal zu ihr und frage sie nach dem genauen Termin der Operation." Nach einigen Minuten kommt sie wieder und bestätigt uns, dass die Operation für Montag geplant ist: „Gehen Sie trotzdem heute noch zu Professor Lauer. Zeigen Sie ihm, dass Ihnen die Sache wirklich wichtig ist. Dann haben Sie alles getan, was Sie konnten." Damit verabschiedet sie sich mit guten Wünschen von uns.

Wir werden wieder nicht zu Professor Lauer gerufen und so gehen wir zu ihm. Er hat wieder eine Besprechung mit der Oberärztin gehabt. Diesmal bleibt sie bei dem Gespräch dabei. Wir setzen uns gar nicht erst hin, sondern kommen gleich zu dem Punkt: „Wir möchten gerne von Ihnen wissen, ob die Operation am Montag stattfindet!" Professor Lauer ist leicht genervt, damit habe ich die Bedingung von Mirjam erfüllt. Er sagt: „Das wurde Ihnen doch schon von mehreren Ärzten bestätigt!" Ich lasse mich heute nicht aus der Ruhe bringen: „Das wurden uns die letzten zwei Termine auch. Wir wissen, was wir von den Versprechen der Ärzte zu halten haben! Darum wollen wir jetzt Ihr Versprechen haben." Dem Professor wird es scheinbar ungemütlich zumute: „Äh, ja, falls kein Notfall dazwischen kommt ..."

Matthias unterbricht ihn: „Unser Kind ist ein Notfall! Falls die Operation am Montag nicht stattfindet, liegt unser Sohn am Dienstag in einer anderen Klinik. Das ist mein Versprechen!" Damit verabschieden wir uns.

Benjamin fiebert heute wieder. Wir geben ihm jede Stunde 10 Milliliter Tee und Kühlpacks in den Nacken. So geht sowohl die Temperatur als auch der Puls runter. Wir bleiben lange bei Benny, aber wir haben das gute Gefühl, für ihn gekämpft zu haben.

Samstag, 16. Juli 1994. Es ist uns sehr wichtig, gerade heute in unserer Heimatgemeinde zu sein, denn so können wir unsere Glaubensgeschwister noch einmal bitten, für Benjamin zu beten. Ralf, unser Gemeindeleiter, bittet die Gemeinde um ihre Gebete für Benny und als er zur Predigteinleitung für Benny betet, spüre ich, wie ich ganz ruhig werde. Nun weiß ich, dass, egal was kommt, Gott für unser Kind sorgen wird.

Benny geht es heute ausgesprochen gut. Wir sind den ganzen Nachmittag mit ihm auf dem Balkon. Dadurch, dass wir ihm weiterhin stündlich 10 Milliliter Tee geben dürfen, bleibt sein Puls mit 140 bis 150 Schlägen pro Minute relativ niedrig. Die Flasche dürfen wir Benny leider dennoch nicht geben. Er soll voll sondiert werden. Aber wenn mal gerade keine Schwester im Raum ist, geben wir Benny mit der Spritze ein wenig Tee oder Milch in den Mund. Er soll doch wenigstens etwas zum Schmecken haben. Und Benjamin freut sich darüber. Er lutscht die Milch oder den Tee ganz langsam und genüsslich runter. Dabei schmatzt er und das hört sich an, als ob gerade ein kleiner Igel seine Milch trinkt.

Heute fängt Benny an, sein Kinderwagenspielzeug zu entdekken. Er scheint zu begreifen, dass es einen Zusammenhang gibt zwischen dem Schlagen nach dem Spielzeug und dem Klingeln des Glöckchens.

Wir baden Benny noch mal gründlich und waschen ihm die Haare. Nach dem Baden sind Bennys Haare ganz hell und schimmern in der Sonne. Wir wiegen ihn auch noch mal: 4310 Gramm. Er hat ganz gut zugelegt.

Sonntag, 17. Juli 1994. Um acht Uhr morgens sind wir bei Benjamin. Wir wollen heute keine Minute vergeuden, die wir mit ihm haben. Außerdem haben wir das Gefühl, dass es Benny gut tut zu spüren, dass wir bei ihm sind. Gegen elf Uhr kommt eine Schwester ins Zimmer, nimmt Benny hoch und trägt ihn ins Arztzimmer. Beim Hinausgehen sagt sie nur: „Dr. Hübner wird Benjamin noch Blut abnehmen und einen Zugang legen." Wir gehen hinter der Schwester her ins Arztzimmer, doch in der Tür werden wir von Dr. Hübner aufgehalten: „Sie müssen draußen bleiben, sonst kann ich nicht arbeiten." Mit diesen Worten schlägt er uns die Tür vor der Nase zu. Wir sind total perplex. Matthias geht zur Tür, in der ein Fenster auf Augenhöhe eingebaut ist. Doch man kann nicht hindurchsehen, weil das Rollo zugezogen ist. Da man dieses Rollo jedoch von außen öffnen und schließen kann, geht Matthias hin, öffnet das Rollo, sodass er hindurchsehen kann, und bleibt während der ganzen Aktion vor diesem Fenster stehen. So kann er beobachten, was mit unserem Kind geschieht. Die anderen Eltern, die gerade mit ihren Kindern auf dem Flur spazieren gehen und den Auftritt des Arztes beobachtet haben, machen uns Mut: „Das ist richtig so! Wenn man Sie schon nicht dabei sein lässt, müssen Sie eigene Wege finden, dem Arzt auf die Finger zu sehen." Sowohl der Arzt als auch die Schwestern im Behandlungsraum sind mit Benny so beschäftigt, dass sie uns an der Tür gar nicht bemerken.

Nach einer Dreiviertelstunde hat es der Arzt endlich geschafft und bringt uns Benny ganz stolz raus: „Wir haben direkt beim ersten Mal getroffen! Das Fixieren des Zuganges hat so lange gedauert. Beim Stechen hat Benjamin gar nicht geweint, sondern nur, als wir den Zugang mit der Armschiene stabilisiert haben." Matthias nimmt ihm Benjamin aus dem Arm ab, sagt nur: „Lügner!", und verschwindet mit unserem Sohn im Zimmer. Da wir ja alles beobachtet haben, wissen wir, dass tatsächlich jedes Wort des Arztes gelogen war. Er hat mindestens fünfmal zugestochen und Benny hat beim Stechen genauso geweint wie beim Fixieren. Der Arzt steht ganz verdattert auf dem Flur, nachdem Matthias weggegangen ist und sieht mich erwartungsvoll an. Er scheint auf ein „Danke" zu warten. Es ist so schrecklich, ich kenne den Arzt nicht und weiß nicht, welche Rolle er bei Bennys Behandlung noch spielen wird. Also ringe ich mir ein knappes „Danke" ab und gehe zum Rest meiner Familie.

Später kommen Mirjam und Jürgen uns besuchen. Wir erzählen ihnen die Geschichte mit Dr. Hübner. Für die beiden ist das kein unbekannter Arzt: „Der arbeitet auf der Kinderintensivstation. Ihr müsst ihn da eigentlich schon gesehen haben, als Benny dort lag. Der Mann ist ein Ungeheuer. Wir haben miterlebt, wie er bei den Eltern auf der Intensivstation rumgeht und sagt: ‚Wir erwarten auch gerade ein Kind, meine Frau und ich, aber unser Kind ist gesund!', oder zu anderen Eltern, deren Kind nach der Operation noch an der Beatmung hing, hat er gesagt: ‚Ihr Kind wird nie mehr von der Beatmung loskommen', und einige Tage später brauchte das Kind keine Beatmung mehr." Diese Geschichten traue ich dem Arzt auch zu. Wie kann ein Kinderarzt nur so gemein sein!

Wir sind auch heute jede freie Minute mit Benny auf dem Balkon. Er schafft es heute, nach seinem Spielzeug am Kinderwagen zu greifen und es festzuhalten. Ich finde es erstaunlich, welche Fortschritte er in den letzten Tagen gemacht hat.

Benny ist völlig ausgetrocknet, weil er trotz der Hitze nur so wenig trinken darf, darum nehmen wir die stündliche Teegabe sehr genau. Die Schwestern kommen ja doch nicht dazu, ihm jede Stunde Tee zu geben.

Weder Matthias noch ich können Benny aus dem Arm legen. Der Abschied von ihm fällt uns heute ganz besonders schwer. Wir halten ihn auch heute fest und bitten Gott um seinen Schutz für unser Baby. Ich halte ihn so lange im Arm, bis er eingeschlafen ist. Dann lege ich ihn in sein Bett. Er sieht so unglaublich süß und friedlich aus, wie er da schläft. Ich beuge mich zu ihm runter und gebe ihm einen Kuss auf seine weiche Wange: „Mach deine Sache gut, Spatzekind. Ich habe dich ganz doll lieb!“ Ich weiß nicht, ob er das hört, schließlich schläft er ja, aber sein Gesichtsausdruck ist ganz entspannt. Ich denke, er hat es die ganze Zeit gespürt.

Ich gehe schon mal zur Tür und lasse Matthias den Platz an Bennys Bett. Auch er küsst ihn und flüstert ihm etwas ins Ohr. Was er ihm gesagt hat, wird wohl ein Geheimnis zwischen den beiden bleiben. Dann kommt Matthias zu mir und an seinen Tränen sehe ich, wie schwer ihm der Abschied von unserem Benjamin fällt. Ich will schon die Zimmertür zumachen, kann es aber noch nicht: „Ich muss noch einmal zu ihm hin und ihn streicheln.“ Ich kann meinen Blick gar nicht von ihm lösen. Als wir gehen, ist es 20 Uhr.

Montag, 18. Juli 1994. Um acht Uhr rufe ich auf der Station an und frage, ob Benjamin heute operiert wird. Die Schwester antwortet mir: „Benjamin ist gerade abgeholt worden. Er hat gut geschlafen. Rufen Sie doch heute Mittag auf der Station A1 an. Das ist die chirurgische Intensivstation.“ Als ich den Hörer auflege, stürzen alle Gefühle auf einmal auf mich ein. Einerseits bin ich unglaublich erleichtert, dass es nun endlich losgeht, und auf der anderen Seite schnürt mir die Angst um Benny fast das Herz ab. Ich will gerade Matthias anrufen, als das Telefon klingelt.

Meine Mutter ist am Apparat: „Ich wollte nur mal hören, wie es mit Benny heute geht. Wird er operiert?“

„Ja, er ist gerade in den Operationstrakt gebracht worden.“

Mir kommen die Tränen, und auch meine Mutter am anderen Ende der Leitung muss weinen: „Heike, wir werden für ihn beten!“ Nach dem Gespräch bin ich erst mal nicht in der Lage, Matthias anzurufen. Ich kann mich nicht auf den Beinen halten und sinke vor dem Sofa auf den Boden. Ich zittere am ganzen Körper:

„Mein Gott, bitte hilf du unserem Benjamin! Führe du die Hände der Ärzte! Bitte lass alles gut gehen! Zeige den Menschen in der Klinik deine Macht. Niemand hält es für möglich, dass Benny alles ohne Komplikationen übersteht, aber ich weiß, dass du es so führen kannst!“ Ich spüre, wie ich im Gebet ruhig werde. Danach bin ich auch fähig, mit Matthias zu reden. Ich rufe also auf seiner Arbeitsstelle an, doch eine Kollegin von ihm sagt mir: „Matthias ist gerade bei der Einleitung einer Narkose beschäftigt. Soll er zurückrufen?“

„Ja, das wäre lieb. Aber bitte richten Sie ihm aus, Benny wäre jetzt im OP.“

Sobald Matthias sich freimachen kann, ruft er mich wieder an. Auch ihm ist ein Stein vom Herzen gefallen: „Schatz, du darfst heute nicht allein zu Hause rumsitzen. So machst du dich nur verrückt. Geh doch etwas in die Stadt und lenke dich ab. Ich versuche so früh wie möglich nach Hause zu kommen. Dann fahren wir zu Benny."

So mache ich es. Meine Gedanken sind zwar immer bei Benjamin und ich rede laufend in meinem Herzen mit Gott, aber der Stadtbummel lässt die Zeit schneller vergehen.

Als ich in der Fußgängerzone spazieren gehe, sehe ich einen etwa zehnjährigen Jungen, der mir weinend entgegenkommt. Niemand beachtet ihn. Ich halte ihn an und frage: „Was hast du? Warum weinst du?"

„Ich habe meine Mama verloren!", schluchzt er.

Ich lege meinen Arm um seine Schulter und versuche ihn zu beruhigen: „Komm, wir suchen sie! Wo hast du sie denn zuletzt gesehen und wie sieht sie aus?" So gehen wir suchend die Fußgängerzone auf und ab. Auf einmal ruft der Junge: „Da ist sie! Danke!", und läuft davon. Das geht alles so schnell, dass ich gar nicht mitbekomme, wohin er gelaufen ist. Ich schaue mich auf dem Platz um, doch ich sehe ihn nicht mehr, dabei sind noch nicht viele Menschen auf der Straße. Ich muss lächeln und habe ein wirklich gutes Gefühl. Andere Menschen tun jetzt etwas für mein Kind, da ist es eine Selbstverständlichkeit, dass ich diesem Jungen geholfen habe. Ich stelle mir vor, es könnte Benny gewesen sein.

Lange bleibe ich nicht in der Stadt. Um viertel vor zwei kommt auch Matthias nach Hause. Wir fallen uns stumm in die Arme und halten uns ganz fest. Ich halte es jetzt nicht mehr aus. Ich muss jetzt in der Klinik anrufen. So greife ich um 13 Uhr 50 zum Telefonhörer und wähle die Nummer der Station A1. „Station A1", meldet sich eine Stimme. „Hier ist Steinebach. Unser Sohn wurde heute operiert. Ich wollte mal fragen, ob er schon aus dem OP raus ist."

„Ach, Frau Steinebach! Ich bin Professor Breuer. Ich habe Benny operiert. Es ist alles gut gegangen. Wir hatten keine einzige Komplikation. Der Lungendruck ist auf ein Drittel zurückgegangen. Ein Viertel ist normal, aber das kommt noch mit der Zeit. Er wird schon nicht mehr mit 100% Sauerstoff beatmet, sondern nur noch mit 80%. Das ist ungewöhnlich gut. Wenn Sie möchten, können Sie ihn besuchen kommen."

Mir fällt ein Stein vom Herzen: „Wir fahren sofort los!"

Ich habe die Lautsprechfunktion des Telefons angehabt, sodass Matthias jedes Wort hören konnte. Wir fallen uns lachend und weinend in die Arme. Keine Komplikationen! Wenn das keine hundertprozentige Gebetserhörung ist! So fassen wir uns an den Händen und danken Gott für seine Hilfe.

Die Chirurgie ist in einem ganz anderen Gebäude als die Herzstation. Wir müssen erst den Weg suchen. Als wir vor der Station stehen, melden wir uns über die Sprechanlage an:

„Wir sind Familie Steinebach, die Eltern von Benjamin!"

„Wir haben keinen Benjamin hier liegen." Ich habe schon ganz vergessen, dass auf Bennys Akten immer noch Etilolio steht. Aber Professor Breuer hat doch auch auf Anhieb gewusst, wer Benjamin ist. Ja, er hat ihn sogar Benny genannt. Wir klären das an der Sprechanlage auf und werden dann von einer Schwester hereingeholt. Die Zeiger der Uhr zeigen vier Uhr an, als wir an Bennys Bett stehen. Er liegt auf einem kleinen Reanimationstisch. Sein Gesicht ist unglaublich blass und es wirkt noch kleiner, als es sonst schon ist. Seine Augen sind mit Salbe zugeklebt, damit sie nicht austrocknen, und überall hat er Schläuche. Der Beatmungsschlauch geht durch die Nase und lässt uns kaum Platz, ihn zu küssen.

„Hallo, unser kleiner Liebling! Du hast es geschafft! Wir sind ganz stolz auf dich!"

Als Benny unsere Stimmen hört und spürt, dass wir ihn streicheln, öffnet er seine Augen. Er hat uns wirklich erkannt. Ich könnte jubeln vor Glück.

Nach einer Weile kommt ein Mann in OP-Kleidung an Bennys Bett. Ich schätze ihn auf Ende Fünfzig. Er sieht sehr abgearbeitet aus und seine Bewegungen sind sehr nervös. Umso erstaunter bin ich, als er sich vorstellt: „Ich bin Professor Breuer. Sie sind bestimmt Familie Steinebach! Ja, Sie sehen ja, dass es dem kleinen Spatz den Umständen entsprechend gut geht. Wir konnten die Sauerstoffzufuhr inzwischen auf 60% runternehmen. Das geht bei Benny sehr schnell." Damit tritt er an Bennys Bett heran und sagt: „Das hast du gut gemacht, kleiner Spatz! Lass dir ruhig noch etwas Zeit, du musst nichts überstürzen." Ich bin beeindruckt. Auf der Herzstation hat noch keiner der Kinderärzte auch nur ein Wort mit Benny geredet, obwohl sie ihn laufend wach erleben, und hier spricht eine echte Kapazität in der Herzchirurgie mit einem schlafenden Säugling. Professor Breuer hat unsere ganze Sympathie erobert.

Am Fußende von Bennys Tisch steht ein Wagen mit Bennys Unterlagen. Die Schwester erklärt uns, dass wir jederzeit die Unterlagen einsehen dürfen. Das erstaunt uns, weil uns das auf der anderen Intensivstation verweigert wurde. Nach zwei Stunden machen wir uns auf den Heimweg. Wir wissen, dass es Benny gut geht und dass er dort in guten Händen ist. Beim Abschied sagt uns die Schwester: „Sie dürfen jederzeit herkommen oder anrufen."

Bevor wir ins Bett gehen, rufe ich tatsächlich noch mal auf der Station an. Ich bin erstaunt, als sich Dr. Hübner meldet: „Ich bin heute Nacht für Benjamin zuständig." Auf meine Frage, wie es Benny geht, antwortet er: „Sein Lungendruck ist auf 1/2 gestiegen. Wir scheinen auf den Lungenkollaps zuzusteuern. Ich kann Ihnen nicht versprechen, dass er die Nacht überlebt. Und wenn doch, dann müssen Sie mit einer Beatmungsdauer von zehn bis vierzehn Tagen rechnen. Bei einem Down-Kind geht es nie mit weniger ab. Er ist jetzt wach. Er hat hier schon die halbe Apotheke verschlungen und schläft immer noch nicht."

Mich überkommt Panik: „Wir kommen sofort!"

„Nein nein, schlafen Sie lieber. Noch ist der Allgemeinzustand ja stabil. Wenn sich etwas verändert, rufen wir Sie sofort an. Glauben Sie mir, Sie würden hier nur stören. Die Sauerstoffmenge haben wir übrigens auf 40% reduziert." Er wendet alle seine Überredungskünste an, um uns am Hinfahren zu hindern. Erst nachdem er mir noch mal bestätigt, dass Bennys Zustand zurzeit stabil ist, beschließe ich, nicht zu fahren. Wir sind auch so müde, dass es mir schwer gefallen wäre. Dennoch können wir nur schwer einschlafen und in der Nacht wache ich auf und sitze lange Zeit auf dem Sofa und bete für Benny.

Dienstag, 19. Juli 1994. Um 5 Uhr 30 rufe ich auf der Station A1 an. Bevor Matthias zum Dienst geht, will auch er wissen, wie es Benny geht. Dr. Hübner ist am Apparat: „Naa, können Sie nicht schlafen?" Sein Tonfall klingt hämisch. „Benjamins Zustand ist stabil. Den Lungendruck konnten wir mit einigen wenigen Medikamenten senken. Er ist nun wieder auf 1/3." Wir sind beruhigt. Ich warte, bis Matthias von der Arbeit nach Hause kommt. Wir wollen zusammen zu unserem Kind fahren. Um zwölf Uhr rufe ich noch mal auf der Station an.

Diesmal habe ich einen Dr. Schneider am Apparat: „Benjamins Zustand ist weiterhin stabil. Es gab bisher noch keine Komplikationen."

„Naja", wende ich ein, „abgesehen von der vorübergehenden Lungendruckerhöhung."

„Der Lungendruck war nie erhöht, er war immer auf 1/3", entgegnet mir Dr. Schneider. „Lediglich der Blutdruck ist etwas angestiegen und in Relation dazu eben auch der Lungendruck. Aber er war nie höher als 1/3."

Und ich hatte die ganze Zeit Angst, weil Dr. Hübner sagte, dass er nicht weiß, ob Benny die Nacht überlebt. Was ist das nur für ein Sadist!

Dr. Schneider meint, dass Benny heute Abend oder morgen früh von der Beatmung wegkommt. Diese gute Nachricht gebe ich sofort telefonisch an Matthias weiter.

Sobald Matthias von der Arbeit nach Hause kommt, fahren wir zu Benjamin. Er ist den ganzen Nachmittag wach und bewegt sich sehr viel. Oft verzieht er das Gesicht, als ob er weinen will, doch die Beatmungsmaschine hindert ihn daran. Inzwischen ist die Beatmung schon auf CPAP heruntergeschaltet. Matthias erklärt mir, wie das funktioniert: „CPAP bedeutet eine kontrollierte Beatmung. Benny atmet selber, so viel wie er kann, und den Rest gibt die Maschine bei."

Der Arzt meint, dass es ein gutes Zeichen ist, dass Benny so munter ist. Auch Professor Breuer kommt vorbei, um nach Benny zu sehen. Er plaudert ein wenig mit ihm, bevor er sich zu uns wendet: „Es ist wirklich erstaunlich, wie gut Benjamin das alles macht, wenn man seinen schlechten Zustand bedenkt, mit dem er in die Operation gegangen ist. Wir sind alle ganz beeindruckt."

„Was glauben Sie, wie viele Menschen für unser Kind gebetet haben! Für uns ist das eine Gebetserhörung." Ich habe Professor Breuer wohl etwas erstaunt, denn darauf weiß er nichts zu antworten.

Um zehn Uhr abends rufen wir noch mal auf der Intensivstation an, um uns nach Benny zu erkundigen. Der Arzt ist sehr zufrieden mit ihm: „35 Atemzüge pro Minute macht er schon alleine. Die Maschine muss nur noch zehn Atemzüge dazugeben."

Mittwoch, 20. Juli 1994. Um acht Uhr rufe ich auf der Intensivstation an. Während die Schwester den Arzt an den Apparat holt, höre ich im Hintergrund Benny schreien. Mein Herz hüpft vor Freude. Wenn Benny schreit, bedeutet das, dass er keine Beatmung mehr braucht! Das bestätigt mir der Arzt dann auch: „Um sieben Uhr haben wir ihn von der Beatmung genommen." Und Dr. Hübner hat behauptet, dass Benny zehn bis vierzehn Tage beatmet werden muss! Nun sind es nicht einmal ganz zwei Tage gewesen.

Der Arzt erzählt mir weiter, dass Benny heute auf die andere Intensivstation verlegt wird. Die Herzintensivzimmer wären zwar alle belegt, sodass Benny einige Zimmer weiter auf die normale Kinderintensivstation kommt, aber die Ärzte der Herzintensivstation würden ihn mitbetreuen.

Gegen 15 Uhr 30 wird Benny dann auf die Intensivstation K verlegt. Um 16 Uhr 30 dürfen wir dann endlich zu ihm. Er liegt in einem Raum mit sechs Betten. Aber ich bin froh, dass er am Fenster liegt. Wir versorgen ihn und messen seine Temperatur. Er hat 40°C Fieber. Es ist heiß draußen, dennoch liegt Benny in einem angestellten Wärmebettchen. Als Erstes stellen wir die Heizung seines Bettchens aus. Dann hole ich von der anderen Station seine Kühlpacks und lege sie ihm in den Nacken. So ist die Temperatur nach einer halben Stunde auf 38° C gesunken. Die Schwestern dieser Station betreuen fast nur Frühgeborene und so behandeln sie Benny wie ein Frühchen. Man merkt ihnen ihre Unsicherheit an.

Abends um zehn Uhr rufen wir dann noch mal auf der Intensivstation an. Die Dienst habende Ärztin erzählt uns, dass sie Benny wieder an die Beatmungsmaschine genommen haben. Sie lassen die Maschine auf CPAP laufen, weil Benny ja eigentlich selbstständig atmet. Auf meine Frage, warum sie ihm dann den Schlauch in der Nase wieder antun müssen, weiß sie keine rechte Antwort: „Es ist uns einfach sicherer. Wir sind hier nun einmal nicht die Herzstation." Ich bekomme fast eine Krise. Sind die denn alle nur noch dumm? Weil sie sich unsicher fühlen und sich nicht trauen, ihre Kollegen zu Hilfe zu holen, therapieren sie mein Kind völlig unnötig, mehr als es braucht.

Donnerstag, 21. Juli 1994. Heute fahre ich wieder alleine in die Klinik. Ich will nicht mehr bis zum Nachmittag warten. Doch erst einmal muss ich auf dem Flur warten, als ich auf die Station komme. Der Arzt versucht gerade, Benny Blut abzunehmen und will sich dabei nicht auf die Finger gucken lassen. Nach einer halben Stunde kann ich endlich zu Benny gehen. Er hängt immer noch am Beatmungsschlauch. Ich frage die Ärzte, ob das denn unbedingt notwendig ist, schließlich hat Benny den ganzen gestrigen Tag bis zum Abend selber geatmet. Die Ärztin erklärt mir: „Er wird ja nicht mehr beatmet. Der Schlauch geht nicht mal bis zu den Bronchien, sondern nur in den Rachen. Benjamin atmet selbstständig und wir führen ihm nur etwas Sauerstoff zu."

„Dafür gibt es aber auch angenehmere Methoden als so einen dicken Beatmungsschlauch. Dieser Schlauch ist doch die reinste Qual für Benny!" Ich kann die Begründungen der Ärztin nicht verstehen.

„Lange bleibt der Schlauch auch nicht mehr drin", verspricht sie mir. Dann berichtet sie mir über Bennys Allgemeinzustand: „Der Hb ist unter 11 gesunken, deshalb werden wir ihm heute Abend noch mal etwas Blut geben. Außerdem ist der CRP-Wert angestiegen, was auf eine Entzündung deutet."

Nun weiß ich aber, dass der CRP-Wert nach fast jeder Operation ansteigt, das ist völlig normal. Als ich das der Ärztin sage, ist sie erstaunt: „Woher wissen Sie das? Haben Sie etwas mit Medizin zu tun?" Als ich ihr erzähle, dass ich Krankenschwester bin, erklärt sie mir dann auch, dass sie vorbeugend gegen Entzündungen Antibiotika geben. Das finde ich auch ganz richtig.

Dadurch, dass der Tubus nur bis in den Rachen geht, kann Benny sich bemerkbar machen. Er erzählt heute den ganzen Tag. Daran erkenne ich, dass es ihm wirklich gut geht.

Nun muss ich nur mit meiner Ungeduld fertig werden. Ich wünschte, Benny wäre schon wieder auf der normalen Station. Ich gehe mal schnell rüber und frage die Schwestern, ob ich mit Benny mit aufgenommen werden kann, wenn er auf die Station A zurückverlegt wird. Bisher wurde mir das immer verweigert, doch nun ist das für die Schwestern eine Selbstverständlichkeit, dass ich bei Benny bleibe: „Wir stellen Ihnen ein Bett ins Zimmer, wenn Benjamin zurückkommt."

Freitag, 22. Juli 1994. Benjamin ist auf die Herzintensivstation verlegt worden. Da wurde ein Bett frei, das nun Benny belegen darf. Ich bin froh, dass er von der anderen Intensivstation weg ist, denn in seinem Fall hatte da niemand so die richtige Ahnung. Eine kleine blonde Ärztin hat Dienst. Sie hat ein ernstes Gesicht, ist aber sehr nett und erklärt mir alles, was ich wissen will. Sie hat Benny auch gleich von der Beatmung weggenommen und lässt nur noch etwas Sauerstoff durch einen Schlauch strömen, der vor Bennys Gesicht gelegt wird. Nun darf ich Benny auch endlich wieder auf den Arm nehmen: „Das tut ihm bestimmt gut", meint die Ärztin zu mir.

Eine Schwester bringt mir die Flasche für Benny: „Er darf ruhig saugen, so viel er schafft. Den Rest können Sie ihm sondieren. Benjamin ist sehr ausgetrocknet, deshalb füllen wir ihn erst mal auf. Er bekommt pro Mahlzeit 110 Milliliter Milch."

Benny trinkt auf Anhieb 45 Milliliter.

Sonntag, 24. Juli 1994. Es ist noch früh, als wir zu Benjamin fahren. Dennoch haben wir im Auto das Gefühl, vor Hitze zu ersticken. Benny schläft viel, doch wenn er wach ist, will er beschäftigt werden. Wir nehmen ihn viel auf den Arm. Die Schwestern sagen: „Wir bekommen Benjamin nie so ruhig wie Sie. Es ist wirklich erstaunlich, aber sobald er bei Ihnen auf dem Arm ist, ist er ruhig. Sie sollten hier anfangen zu arbeiten", fügen sie scherzhaft hinzu.

Wir sind noch nicht einmal eine Stunde bei Benny, als die Ärztin hereinkommt, um mit uns und den Eltern des Kindes im Nachbarbett zu reden. Ich kenne die Ärztin noch nicht. Sie sagt: „Die Kinder sind heute alle sehr unruhig wegen der Hitze. Wir werden jetzt alle Rollläden herunterlassen und den Kindern Ruhe gönnen. Wir bitten Sie, jetzt zu gehen." Sowohl wir Eltern als auch die Schwestern gucken die Ärztin erstaunt an. Seit wann werden sämtliche Eltern von der Station verwiesen? Keiner hat Unruhe verbreitet. Im Gegenteil, alle Eltern konnten ihre Kinder beruhigen. Ich bin misstrauisch, dass die Ärzte irgendwas mit den Kindern vorhaben, doch wir haben nicht die Möglichkeit, uns zu wehren. So müssen wir schon nach kurzer Zeit wieder nach Hause fahren. Im Treppenhaus treffen wir auf den Stationsarzt von der Station A. Er begrüßt uns und sagt: „Ich habe schon gehört, wie gut Benny alles überstanden hat. Er ist zurzeit das Wunderkind des ganzen Krankenhauses. Ich freue mich schon, wenn er wieder zu uns zurückverlegt wird!"

Montag, 25. Juli 1994. Ich rufe morgens früh auf der Intensivstation an, um zu fragen, wie es Benny geht. Dort erfahre ich dann, dass Benny wieder auf die Normalstation verlegt wird. Ich rufe also auf Station A an und frage, ob das klappt, dass ich mit aufgenommen werden kann. „Ja, Frau Steinebach, wir haben schon alles vorbereitet. Sie bekommen Ihr Bett im Spielzimmer aufgebaut, denn in Bennys Zimmer ist es zu eng. Da liegen noch zwei andere Kinder mit drin." Also packe ich in aller Eile meinen und Bennys Koffer, rufe Matthias an und sage ihm, dass es mit der Aufnahme im Krankenhaus klappt. Das Telefongespräch fällt uns beiden sehr schwer, doch wir wissen, dass es jetzt für Benny wichtig ist, dass er sich daran gewöhnt, wenigstens mich Tag und Nacht um sich zu haben. Das wird ihm helfen, wenn er dann nach Hause kommt. Doch als ich mich jetzt von Matthias verabschieden muss, kommen mir doch die Tränen. Wer weiß, wie lange wir uns jetzt nicht mehr sehen, und wir haben nicht die Möglichkeit gehabt, uns noch einmal richtig in den Arm zu nehmen.

„Ich liebe dich, mein Schatz, und ich umarme dich ganz doll in Gedanken!"

„Ich liebe dich auch! Ich vermisse dich jetzt schon!"

Es ist Mittag, als ich endlich auf Station ankomme. Die Schwestern begrüßen mich sehr freundlich. Im Spielzimmer steht ein Krankenbett in der Ecke. Das wird für einige Zeit also meine Schlafstätte sein!

Jetzt muss ich aber zuerst mal nach Benny gucken. Er ist unruhig und nölt rum, als ich das Zimmer betrete, doch als ich ihn dann auf den Arm nehme, ist er sofort ruhig. Mit dem Trinken klappt es nicht so gut. Es ist ja auch viel weniger anstrengend, sich sondieren zu lassen!

Der Arzt ist sehr zufrieden mit Benjamin. Morgen wird er wieder die Krankengymnastik anmelden. Ich genieße es, auf der Station bleiben zu können, als es abends ruhig wird. Nun mache ich endlich alles an meinem Kind selber. Die Schwestern haben mit Benny nichts mehr zu tun. Es ist schon nach elf Uhr, als ich in meinem Bett liege. Das erste Mal, dass ich mit meinem Kind unter einem Dach schlafe.

Dienstag, 26. Juli 1994. Man merkt, dass Benny keine Beruhigungsmittel mehr bekommt. Er nölt oft rum und ist im Ganzen viel lebhafter, aber er hat auch jetzt die Kraft vom Herzen dazu. Der Stationsarzt meint bei der Visite: „Bennys Herzgeräusch ist nur noch sehr leise. Es ist wirklich erstaunlich. Eigentlich ist der Restdefekt bei Kindern mit einem AV-Kanal viel größer und das Restgeräusch damit auch viel lauter. Möchten Sie es auch gerne einmal hören?" Ich bin baff. Nun, nach der Operation bezieht er mich sogar in die Untersuchung mit ein. Ich nehme sein Angebot gerne an. So schlägt also Bennys kleines Herz!

Mit dem Trinken klappt es heute besser. Immerhin trinkt Benny 40 bis 50 Milliliter Milch pro Mahlzeit selber. Nur bei der Abendmahlzeit lässt er den Schalk raus. Jedes Mal, wenn ich ihm den Sauger in den Mund gebe, verzieht er sein Gesicht zu einem Grinsen. So soll mal einer trinken können!

Ich genieße es, bei Benny zu sein, ohne den Druck zu haben, ihn am Abend wieder verlassen zu müssen. Kaum liege ich abends im Bett, stehe ich wieder auf, schleiche über den Balkon an drei Zimmern vorbei bis zu Bennys Zimmer und stehe noch eine Weile an seinem Bett. Er liegt zum Glück direkt am Fenster, sodass ich nicht an den anderen Kindern vorbeigehen muss. Dieses Spiel wiederholt sich noch einige Male an diesem Abend.

Mittwoch, 27. Juli 1994. Die Sozialarbeiterin vom Krankenhaus hat mir schon vor längerer Zeit einen Antrag mitgegeben, um für Benny einen Behindertenausweis zu beantragen. Das hat Matthias schon längst erledigt. Zur selben Zeit hat sie mir die Telefonnummer der Frühförderung gegeben. Die für uns zuständige Frühförderin hat sich für heute zu einem Hausbesuch angekündigt. So muss ich schon morgens losfahren und Benny in der Obhut der Schwestern lassen. Um zehn Uhr klingelt sie an der Tür. Es ist eine energische junge Frau, die mir auf Anhieb sehr sympathisch ist. Man spürt, wie viel Energie in ihr steckt. Wir setzen uns auf das Sofa und ich erzähle ihr von Benny und zeige ihr die Bilder von ihm.

Sie ist begeistert: „Ich glaube, Benny ist bei der richtigen Familie gelandet. Ich freue mich auf die Arbeit mit ihm und mit Ihnen."

Da wir nun für mindestens drei Jahre mit dieser Frau zusammenarbeiten, ist es mir sehr wichtig, dass auch ich mich mit ihr gut verstehe. Doch der erste Eindruck lässt auch auf meiner Seite daran keinen Zweifel.

„Wenn Ihnen irgendwas nicht gefällt, was ich mit Benny mache, dann sagen Sie das ruhig. Ich kann mich da auf Sie einstellen." Es dauert auch nicht lange, bis wir herausfinden, dass uns auch unser Glaube an Gott verbindet. Als sie sich verabschiedet, bleibe ich mit einem unglaublich guten Gefühl zurück.

Den Rest des Vormittags nutze ich dazu, die Wohnung auf Vordermann zu bringen, obwohl Matthias wirklich keine Unordnung hinterlassen hat. Außerdem fülle ich die Vorräte mal wieder auf. Wenn nichts da ist, isst mein geliebter Mann auch nichts. Das hat nichts mit Faulheit oder Nicht-Kochen-Können zu tun, sondern es ist ihm einfach zu langweilig, alleine zu essen. Als Matthias dann nach Hause kommt, feiern wir ein rauschendes Wiedersehen. Doch die Zeit ist schon wieder knapp und ich muss mich bald verabschieden. Das tut wieder sehr weh, doch ich denke, für Matthias ist das alles noch viel schwerer, jetzt in der stillen Wohnung alleine zurückbleiben zu müssen. Dennoch habe ich kein Wort der Klage von ihm gehört. „Es ist wichtig für Benny!", ist alles, was er dazu sagt. Doch bevor ich zurückfahre, besorgen wir noch einen Stubenwagen für Benjamin. Nun steht das Körbchen in unserem Wohnzimmer, mit einem weißen Himmel mit lila Punkten und passender Bettwäsche. Ich bin verliebt in dieses Körbchen.

Als ich auf die Station zurückkomme, stehen noch zwei weitere Betten im Spielzimmer. Man kann kaum noch irgendwo hintreten. Zwei weitere Mütter teilen sich nun mit mir dieses Zimmer. Wir haben viel Spaß miteinander und irgendwie fühle ich mich wie in einem Internat, wo abends im Bett noch getuschelt und gekichert wird.

Dennoch wandere ich auch diese Nacht wieder über den Balkon, um an Bennys Bett zu stehen.

Einmal werde ich wach, weil ich Benny schreien höre. Ich stehe auf und suche ihn. Er liegt auf dem Arm der Nachtschwester im Dienstzimmer: „Ich bekomme ihn einfach nicht beruhigt", sagt sie mir. Ich nehme ihr Benny ab. Innerhalb weniger Minuten ist er auf meinem Arm eingeschlafen. Ich lege ihn wieder in sein Bett und bleibe noch eine Weile neben ihm stehen. Er schläft, also gehe ich wieder in mein Bett. Kaum liege ich, höre ich, wie Benny wieder schreit. So stehe ich erneut auf, beruhige ihn und bleibe bei ihm, bis er schläft. Dieses Spiel wiederholt sich noch einige Male in dieser Nacht.

Donnerstag, 28. Juli 1994. Der Pfleger kommt um halb sieben mit einem fröhlichen Gruß auf den Lippen in unser Zimmer, um uns zu wecken. Sofort treffen ihn die Kissen von drei total erschöpften Müttern am Kopf. Nun, zumindest von mir kann ich behaupten, dass ich nach dieser Nacht total erschöpft bin. Leider bietet sich auch tagsüber kaum die Gelegenheit zum Schlafen.

Ich muss Benny kaum noch sondieren, denn er schafft es jetzt, selber seine Mahlzeiten auszutrinken.

Bei der Visite fragt mich der Stationsarzt: „Haben Sie Lust, mal mit Benny draußen spazieren zu gehen? Sie brauchen nur Bescheid zu sagen, dass wir sie nicht suchen müssen." Ich könnte ihn umarmen. Das gibt mir unendlich viel mehr Freiheit. Ich darf sogar das Krankenhausgelände verlassen.

Matthias hat heute frei und kommt uns mit dem Zug besuchen. Ich beschließe ihn zu überraschen und ihn mit Benny am Bus abzuholen. Als Matthias aus dem Bus aussteigt, sieht er uns erst gar nicht. Kein Wunder, er erwartet uns auch nicht. Erst als wir vor ihm stehen, nimmt er uns wahr und ist total überrascht. Wir gehen gleich weiter zum Wasser, um dort spazieren zu gehen. Wir genießen diese Freiheit. So weit konnten wir den Kinderwagen noch nie schieben. Doch auch Benjamin muss sich erst noch an die Schaukelei gewöhnen und so ist er während des ganzen Spazierganges sehr unruhig und weinerlich.

Also gehen wir in die Klinik zurück. Aber falls wir gehofft haben, dass Benny jetzt besser gelaunt ist, haben wir uns getäuscht. Die Hitze macht uns allen zu schaffen und so macht sich Matthias schon am Nachmittag auf den Weg nach Hause. Ich merke ihm seine Enttäuschung an. Es hätte ein so schöner Tag sein können, doch ein Kind, das so viel weint wie Benny heute, kann einem schon die Lust auf große Unternehmungen rauben. „Wie soll es nur zu Hause werden? Was ist, wenn er da auch so viel weint? Ich habe Angst, dass wir damit nicht fertig werden", sagt Matthias beim Abschied. Doch ich tröste ihn: „Heute hatte Benny einen wirklich schlechten Tag, aber das wird nicht immer so sein. Wir schaffen das schon!"

Nach dem Abendbrot werde ich von der Schwester ans Telefon geholt. Matthias ist am Apparat: „Hast du Benny bei dir?", fragt er mich.

„Ja, ich habe ihn auf dem Arm."

„Dann halte mal den Hörer an sein Ohr." Ich tue das und lausche mit einem Ohr mit am Hörer. Matthias singt Benny das Schlaflied der Prinzen vor.

Ich bin ganz gerührt und auch Benny hat dem Lied still gelauscht. Manchmal hat Matthias wirklich süße Einfälle.

Abends schläft Benjamin im Kinderwagen ein. Ich lasse ihn darin liegen. So kann ihn die Nachtschwester im Wagen zu sich holen, wenn er unruhig wird und ich es nicht hören sollte.

Mit meinen Zimmerkameradinnen sitze ich noch lange auf dem Balkon und unterhalte mich. Es ist unser letzter gemeinsamer Abend. Morgen werden die anderen beiden Müttern mit ihren Kindern entlassen.

In der Nacht muss ich wieder öfter raus, weil Benny schreit. Zudem verquatsche ich mich mitten in der Nacht noch mit der netten Nachtschwester. Naja, wo sie doch auch Heike heißt!

Freitag, 29. Juli 1994. Der Stationsarzt lässt sich bei der Visite viel Zeit und plaudert mit mir über Dinge, die Benny eigentlich gar nicht betreffen: „Sie haben mal erzählt, dass Sie als Kind auch am Herzen operiert wurden. Was hatten Sie denn?"

„Ich hatte einen Truncus arteriosus comunis." Ich gehe davon aus, dass der Arzt mit diesem medizinischen Fachbegriff etwas anfangen kann.

„Sie hatten einen Truncus?! Das glaube ich nicht! Es gibt kaum Menschen in Ihrem Alter, die einen Truncus arteriosus comunis überlebt haben. Wie alt waren Sie denn, als Sie operiert wurden?"

„Ich war drei Jahre, als ich in Deutschland die Voroperation bekam und fünf Jahre bei der großen Operation in Amerika."

Der Arzt sieht mich ungläubig an: „Es gibt auch heute kaum noch Kinder mit Truncus, die ohne Operation älter als ein Jahr werden. Haben Sie noch Unterlagen von ihrer Operation? Sie würden mich sehr interessieren."

Ich verspreche, ihm meine Unterlagen zur Verfügung zu stellen.

Am Nachmittag bekommen wir hohen Besuch. Professor Breuer kommt vorbei, um nach Benny zu sehen. Anscheinend hat ihm der Stationsarzt schon von unserem Gespräch am Vormittag erzählt, denn auch Professor Breuer will wissen, wann und wo ich operiert wurde. Wir sind beide erstaunt, als wir feststellen, dass er zur selben Zeit in der Herzklinik gearbeitet hat, wo ich operiert wurde. Er war damals der Arzt, der die meisten Operationen gemacht hat. So kann es sein, dass der Arzt, der meinen Sohn operiert hat, mich selber 24 Jahre zuvor operiert hat.

Bevor er sich verabschiedet, verspricht mir Professor Breuer, dass er mir eine Kopie von Benjamins Operationsbericht besorgt.

Benny liegt jetzt kaum noch in seinem Bett, sondern nur noch im Kinderwagen. Ich bin von den letzten Nächten total geschafft, denn jedes Mal, wenn Benny weint, muss ich über den ganzen Flur zu seinem Zimmer gehen, ihn beruhigen und wieder zurück gehen. Auf dem Weg begegnet mir dann oft noch die Nachtschwester, mit der ich einige Worte wechsle. Wenn ich dann wieder in meinem Bett liege, bin ich oft so wach, dass ich erst kurz vor Bennys nächster Brülltour einschlafe. Ich frage den Arzt, ob es nicht möglich ist, dass ich Benny auch über Nacht im Kinderwagen bei mir im Zimmer lasse. Er ist damit einverstanden. Also räume ich Bennys Nachttisch mit dem Monitor ins Spielzimmer um und richte mich dort häuslich ein. Abends im Bett kann ich es gar nicht fassen, dass mein Baby nun bei mir im Zimmer liegt. Dort in seinem Wagen schläft mein Kind! Ich bin so glücklich.

Dieses Glücksgefühl wird um Punkt zwei Uhr in der Nacht jäh

unterbrochen, als mich Benny mit der ganzen Lautstärke seiner Stimme aus dem Tiefschlaf holt. Ich taste mich im Halbschlaf in die Küche, um seine Flasche zu holen. Nach der Mahlzeit bin ich todmüde, doch mein Sohn leider nicht. Er will jetzt beschäftigt werden.

Ich nehme ihn auf den Arm: „Was warst du doch für ein unkompliziertes Baby, als du noch Beruhigungsmittel bekommen hast!“ Er schaut mich mit seinen großen, inzwischen braunen Augen an. Ich drücke ihn fest an mich: „Nein Schatz, ich bin froh, dass du keine Beruhigungsmittel mehr brauchst. Dann bleibe ich lieber die ganze Nacht wach!“ Doch irgendwann hat Benny doch Mitleid mit mir und lässt mich noch ein wenig schlafen.

Samstag, 30. Juli 1994. Ich bin wie gerädert, als ich aufwache. Doch der Tag geht weiter. Heute ist Samstag und wir wollen Benny das erste Mal in den Gottesdienst mitnehmen. Doch vorher müssen wir noch die Visite abwarten. Eine Ärztin der Nachbarstation hat Dienst. Ich bespreche mit ihr die Trinkschwierigkeiten, die wir haben: „Wäre es nicht besser, wenn Benjamin sich nicht an feste Trinkzeiten halten muss, sondern trinken darf, wann er will? Ich denke, er kommt so auch auf seine 600 Milliliter am Tag.“ Die Ärztin stimmt mir zu und erlaubt, dass ich es mit den Mahlzeiten so halten kann, wie ich es für richtig halte: „Benjamin soll am Mittwoch oder am Donnerstag entlassen werden, da müssen Sie zu Hause sowieso Ihren eigenen Rhythmus finden. Warum dann nicht schon hier im Krankenhaus?“

Ich kann es noch gar nicht fassen, in vier oder fünf Tagen dürfen wir nach Hause gehen! Ich warte auf dem Balkon auf Matthias’ Ankunft. Roland, mein Bruder, und Raina, seine Verlobte, sind aus Bonn gekommen, um endlich mal ihren neuen Neffen kennen zu lernen. Sie parken vor der Klinik und winken zu mir hoch, als sie mich sehen. Ich falle Matthias um den Hals, als er ins Zimmer kommt: „Mittwoch oder Donnerstag kommen wir nach Hause!“ Es dauert eine Weile, bis wir uns beruhigt haben und ich endlich meinen Bruder begrüßen kann. Roland ist begeistert von seinem Neffen. Nur die Magensonde, die Benny noch hat, irritiert ihn.

Dann gehen wir alle zusammen zum Gottesdienst. Ich habe meine Bedenken, ob das gut gehen wird, weil Benny heute sehr unruhig ist, aber den ganzen Gottesdienst über schläft er, egal, ob es ruhig ist oder ob die Gemeinde gerade singt. Ich bin unglaublich stolz auf ihn.

Viele Leute begrüßen uns nach dem Gottesdienst und wollen wissen, wie es Benny geht.

Sonntag, 31. Juli 1994. Diese Nacht habe ich besser geschlafen. Dadurch, dass Benny jetzt trinken darf, wann er will, ist er ausgeglichener und zufrieden. Er kommt jetzt häufiger, manchmal stündlich, trinkt dann weniger, aber die Mahlzeiten dauern nicht mehr so lange. Das hat zur Folge, dass wir heute beide sehr gut gelaunt sind. Auf der Station steht noch eine Wippe rum, in die man Säuglinge legen kann. Die Wippe borge ich mir aus und konstruiere aus Stühlen, der Wippe und dem Kinderwagenspielzeug eine Greiflernwerkstatt für Benny. Er kann schon ganz gut nach den Holzfiguren greifen. Das macht ihm so richtig Spaß, denn sein Mund steht dabei nicht still. Doch irgendwann ist ihm das auch zu langweilig und so nehme ich ihn mit in mein Bett. Ich lege ihn mit dem Rücken auf meinen Bauch, sodass Benjamin mit in die Zeitung gucken kann, die ich gerade lese. Doch zum Lesen komme ich gar nicht, so fasziniert bin ich, als ich sehe, mit welch großen Augen sich Benny die bunten Bilder anguckt. Sein Mund ist dabei vor Staunen geöffnet.

Ich schreibe schon seit einigen Tagen die Mengen auf, die Benny trinkt. Er hat zwar noch die Magensonde, doch sondieren tue ich schon seit einiger Zeit nichts mehr. So beschließen der Dienst habende Arzt und ich bei der Visite, dass die Magensonde gezogen werden kann. Das erste Mal sehe ich mein Kind jetzt ohne Schläuche, abgesehen von den Elektrodenkabeln für den Monitor, die er aber auch nur noch beim Schlafen braucht.

Ich gebe ja zu, ein bisschen unsicher bin ich jetzt doch, als Benjamin plötzlich keine Magensonde mehr hat. Hoffentlich trinkt er genug. Jetzt kann ich nicht mal schnell als Notlösung auf die Magensonde zurückgreifen.

Montag, 1. August 1994. Langsam geht mir die Warterei auf die Nerven. Sicher, ich bin mit Benny viel draußen an der frischen Luft, aber dennoch kann ich es kaum erwarten, nach Hause zu kommen. Wir müssen noch so viel besorgen und so spreche ich mit den Schwestern ab, dass ich heute Nachmittag nach Hause fahre und erst morgen früh wiederkomme. Es fällt mir schwer, Benjamin zurückzulassen, aber ich muss wirklich vor seiner Entlassung noch mal nach Hause. So nutzen Matthias und ich den Nachmittag, um erst mal Einkäufe zu erledigen. Wir besorgen eine Wippe, ein Spielreck, Windeln, Badesachen, Flaschen, Nahrung, Flaschenwärmer, Desinfektionsgerät und was ein kleines Kind noch alles so braucht. Während unsere Waschmaschine läuft, räumen Matthias und ich alles ein und bereiten das Körbchen vor. Unsere Vorfreude steigt mit jeder Minute.

Es ist spät, als wir ins Bett kommen, aber wir haben das Gefühl, es ist alles für Bennys Ankunft vorbereitet. Ich genieße die wahrscheinlich letzte Nacht auf lange Zeit, in der ich durchschlafen kann.

Dienstag, 2. August 1994. Ich fahre morgens früh in die Klinik zurück und bin erstaunt, dass mein Bett nicht mehr im Spielzimmer steht. Die Schwestern entschuldigen sich: „Wir bringen Ihnen ein neues Bett. Wir dachten, Sie wollten hier nicht mehr übernachten."

Bei der Visite bestätigt mir der Arzt, dass wir morgen nach Hause dürfen. So fangen heute schon die Abschlussuntersuchungen an. Den ganzen Nachmittag warten wir darauf, dass wir zum Ultraschall aufgerufen werden, doch gegen 18 Uhr kommt eine Schwester herein und sagt mir, dass das auf morgen verschoben wird, weil der Arzt es zeitlich heute nicht mehr schafft.

Abends kommen Mirjam und Jürgen vorbei.

Wir gehen in Gedanken noch einmal die Kinder durch, die uns hier begegnet sind. Da war Lutz, der nun endlich zu Hause ist und der per Pieper auf ein Spenderherz wartet. Oder Nils, der einige Tage, nachdem er entlassen wurde, wieder aufgenommen werden musste, weil er Wasser eingelagert hat. Ebenso ging es Janic. Es gibt kaum ein Kind, das nicht nach einigen Tagen oder Wochen mit Komplikationen zurückkommen musste. Irgendwie habe ich sie alle lieb gewonnen. Meine Gedanken sind auch bei Swatina, deren Eltern wir verdanken, dass wir den Mut zu Benny gefunden haben. Und Finja, kleine süße Finja. Sie lebt wohl nicht mehr, denn auf der Intensivstation ist sie nicht mehr, und auf der Normalstation war sie nie gewesen. Ich schließe meine Augen und danke Gott für seine Führung bei Benny und bitte ihn für Jasmin, die den gleichen Herzfehler hat, den ich hatte, und die nun gerade auf der Intensivstation um ihr Leben kämpft.

Mittwoch, 3. August 1994. Die Visite fällt bei uns heute aus. Laut der Schwester findet die Ultraschalluntersuchung erst am Nachmittag statt. Ich schnappe mir also Benny und laufe mit ihm bis in die Innenstadt. Dort kaufen wir einen Glasrahmen, für ein Bild von Benny. Auf dem Flur unserer Station ist eine Galerie mit Bildern von den Kindern, die dort behandelt wurden. Ich möchte, dass Bennys Bild auch dort hängt. Um 16 Uhr kommt die AiPlerin in unser Zimmer, horcht Benny ab und beendet damit die Abschlussuntersuchung. Die Unterlagen hat mir der Stationsarzt am Mittag schon gegeben: „Wir hatten ja unsere Schwierigkeiten, wir beide, aber seit unserem großen Streit hat alles ganz toll geklappt. Ich möchte mich bei Ihnen für die nette Zusammenarbeit bedanken." Damit verabschiedet er sich von mir.

Um 17 Uhr ist dann endlich die Ultraschalluntersuchung, ausgerechnet bei Dr. Hübner! Als ich Benny um 18 Uhr in seinen Autositz setze, drehen wir beide uns nicht mehr um. Jetzt fahren wir in unser neues Leben!

Teil 2

Das ist Benjamins erste Autofahrt. Ein bisschen aufgeregt bin ich ja doch, schließlich dauert die Fahrt mehr als eine Stunde. Und ich weiß nicht, wie Benny sie verträgt. Was mache ich, wenn er anfängt zu spucken oder die ganze Zeit schreit? Sicherheitshalber stelle ich die Kinderschale auf den Beifahrersitz. So habe ich einen besseren Zugriff, wenn mal etwas los ist. Aber Benjamin scheint die Autofahrt zu gefallen. Er sieht sich mit großen Augen im Auto um. Ich kann gar nicht anders, als ihn immer wieder zu streicheln. Es dauert auch keine zehn Minuten, bis er dann eingeschlafen ist. Ich bin erleichtert und allmählich macht die Sorge einem unglaublichen Glücksgefühl Platz. Endlich bringe ich unser Kind nach Hause!

Ich lasse alle Koffer und Taschen im Auto und nehme nur Benny mit hoch, als wir ankommen.

An der Haustür begegnet mir eine Nachbarin: „Ach, ist das ein süßes Baby! Von wem haben Sie das denn?"

„Das ist unser Kind", ich will nur schnell hoch und habe gar keine Lust, mich in ein Gespräch verwickeln zu lassen, doch es scheint unausweichlich: „Ich habe ja gar nicht gemerkt, dass Sie schwanger waren!" Nun ja, lügen will ich auch nicht: „Wir haben das Kind angenommen."

„Das ist ja toll! Und heute haben Sie es bekommen?" Langsam werde ich ungeduldig. Matthias wartet sicher schon wie auf heißen Kohlen auf uns.

„Nein, wir haben ihn schon seit Mai, er lag nur bis jetzt wegen eines Herzfehlers im Krankenhaus." Der Wissensdurst der Nachbarin scheint gestillt zu sein und so wünscht sie uns alles Gute und lässt uns endlich hochgehen. Matthias steht schon vor der Wohnungstür und erwartet uns. Liebevoll nimmt er uns beide in den Arm: „Willkommen zu Hause!"

In der Wohnung hängt mitten im Zimmer ein großes Schild: „Herzlich Willkommen".

Wieder und wieder umarmen wir uns: „Jetzt sind wir eine richtige Familie!“

Ich lasse die beiden „Männer“ alleine und hole die Koffer aus dem Auto. Es hat sich in den drei Monaten Krankenhaus ganz schön viel angesammelt.

Ich gebe zu, dass mir vor der ersten Nacht zu Hause etwas graut. Hoffentlich ist für Benny nicht alles so fremd, dass er nur schreit. Als wir ihn zum Schlafen hinlegen, fängt er gleich an zu schreien. Doch es dauert nur ein paar Minuten, bis er schläft. Viel getrunken hat er heute nicht. Mir ist noch die Mahnung des Arztes im Krankenhaus im Ohr: „Passen Sie auf, dass er nicht so viel abnimmt!“ Naja, heute war ja auch alles durcheinander. Morgen werden wir es ruhiger angehen lassen.

Die Nacht ist gar nicht so schlimm, wie ich befürchtet habe. Benny wird ein paar Mal wach, trinkt etwas Milch und schläft gleich weiter.

Ich bin stolz wie Oskar, als ich am nächsten Tag mit Benny einkaufen gehe. Endlich können wir ein ganz normales Leben mit einem Kind führen.

Die Kinderärztin, die ich mir ausgesucht habe, ist zurzeit im Urlaub. Vor dem Wochenende muss ich aber unbedingt noch mal zu einem Kinderarzt. Benny braucht ein Rezept für seine Medikamente und außerdem mache ich mir Sorgen, weil er wieder mal nicht genügend trinkt. Ich habe das Gefühl, dass er, seit er zu Hause ist, schon wieder abgenommen hat. Also gehe ich zu dem Arzt, der am nächsten ist. Ich muss die Sprechstundenhilfe überreden, dass sie uns überhaupt drannimmt: „Mein Sohn ist erst gestern nach Hause gekommen. Er hatte vor drei Wochen eine Herzoperation und braucht jetzt seine Medikamente. Ich möchte, dass der Arzt ihn sich einmal ansieht.“ Also werden wir ins Wartezimmer gebeten. Da steht eine Waage, wo ich Benny wiegen kann. Diese Waage bestätigt meinen Verdacht, dass Benny abgenommen hat. Dann werden wir in einen Untersuchungsraum geführt. Die Tür zum Flur bleibt offen stehen. Auf dem Flur spielen kleine Kinder und ab und zu kommt mal eins in den Raum rein. Benny liegt auf der Untersuchungsliege und schläft. Als der Arzt mit einer Sprechstundenhilfe in den Raum kommt, wird die Tür zum Flur nur angelehnt.

„Womit kann ich Ihnen helfen?“, der Arzt, ein älterer Herr, bleibt an der Tür stehen, gibt mir zur Begrüßung auch nicht die Hand. Ich erzähle ihm kurz Bennys Krankheitsverlauf und dass ich mir Sorgen mache, weil er abnimmt. „Machen Sie mal seinen Oberkörper frei“, immer noch steht der Arzt an der Tür. Erst als Benny so weit ausgezogen ist, kommt er auf Armeslänge an ihn heran, kneift ihn einmal in den Bauch und sagt: „Der hat noch genug Speck! Für die nächste Woche mache ich mir da keine Sorgen. Brauchen Sie noch etwas?“ Ich sage ihm, dass wir noch alle Medikamente brauchen. Der Arzt gibt der Sprechstundenhilfe die Anordnung, die Medikamente mal in die Akte einzutragen. Ich diktiere also: „Lenoxin“. „Was ist das denn“, will der Arzt wissen. „Das ist Digitalis. Dann braucht er L-Thyroxin, Vigantoletten und Lasix.“ – „Kenne ich auch nicht, naja, das werden wir bald absetzen.“ Der Arzt steht längst wieder an der Tür. Ich bin entsetzt über seine Worte. Diese Medikamente sind für Benny lebensnotwendig und er kennt sie nicht einmal, aber will sie absetzen?! Ich weiß, dass ich hier falsch bin, dennoch bin ich noch für eine ganze Woche auf diesen Arzt angewiesen. Ich mache einen letzten Versuch und bitte um ein Rezept für die Krankengymnastik. Doch auch da hat der Arzt seine Einwände: „Solange er noch so viele Medikamente bekommt, gebe ich ihm kein Rezept für Krankengymnastik. Sie können noch jahrelang mit ihm turnen. Es wird Ihnen noch zum Hals rauskommen. Genießen Sie die Wochen ohne Gymnastik.“ Ich sage nichts mehr.

Mir scheint, der Arzt hat nichts kapiert.

Sabine und Thomas kommen heute zum Kaffeetrinken. Ich freue mich schon sehr darauf, meiner Kusine unseren Sohn vorstellen zu können. Jetzt, wo wir beide ein Kind haben, werden wir uns wahrscheinlich noch besser verstehen als wir es ohnehin schon tun.

Thomas lässt Benny kaum aus seinem Arm: „So ein Junge ist aber auch was Schönes!“ Benjamin zieht aber auch jeden mit seinen großen braunen Knopfaugen in den Bann.

Endlich kommt der Tag, auf den ich mich schon die ganzen Monate gefreut habe: Der Samstag, an dem wir endlich unseren Sohn mit in unsere Gemeinde nehmen dürfen. Während der ganzen Zeit im Krankenhaus wurden wir von unseren Glaubensgeschwistern unterstützt. Viele beteten für uns, sie gaben uns durch ihre Anteilnahme Mut zum Weitermachen. Andere gaben uns viele Anziehsachen, Bettwäsche und was ein Kind noch alles braucht.

Der Empfang ist sehr herzlich. Alle freuen sich, dass Benny nun endlich zu Hause ist. Viele Kinder aus der Gemeinde wollen

Benny sehen, schließlich haben sie so lange zu Hause mit ihren Eltern für das Baby gebetet.

Mein Herz ist voller Dankbarkeit zu Gott. In der letzten Zeit habe ich Gott fast nur um Dinge gebeten, da kam das Dankesagen manchmal sicher etwas zu kurz, aber mein Herz war eben voll mit der Bitte für Benjamin. Ich wollte Gott nichts vormachen, indem ich krampfhaft für irgendetwas danke. Aber jetzt bin ich nur noch am Danken. Es ist, als täte sich der Himmel auf und ich sehe den Glanz von Gottes Liebe.

So langsam bekommen wir einen festen Tagesrhythmus. Benjamin lebt sich schnell zu Hause ein. Wir erkennen, welche Dinge uns noch fehlen und besorgen sie: Da ist eine Wippe, wo wir Benny reinlegen können, und ein Spielreck, an dem er das Greifen lernt, ein Schaffell für den Kinderwagen und vor allem Sauger mit größeren Löchern. Das Trinken ist immer noch ein Problem. Benny trinkt viel zu wenig. Die Zeit der Magensonde war zu lang. Die Mahlzeiten lassen mich fast verzweifeln. Wir versuchen wenigstens, das Nötigste in Benny reinzubekommen, doch Benny schreit sich bei den Mahlzeiten die Seele aus dem Leib.

So habe ich aus dem Reformhaus Weizenkeimöl geholt, damit Benjamin wenigstens etwas Gehaltvolles zu sich nimmt. Ich mische ihm jetzt auch Möhrenbrei mit in die Flasche und außerdem fange ich an, ihm den Brei mit dem Löffel zu füttern. Doch das ist fast noch schlimmer als die Flasche. Benny spuckt den Brei in hohem Bogen wieder aus. Vielleicht ist ihm der Löffel zu groß, also füttere ich ihn mit dem Löffelstiel oder mit meinem Finger.

Das geht etwas besser, zieht die Mahlzeit allerdings in eine unüberschaubare Länge.

Trotzdem nimmt Benjamin nicht viel zu. An manchen Tagen nimmt er sogar wieder ab. Sabine und Thomas haben uns ihre Babywaage zur Verfügung gestellt, sodass wir Benjamins Gewicht jeden Tag überprüfen können.

Ich sehne den Tag herbei, an dem die Kinderärztin wieder aus dem Urlaub zurückkommt. Zu dem anderen Arzt will ich nicht mehr gehen. Da es Benny ansonsten aber gut geht, mache ich mir nicht ganz so große Sorgen.

Benjamin hat zu Hause innerhalb einer Woche gelernt, den Kopf aufrecht zu halten und ihn in Bauchlage anzuheben und hochzuhalten. Diese Sportart macht er nun zu seinem neuen Hobby.

Unsere Eltern werden langsam unruhig. Sie haben Benjamin

bisher nur auf Bildern oder Videos gesehen. Es wird langsam Zeit, Benny seinen Großeltern vorzustellen. Wir beschließen, dass wir die Eltern besuchen werden. Diese Reise nennen wir „Bennys Deutschlandtournee". Am 11. August geht es los. Die Reise muss gut geplant sein. Ich weiß zwar, dass Benjamin gerne mit dem Auto fährt, aber ob er das auch fünf oder sechs Stunden gerne macht, ist die Frage. Ich nehme einige Flaschen mit Milch und Tee mit. Matthias setzt sich zu Benny auf den Rücksitz, so kann ich mich auf das Autofahren konzentrieren. Nach einer halben Stunde stehen wir in unserem ersten Stau. Und genau hier merken wir, dass Benny zwar gerne Auto fährt, aber wenn das Auto stehen bleibt, mag er das ganz und gar nicht. Er fängt sofort an zu schreien. Matthias bekommt ihn einfach nicht ruhig. Es ist heiß heute und alle Autos haben die Fenster runtergekurbelt, aber als sich Bennys Geschrei noch verstärkt, merke ich, wie alle Autos um uns herum ihre Fenster schließen. Bennys Geschrei ist unglaublich hysterisch: „Nimm ihn doch mal aus dem Kindersitz raus!" Meine Nerven sind zum Zerreißen gespannt. „Das ist zu gefährlich. Wenn uns ein Auto hinten drauffährt, kann ich ihn nicht halten." Aber nach einer Stunde Stau, in der Benny ohne Pause schreit, nimmt ihn Matthias doch noch auf den Arm. Aber heute scheint alles nicht zu helfen. Weder die Bauchlage, die ihm sonst immer gefällt, noch der Tee oder die Milch, die wir ihm anbieten, halten ihm vom Schreien ab.

Als der Stau nach zwei Stunden endlich vorbei ist, sind wir urlaubsreif. Sobald das Auto sich in Gang setzt, hört Benny sofort auf zu schreien. Es dauert noch eine Weile, bis ich mit Matthias reden kann, denn sein rechtes Ohr ist noch taub. Solange das Auto fährt, ist Benjamin das liebste Kind, doch schon nach einer weiteren Stunde stehen wir wieder im Stau. Das Auto hält an und Benny fängt an mit seinem Geschrei. Ich kann nicht mehr! „Fahr du mal, ich gehe jetzt nach hinten", sage ich zu Matthias. Also tauschen wir unsere Plätze. Auf dem Rücksitz angelangt nehme ich Benjamin auf den Arm: „Mami ist ja bei dir. Du brauchst nicht mehr zu weinen."

Als Benny meine Stimme hört und seinen Kopf auf meine Brust legt und meinen Herzschlag spürt, wird er sofort wieder ruhig. In dieser Lage halten wir den Stau durch. Es macht mich stolz, dass Benny mich als Bezugsperson anerkennt, aber ich sehe auch die Notwendigkeit, dass Benjamin und Matthias sich noch näher kommen müssen. Der Rest der Fahrt verläuft ohne Komplikationen. Wir machen öfter mal eine Pause, doch nachdem es dunkel geworden ist, kann ich ohne Pause weiterfahren. Meine beiden Männer schlafen auf der Rückbank.

Es ist spät, als wir ankommen. Ich habe Benny auf dem Arm und Matthias hat den Kinderwagen mit dem Rest voll geladen. Während wir im Erdgeschoss auf den Fahrstuhl warten, kommt mein Vater schon die Treppe runtergerannt. Doch so richtig Zeit zum Begrüßen haben wir erst in der Wohnung. Meine Mutter wartet schon an der Wohnungstür auf uns. Ich wurde nie zuvor so kurz von ihr begrüßt, denn sie nimmt mir gleich Benny aus dem Arm, setzt sich auf das Sofa und erzählt mit ihm. Ich bin froh, dass sie sich so über Benjamin freuen. Als sie Sven, ihr erstes Enkelkind, das erste Mal gesehen haben, war ihre Freude nicht größer als jetzt. Ich bin mir nun sicher, dass sie unser Kind lieben werden, als wäre es ihr leibliches Enkelkind.

Erst als mein Vater Benny auf den Arm nimmt, kommt meine Mutter noch einmal zu mir, um mich so richtig zu umarmen. Derweil macht mein Vater für Benjamin die komischsten Geräusche mit dem Mund. So hat er es damals auch mit Sven gemacht. Benny ist fasziniert von dem, was der Opa alles kann. Meine Eltern haben den Raum extra für uns umgestaltet. Mein Vater hat eine Wickelkommode gebaut, mit Fächern für Windeln und andere Sachen, und meine Mutter hat schon etliche Wickelutensilien besorgt.

Die Nacht verläuft sehr ruhig. Benjamin wird nur einmal zu einer Mahlzeit wach.

Am nächsten Abend besuchen wir Anke, Guido, Sven und Silke. Die Kinder freuen sich, dass sie Benny nun endlich einmal richtig sehen können, nicht nur hinter einer Glasscheibe im Krankenhaus. Und als sie Benny dann noch auf dem Arm halten können, strahlen ihre Gesichter vor Stolz.

Es ist wieder Samstag, der schönste Tag der Woche. Ich freue mich, dass wir heute in die Gemeinde gehen, in der ich groß geworden bin. Jeder will wissen, wie es Benny geht. Viele wussten gar nicht, dass wir ein Kind haben. Wenn ich nicht direkt nach meiner Schwangerschaft gefragt werde, erzähle ich auch nicht, dass wir Benny angenommen haben. Einer Schwester, die wusste, dass Benny angenommen ist, laufen die Tränen über die Wange, als ich ihr die ganze Geschichte erzähle.

Meine Mutter ist ganz besorgt um Benny. Immer wenn ich ihn auf dem Arm habe, rennt sie mit einem Kissen hinter uns her:

„Der arme Junge. Er liegt viel zu hart, du musst aber auch immer ein Kissen unterlegen." Ich glaube, wenn wir in der Nähe der Eltern wohnen würden, würde Benny mit Sicherheit total verwöhnt werden.

Am Nachmittag geht die Reise weiter. Matthias' Eltern wollen Benjamin schließlich auch noch kennen lernen.

Da uns der Weg geradezu am Wohnort von Bernd und Elisabeth, das sind Matthias' Lieblingsonkel und -tante, vorbeiführt, machen wir in Frankfurt einen Zwischenstopp. Da Bernd und Elisabeth noch Kinder in der Pubertät bzw. Vorpubertät haben, zählen sie fast noch zu unserer Generation.

Kaum sind wir an ihrer Wohnungstür angelangt, ruft Bernd: „Her mit dem Kind, den lasse ich jetzt nicht mehr los!" Lachend übergibt Matthias seinen Sohn in die Arme seines Onkels. „Nee, ist der süß!" Bernd ist begeistert.

Lange können wir nicht bleiben, denn wir wissen, dass meine Schwiegereltern zu Hause wie auf heißen Kohlen sitzen. Es ist auch schon fast Abendbrotzeit, als wir bei ihnen ankommen. Sie haben nur unser Auto gehört und schon stehen sie an der Straße, bevor wir richtig aussteigen können. Matthias trägt Benny ins Haus, während ich diesmal für das Gepäck zuständig bin.

Auch die Schwiegereltern sind von ihrem Enkel begeistert. Mein Schwiegervater nimmt ihn auf den Arm und zeigt ihm erst einmal die Wohnung. Dann setzt er sich mit Benny auf das Sofa und küsst ihm laufend seine Händchen.

Auch meine Schwiegermutter küsst Benjamin sehr oft. Ich kann sie gut verstehen. Wenn ich Benny auf dem Arm habe, bin ich ihn laufend am Küssen. Matthias meint schon, dass Benny sicher schnell sprechen lernt, nur um sagen zu können, dass es ihn nervt, laufend geküsst zu werden.

Mit dem Essen klappt es leider die ganze Zeit nicht besonders gut, dafür schläft Benny in den Nächten gut und wir dann natürlich auch.

Am nächsten Morgen nach dem Frühstück ziehen wir uns an und gehen spazieren. Ich schiebe den Kinderwagen vom Grundstück runter, als meine Schwiegermutter mich bittet: „Lass mich doch mal den Wagen schieben. Ich habe das schon so lange nicht mehr gemacht." Ich überlasse ihr die Aufgabe gerne. Der erste Stopp ist schon hinter der ersten Straßenecke. Da wohnt der Nachbar X, der zu Matthias früher immer sehr nett war, dem muss man doch mal das Kind zeigen, meint meine Schwiegermutter. So ähnlich habe ich es mir vorgestellt. Ich bin froh, dass Benny schläft. Da er auf dem Bauch liegt, kann man ihn auch nicht groß betatschen, obwohl eine der Schaulustigen selbst das noch versucht.

Als Nächstes müssen wir bei den Leuten vorbeigehen, die mit meiner Schwiegermutter zusammenarbeiten. „Muss das unbedingt sein?" Ich bin von der Idee nicht sonderlich begeistert. „Ich habe es ihnen versprochen!" Nun ja, dann müssen wir halt da auch noch vorbei. Die Leute kommen auch auf die Straße gelaufen, um Benny zu sehen. In der Hand halten sie ein kleines Päckchen als Geschenk für uns. Wir wissen, dass diese Menschen sehr arm sind und sind sehr gerührt über das Geschenk.

Auf dem Rückweg gehen wir an der neuen Stadtbibliothek vorbei. Seit mein Schwiegervater in Rente gegangen ist, ist er da wohl öfter zu Gast. Er zeigt uns die große Abteilung für Kinder. Es gibt da sogar eine richtige Spielecke: „Wenn Benjamin größer ist, nehme ich ihn mit hierher. Und für zu Hause besorge ich schon vorher Bücher, die kann ich ihm dann vorlesen." Ich bin ganz stolz, dass mein Schwiegervater schon solche Pläne für die Zukunft macht.

Meine Schwiegermutter ist nicht mit in die Bücherei gekommen, weil sie schon zu Hause das Mittagessen vorbereiten möchte. So darf der Schwiegervater den Kinderwagen schieben. Und er tut es mit der Inbrunst seines Herzens. Er strahlt wie ein König dabei.

Benny hat gewonnen. Jeder Einzelne, der uns wichtig ist, hat Benjamin lieb gewonnen.

Für heute Nachmittag haben wir noch etwas ganz Großes vor. Ein Freund aus Matthias' Kindheit hat einen Bruder, der auch das Downsyndrom hat. Dieser Junge, er heißt Martin, hat sich dank seiner Familie so gut entwickelt, dass er ungewöhnlich selbstständig ist. Heute ist er schon weit über zwanzig Jahre alt. Christian, sein jüngerer Bruder, ist so alt wie Matthias. Leider ist Christian nicht da, als wir bei der Familie klingeln, er kommt erst gegen Abend zurück. Doch Martin hat seine Eltern an diesem Wochenende besucht. Eigentlich lebt er in einer Wohngemeinschaft für Behinderte, 300 Kilometer von seinen Eltern entfernt. Ich freue mich, dass wir Martin kennen lernen können. Wir werden in das Wohnzimmer gebeten. Dort erzählen wir, dass Benjamin auch diese Behinderung hat. Als Martin das hört, kommt er zu mir, denn ich habe Benny gerade auf dem Arm, beugt sich über ihn und erzählt ihm was. Als er damit fertig ist, sieht er mich an und sagt in seiner etwas verschwommenen Sprache: „Der ist aber süß!"

In diesem Moment schließe ich Martin in mein Herz. Ach, könnte Benny doch so werden wie er!

Martins Mutter erzählt uns von dem harten Kampf um ein behindertes Kind. Früher gab es noch keine Frühförderung und so hat sie alles selber mit Martin eingeübt. Sie hat erreicht, dass er, bevor er zur Schule kam, lesen konnte. Dann mussten sie mit den Behörden kämpfen, damit Martin eine ganz normale Schule besuchen durfte und nicht auf eine Sonderschule für Behinderte musste. Der Kampf hatte sich gelohnt. Martin hat den Abschluss mit der neunten Klasse an der Hauptschule geschafft und seine Noten waren mit Dreien und ab und zu einer Vier gar nicht mal so schlecht. Heute arbeitet er in einer Werkstatt für Behinderte. Er erzählt uns, dass ihm die Arbeit Spaß macht. Dann holt er seine Gitarre aus seinem Zimmer, um uns zu zeigen, dass er Gitarre spielen kann. Fahrradfahren hat er jetzt auch gelernt, erzählt er stolz.

Martins Vater berichtet über die Eigenheiten, die ein Down-Kind hat: „Menschen mit einem Downsyndrom kennen nicht unbedingt die Notwendigkeit von Distanz. Es kommt auch heute noch vor, dass wir mit Martin ins Theater gehen und er sich umdreht, um zu sehen, wer hinter ihm sitzt. Er kann diese Leute minutenlang ansehen, sodass sie schon wegsehen müssen. Das Gefühl für Normen ist nicht so ausgeprägt." Ich wundere mich, dass man in dieser Familie so offen über diese Dinge reden kann, auch wenn Martin dabeisitzt und zuhört. Es ist auch nicht so, dass es nicht bis zu ihm durchdringt, denn der Vater holt sich die Bestätigung bei Martin selber: „Nicht wahr Martin, so ist es doch." Martin lacht schüchtern und nickt. Martins Mutter berichtet von anderen Erfahrungen: „Down-Kinder oder Down-Erwachsene haben ein unglaubliches Gespür dafür, wer es ehrlich meint und wer nicht, wer sympathisch ist und wer nicht. Oft war es schon so, dass Martin über einen Menschen gesagt hat: ‚Den mag ich nicht', obwohl ich nichts gegen diesen Menschen einzuwenden hatte. Manchmal hat es Monate gedauert, bis ich diesen Menschen durchschaut habe und Martin Recht geben musste."

Wir wollen die Familie nicht länger aufhalten, schließlich müssen sie heute noch einen Weg von 300 Kilometern zurücklegen. Also bedanken wir uns für das Gespräch und verabschieden uns. Martins Vater sagt uns beim Abschied: „Kommen Sie doch heute Abend noch mal vorbei. Wir legen Christian einen Zettel hin, dass Sie noch mal kommen. Er wäre enttäuscht, wenn er Matthias nicht sehen würde."

So besuchen wir nach dem Abendbrot noch mal dieses Haus. Diesmal ist Christian da. Ich kenne ihn bisher nur aus den Erzählungen von Matthias, doch ich muss ihm Recht geben, Christian ist wirklich sehr nett.

Auch er erzählt uns, wie es für ihn als Kind war, einen behinderten Bruder zu haben. Doch mit keinem Wort beschwert sich Christian darüber. Im Gegenteil, man hört heraus, wie stolz er auf seinen Bruder ist. So war es schon immer, hat mir Matthias vorher erzählt.

Christian holt sämtliche Bücher hervor, die er uns für Benny empfehlen kann. Wir schreiben uns die Titel auf.

Benny ist müde, doch den Kinderwagen will ich nicht in das noble Wohnzimmer fahren. So lege ich seine Decke auf den Teppich und Benny kommt in Bauchlage darauf. Ein paar Minuten später ist er eingeschlafen. „Da habt ihr aber ein wirklich unkompliziertes Kind", sagt Christian. Sicher, was das Schlafen angeht, hat er Recht. Über das Trinkproblem habe ich am Nachmittag schon mit seiner Mutter geredet: „Ja, das kenne ich. Down-Kinder haben in der ersten Zeit oft eine Trinkschwäche. Machen Sie sich darüber mal keine Sorgen. Wenn Benjamin jetzt noch dünn ist, kann das nur ein Vorteil sein. Später neigen Down-Menschen eher zu Fettleibigkeit. Martins Figur halten wir nur mit einer strengen Diät im Rahmen." Nach einer Weile verabschieden wir uns von Christian.

Der nächste Tag ist unser Abreisetag. Meine Schwiegermutter wäscht Benny noch ein letztes Mal. Dafür müssen wir den Küchentisch freimachen. Matthias hört Bennys Lunge mit dem Stethoskop ab. Das machen wir noch mal von Zeit zu Zeit, um festzustellen, ob sich Wasser in der Lunge ansammelt. Das kann passieren, wenn die Medikamentendosis nicht mehr ausreicht. Doch es ist alles in Ordnung.

Der Abschied von Benjamin fällt den Schwiegereltern nicht leicht: „Wir würden dich gerne hier behalten", sagt meine Schwiegermutter zu ihm.

Auch auf der Fahrt nach Hause machen wir einen Zwischenstopp, diesmal bei meinem Bruder Roland. Er ist erst vor kurzem in seine neue Wohnung gezogen. Natürlich will auch er sich nicht die Gelegenheit entgehen lassen, noch mal seinen Neffen zu sehen. So häufig sehen wir uns ja nicht.

Aber dann geht es endgültig nach Hause. Wir waren jetzt vier Tage unterwegs. Außerdem graut uns vor der Rückfahrt. Zu deutlich ist uns noch der lange Stau von der Hinfahrt im Gedächtnis.

Doch die Rückfahrt verläuft ohne Probleme. Es gibt keinen Stau und somit auch keinen Grund für Benny, ein Schreikonzert zu geben.

Endlich ist der Tag gekommen, an dem die Kinderärztin aus dem Urlaub zurück ist. Ich nutze die nächste Gelegenheit, um mit Benjamin zu ihr zu gehen. Der Unterschied zu dem anderen Kinderarzt ist gravierend. Benny wird gewogen. Er hat schon wieder abgenommen.

„Wir müssen aufpassen, dass er nicht noch mehr abnimmt. Wenn er das nächste Mal noch mehr abgenommen hat, muss ich ihn wieder ins Krankenhaus überweisen."

„Das will ich nach Möglichkeit verhindern. Er hat lange genug im Krankenhaus gelegen. Außerdem macht er jetzt so rasant Fortschritte, dass ich das nicht durch einen erneuten Krankenhausaufenthalt zerstören möchte", erwidere ich ihr.

„Ich verstehe das. Versuchen Sie ihm mit allen Mittel etwas zu Essen einzutrichtern. Lassen Sie sich von seinem Geschrei nicht davon abhalten. Nehmen Sie ruhig eine Spritze und spritzen ihm vorsichtig die Milch in den Mund. Wenn die Milch tief genug im Mund drin ist, muss er automatisch schlucken." Nachdem die Ärztin ihn noch abgehört hat, sagt sie: „Ich habe leider noch keinen Bericht aus der Klinik bekommen. Das dauert oft etliche Wochen, bis die Ärzte dazu kommen, die Berichte zu schreiben. Mir wäre es lieb, wenn ich Benjamin noch mal im Krankenhaus bei den Ärzten vorstellen kann, die ihn kennen. Ich werde für Sie einen Termin ausmachen." Naja, toll finde ich das nicht, aber für Bennys Gesundheit nehme ich sogar das in Kauf. Ich frage noch mal nach der Krankengymnastik.

„Das ist gut, ich schreibe Ihnen ein Rezept aus. Am besten ist es, wenn er nach der Voita-Methode turnt." Ich bin nicht damit einverstanden: „Die Voita-Methode hat er schon im Krankenhaus bekommen. Dabei hat er fast nur geschrien. Ich habe zu Hause, so gut ich es wusste, mit ihm nach Bobath geturnt. Er hat dabei so viel gelernt. Innerhalb von einer Woche hat er zum Beispiel gelernt, den Kopf zu halten." Die Ärztin kommt mir mit einem Vorschlag entgegen: „Ich schreibe auf das Rezept: Turnen nach Voita, nach Absprache auch Bobath. So kann die Krankengymnastin das selbst entscheiden."

Mir wurde schon von vielen Seiten eine Krankengymnastin empfohlen, die mit Kindern turnt und die Erfahrung mit Down-

Kindern hat. Da diese Krankengymnastin nur wenige Häuser von der Ärztin entfernt ihre Praxis hat, gehe ich gleich bei ihr vorbei, um das Rezept abzugeben. Sie liest es sich durch und sagt: „Ich freue mich auf das Turnen mit Benjamin, allerdings bin ich auf die Methode nach Bobath spezialisiert und nicht auf Voita."

„Wunderbar, dann sind wir hier richtig! Ich hätte auch lieber, dass Benny nach Bobath turnt. Wir haben so gute Erfahrungen von anderen Down-Kindern gehört, die nach Bobath geturnt haben." Die Krankengymnastin hat selbst ein Kind, das nur wenige Wochen jünger ist als Benny. Daher verstehen wir uns auf Anhieb sehr gut.

Ich will, wenn es uns möglich ist, verhindern, dass Benny nur deshalb ins Krankenhaus kommt, weil er nicht richtig trinkt. Dort würde er wieder eine Magensonde bekommen und irgendwann würden sich alle Probleme wiederholen. So lassen wir ihn erst einmal so viel trinken, wie er kann, und geben ihm den Rest mit der Spritze in den Mund. Ich hasse diese Methode, denn Benny schreit bei jeder Mahlzeit. Die Mahlzeiten werden für uns alle drei zum Horror, aber die Methode bringt Erfolg: Benjamin nimmt zu!

Als ich das nächste Mal bei der Ärztin bin, ist sie ganz erstaunt, wie gut Benjamin aussieht: „Er hat jetzt eine ganz tolle Gesichtsfarbe und man sieht, dass er zugenommen hat. Ich habe trotzdem für Sie für nächsten Mittwoch einen Termin im Krankenhaus abgemacht. Um neun Uhr sollen Sie da sein."

Bis zu unserem Termin im Krankenhaus hat Benny noch mal kräftig zugelegt. Und auch mit seinen Fertigkeiten macht er jeden Tag mehr Fortschritte. Dennoch fahre ich an dem abgesprochenen Termin dorthin. Erst einmal müssen wir warten und während wir da sitzen, passiert für mich ein kleines Wunder: Benjamin trinkt eine ganze Flasche Milch auf Anhieb aus. Das ist so noch nie passiert. Endlich werden wir aufgerufen. Die Oberärztin untersucht Benjamin. Dann wendet sie sich zu mir: „Warum sind Sie eigentlich hergekommen? Der Junge sieht doch gut aus. Seine Herzsituation ist unverändert." Ich erkläre ihr, dass sich die Kinderärztin unsicher ist, weil sie noch gar nichts Schriftliches von der Klinik hat, und dass sie wollte, dass jemand, der Benny kennt, ihn sich noch einmal ansieht. Die Oberärztin sagt dazu nichts, meint aber, dass wenn wir schon mal hier sind, wir auch noch schnell eine Ultraschalluntersuchung von Bennys Herz machen können.

Also setzen wir uns wieder auf den Flur und warten. Im Warteraum steht eine Wickelkommode, wo ich Benny eine neue Windel umlege. Eine ältere Frau sitzt mit ihrem schon erwachsenen Kind daneben. Die junge Frau hat das Downsyndrom, das sieht man ihr an. Also spreche ich die Mutter darauf an. Ich erzähle ihr, dass Benjamin auch das Downsyndrom hat. Daraufhin kommt die Mutter an den Wickeltisch: „Das sieht man ihm aber kaum an. Ich habe ja schon viele Down-Kinder gesehen, aber so wenig habe ich es noch keinem Kind angesehen. Sicher, wenn man es weiß, erkennt man es doch." Dabei spielt sie etwas mit seinen Händen: „Der hat ja richtig Kraft in den Händen. Und seine Zunge kann er gut kontrollieren. Die meisten Down-Kinder haben ihren Mund immer offen und lassen die Zunge heraushängen. Passen Sie mal auf, der wird sich richtig gut entwickeln. Bei ihm ist die Behinderung nicht stark ausgeprägt, das sehe ich ihm an!" So etwas höre ich als Mutter natürlich gerne, aber als absolute Wahrheit will ich es nicht ansehen. Ich will keine überhöhten Erwartungen an Bennys Entwicklung stellen. Ich will meine Kraft dafür investieren, das Beste aus ihm herauszuholen. Was dann an Entwicklung nicht da ist, ist eben nicht vorhanden. Das ändert an unserer Liebe zu Benny nichts.

Eine Schwester sagt uns, dass es mit dem Ultraschall noch zwei Stunden dauern kann. Also packe ich Benjamin ein und gehe den Flur weiter, der auf unsere alte Station führt. Als die Schwestern Benjamin sehen, kommen sie alle auf den Flur gelaufen, nehmen ihn aus dem Kinderwagen und reichen ihn herum. Auch die AiPlerin will ihn einmal halten: „Der hat sich aber gut entwickelt! Du hast zugenommen und den Kopf kannst du auch schon halten. Das ist ja toll!"

Lange bleibe ich nicht auf der Station. So stark ist unser Heimweh hierher nicht! Nach zwei Stunden sitzen wir wieder vor dem Ultraschallraum und warten. Einige Leute wurden schon nach Hause geschickt. Als Allerletzte kommen wir um fünf Uhr trotzdem noch dran. Es ist mal wieder unser „Freund" Dr. Hübner, der die Untersuchung macht. Doch heute ist er einigermaßen freundlich und erklärt mir sogar das Ultraschallbild. Aber gegen Ende der Untersuchung kommt seine sadistische Ader wieder zum Vorschein: „Ein kleines Loch im Herzen ist noch übrig geblieben. Benjamin muss sein Leben lang die ganzen Medikamente nehmen und wahrscheinlich geht das Loch nie zu, sondern wird noch größer, sodass er noch mal operiert werden muss." Mir platzt fast der Kragen: „Also Ihre Kollegen haben mir das aber anders erklärt. Sie haben gesagt, dass das Loch sehr wahrscheinlich zuwächst mit der Zeit und dass Benny die Medikamente dann nicht mehr braucht!" Darauf sagt der Arzt nur: „Ist auch möglich. Wenn meine Kollegen das sagen." Ich bin froh, als ich da raus bin.

Wir gehen über die Station zum Ausgang. Gerade als wir die Station verlassen wollen, kommt der Stationsarzt zur Tür herein. „Frau Steinebach! Ich habe schon gehört, dass Sie heute hier sind. Ich war den ganzen Tag auf der Chirurgie. Eigentlich habe ich jetzt auch keine Zeit, aber den Benjamin will ich doch noch mal sehen." Damit beugt er sich über den Kinderwagen. Benny liegt auf dem Rücken. Weil es so warm ist, habe ich ihn nicht zugedeckt. So spielt er ganz vergnügt mit seinem Holzspielzeug und strampelt dabei mit den Beinen. Der Arzt ist erstaunt: „Der sieht aber gut aus! Das freut mich aber!"

Als ich das nächste Mal bei der Kinderärztin bin, hat sie den Bericht aus dem Krankenhaus bekommen: „Ich gebe Ihnen den Bericht mit, sodass Sie für andere Ärzte auch mal etwas in der Hand haben. Sie können ihn ja kopieren und bringen ihn mir das nächste Mal wieder mit." Kaum bin ich aus der Praxis heraus, setze ich mich mit Benny auf eine Bank und lese den Bericht. Die meisten Dinge weiß ich schon. Doch ein paar Mal muss ich doch schlucken. Im Bericht steht, dass in Benjamins Blut Antikörper gegen Hepatitis gefunden wurden. Jedoch wurde eine aktive Infektion ausgeschlossen. Also doch die Blutkonserven! Kurz vor der Entlassung habe ich den Arzt gebeten, bei Benny noch einen HIV-Test zu machen. Fast alle Mütter, deren Kinder entlassen wurden, haben diesen Test verlangt. Bei allen anderen Kindern wurde er auch gemacht, nur bei Benjamin nicht. „Unsere Spenderbank ist so sicher, dass da gar nichts passieren kann", sagte der Arzt damals. „Alle Spender werden nach einiger Zeit wieder überprüft. Wenn dann bei einem Spender eine Infektion festgestellt wird, werden alle Leute überprüft, die von ihm Blut bekommen haben. Das heißt, wenn bei einen Spender etwas auftritt, werden Sie informiert. Jetzt ist die Untersuchung für uns zu teuer." Ja, mit Benny können sie es ja machen!

Das zweite Mal muss ich stutzen, während ich den Bericht aus dem Krankenhaus lese, als irgendetwas mit der Leber erwähnt wird. Das ist jedoch so unkonkret erklärt, dass ich nicht weiß, worum es da eigentlich geht.

Der Brief endet damit, dass der Arzt schreibt: „Seit Mai 1994 haben Herr und Frau Steinebach ein Pflegeanbahnungsverhältnis zu dem Kind begonnen. Sie kümmerten sich liebevoll um alle Belange des Kindes, wie es leibliche Eltern tun würden. Nach der Entlassung des Kindes nehmen sie es in ihren Haushalt auf."

Es wundert mich, dass der Arzt das so erwähnt.

Endlich ist es auch so weit, dass die Frühförderung beginnt. Zweimal in der Woche kommt die Therapeutin morgens um acht Uhr für eine halbe Stunde zu uns. Meistens wird es allerdings doch eine ganze Stunde, weil wir noch so lange quatschen. Die Frühförderin setzt sich mit Benny auf den Boden, zieht ihn erst einmal bis auf die Windel aus und fängt dann an, ihn zu massieren: „Down-Kinder haben oft ein gestörtes Empfindungsvermögen. Deshalb ist es ganz wichtig, die Haut zu sensibilisieren. Sie müssen ganz viel über die Haut erleben." Ich sitze den beiden gegenüber. Ich will nicht, dass Benjamin mich sieht und dabei abgelenkt ist, und ich will nicht meine Hausarbeit weitermachen und mit dem Geklapper stören. Außerdem kann ich viel lernen, wenn ich bei der Frühförderung zusehe. Ich achte jetzt viel mehr auf die Berührungen, die ich Benny gebe, obwohl ich schon vorher viele Dinge automatisch so gemacht habe, wie sie mir jetzt empfohlen werden. Die Therapeutin hat oft ein Säckchen dabei, in dem viele unterschiedliche Materialien drin sind. Da ist ein Gummiball mit Noppen oder glänzendes Lametta oder einfach Kinderspielzeug, das sich dreht oder auffällige Farben hat. Und gerne spielt Benny mit einer dicken Kette, die sie mitgebracht hat. Mit diesen Dingen wird die Koordination der Hände geübt. Das Greifen kann Benjamin schon ganz gut, aber er muss oft noch lange suchen, bis er etwas erwischt hat, was er greifen kann.

Die Krankengymnastik empfinde ich als sinnvolle Ergänzung zur Frühförderung. Da wird versucht Benny beizubringen, die Hände an den Mund zu führen. Damit hat er noch große Schwierigkeiten. In Bauchlage klappt das schon. Auf diese Weise ist Benny ein Daumenlutscher geworden. Ich finde das nicht so schlimm, da er inzwischen den Schnuller komplett ablehnt. Doch in Seiten- oder Rückenlage versucht Benny es nicht einmal, mit der Hand seinen Mund zu finden. Wenn ich ihn auf dem Arm habe, übe ich das immer mit ihm.

Doch sowohl bei der Frühförderung wie auch bei der Krankengymnastik gibt es gute Tage, an denen Benny viel mitmacht, und schlechte Tage, an denen sich Benny verweigert. Morgens und abends turnen Matthias und ich mit Benjamin. Ich zeige Matthias die Übungen, die mir die Krankengymnastin gezeigt hat. So kann auch Matthias mit Benjamin turnen.

Mit zweimal in der Woche Frühförderung und zweimal Krankengymnastik ist fast an jedem Tag etwas los. Doch allmählich wird es zur Routine. Wir haben einen festen Tagesrhythmus. Der Tag fängt meistens um fünf oder sechs Uhr an, je nachdem, wann Benny Hunger bekommt. Dann füttere ich ihn. An den Tagen, wo keine Frühförderung ist, schlafen Benny und ich noch ein paar Stunden. Wenn Benjamin dann wach ist, hole ich ihn zu mir ins Bett zum Schmusen. Nachts schläft er neben unserem Bett in seinem Stubenwagen. Ich möchte gar nicht erst anfangen, ihn in der Nacht zu uns ins Bett zu holen. Erstens ist es unglaublich schwer, Kindern das später wieder abzugewöhnen, zweitens habe ich Angst, ihn während des Schlafes zu erdrücken, und drittens kann ich selber nicht schlafen, wenn noch ein Kind mit im Bett ist.

Samstags und Sonntags schmusen wir entweder zu dritt im Bett oder Matthias macht Schmusestunde mit Benny. So kommen sich die beiden näher. Benjamin liegt dann neben seinem Papi und versucht seine Nase zu packen oder krault ihm im Bart rum. Oft endet das damit, dass beide nebeneinander wieder einschlafen.

Den Vormittag verbringen Benny und ich mit Einkaufen, den Haushalt in Ordnung bringen und den vielen anderen Dingen, die so anstehen. Oft schläft Benjamin noch, wenn wir vom Einkaufen zurückkommen. Dann trage ich ihn im Kinderwagenoberteil die 56 Stufen bis zu unserer Wohnung hoch und stelle ihn auf den Balkon, wo er an der frischen Luft weiterschläft.

Nach dem Mittagessen wird er wieder müde, kein Wunder, bei dem Theater, das er jedes Mal veranstaltet! Dann lege ich ihn in den Stubenwagen und stelle den Stubenwagen auf den Balkon. Und wenn wir am Nachmittag keine Krankengymnastik haben, warten wir auf den Papi, um mit ihm noch etwas spazieren zu gehen. Dann ist es immer Matthias' Aufgabe, den Kinderwagen zu schieben. So ist Benny pro Tag mindestens fünf Stunden draußen, es sei denn, es regnet mal.

Vor dem Abendbrot wird Benny gebadet. Ich bade ihn fast jeden Tag, denn er mag es unglaublich gerne. Außerdem gibt es kaum was Besseres als Wasser, was die gesamte Hautoberfläche zu spüren bekommt. Im Wasser wird Benny immer ganz vergnügt und strampelt wie ein Wilder mit den Armen und Beinen.

Wenn Matthias zu Hause ist, spielt er viel mit Benny. Er mag es nicht, wenn Benjamin alleine in der Wippe liegt, selbst wenn er dabei bei mir in der Küche steht. Dann setzt er sich zu ihm und zeigt ihm, was man mit den Figuren vom Spielreck alles machen kann. Mir fehlt am Abend oft die Zeit zum Spielen, weil ich das Essen vorbereiten muss und für Ordnung sorgen will. Mir fehlt auch die Geduld dazu, mich neben so ein Spielreck zu setzen und den Figuren irgendwelche Quietschtöne zu entlocken. Ich nehme Benny lieber auf den Schoß und zeige ihm, was er mit den Händen oder Füßen alles machen kann. Aber ich bin froh, dass Matthias die Geduld hat, auch solche Dinge mit Benny zu machen. Er legt sich auch zu ihm auf die Krabbeldecke und spielt dort mit ihm. Und Benjamin weiß genau, wenn der Papi kommt, ist Zeit zum Spielen.

So um zehn Uhr abends bekommt Benny seine letzte Mahlzeit für diesen Tag. Matthias liegt dann schon oft im Bett. Schließlich beginnt für ihn der nächste Tag morgens um fünf Uhr. Das Läuten des Weckers höre ich schon gar nicht mehr, aber wenn Benjamin mitten in der Nacht den Kopf anhebt, bin ich hellwach.

Wir lieben dieses Familienleben. Sonntagmorgens liegen Matthias und ich oft wach und lauschen eine Weile dem Rascheln von Bennys Windel, wenn er mit den Beinen strampelt und seine „Mhhm"-Laute von sich gibt.

Unser Leben hat sich total verändert. Auch wenn wir vorher schon glücklich miteinander waren, ist das kein Vergleich zu dem Glück, das wir jetzt empfinden. Wir nehmen dieses Glück als ein Geschenk von Gott an.

Wir haben nicht vergessen, wie sehr sich Professor Krause für uns eingesetzt hat. So fragen wir ihn, ob wir mal vorbeikommen und ihm unseren Sohn vorstellen dürfen: „Das würde mich sehr freuen! Den kleinen Spatz möchte ich doch auch gerne mal kennen lernen." So machen wir einen Termin bei ihm. Wir werden sehr herzlich von ihm begrüßt. Matthias hat Benny auf dem Arm und reicht ihn an Professor Krause weiter. Der setzt sich erst einmal mit Benjamin auf einen Stuhl, hält ihn so, dass sie sich ins Gesicht sehen können und spricht mit ihm.

Benjamin guckt ihn ein oder zwei Minuten still an und fängt dann an, mindestens zehn bis fünfzehn Minuten ununterbrochen zu erzählen. Ich muss über den ernsthaften Gesichtsausdruck von Benny schmunzeln. Es ist, als würde er dem Professor sein ganzes Leben erzählen. Die Mimik, die er dabei macht, lässt erkennen, ob er gerade bei einer schönen oder nicht so schönen Stelle angelangt ist. Matthias und ich sehen uns erstaunt an. So viel hat Benjamin in seinem ganzen Leben noch nicht erzählt. Bei Fremden sagt er meistens gar nichts. Aber ich kann Benny gut verstehen. Professor Krause hat erstens eine sehr angenehme Stimme und ist zweitens unglaublich lieb zu ihm. Dem würde ich auch alles sagen. Wer weiß, vielleicht braucht er später noch mal einen Verbündeten gegen seine Eltern.

„So, nun will ich dich mal so richtig angucken", sagt Professor Krause zu Benny. Dabei legt er ihn auf die Untersuchungsliege, zieht ihn selber aus, untersucht ihn und zieht ihn auch selber wieder an. Das habe ich noch bei keinem anderen Arzt erlebt, dass er selber die Kinder an- und auszieht. Während der ganzen Zeit führen er und Benny ihr Gespräch weiter. Erst nach der Untersuchung legt mir der Professor Benny wieder in den Arm: „Das ist ja ein außergewöhnlich süßes Kind! Ich freue mich so mit euch. Ihr habt das wirklich verdient."

Wir bedanken uns bei Professor Krause und verabschieden uns. Beim Abschied sagt er noch: „Meine Frau wird staunen, wenn ich ihr erzähle, wer mich heute besucht hat. Sie fragt mich immer wieder nach Benjamin. Nun kann ich ihr endlich mehr erzählen."

Von diesem Mann sind wir jedes Mal wieder neu begeistert. Er hat eine Ausstrahlung, die ergreifend ist. Nach allem, was wir mit Ärzten mitgemacht haben, gibt uns dieser Mann den Glauben an die Ärzteschaft wieder. Naja, wir wissen natürlich, dass man keinen Arzt mit einem anderen vergleichen kann, aber langsam hatten wir wirklich den Eindruck, es gibt kaum noch Ärzte, die es gut mit ihren Patienten meinen.

Die gute Laune, die Benjamin bei Professor Krause bekommen hat, hält noch den ganzen restlichen Tag an. Auf der Rückfahrt hört Benny nicht auf zu erzählen.

Wir stehen immer noch im engen Kontakt mit dem Jugendamt. Es gibt so viele offizielle Dinge zu regeln. Da ist der Streit mit der Krankenkasse. Die Krankenkasse wollte eine Bestätigung des Arztes aus dem Krankenhaus haben, dass Benjamin nach Hause entlassen wurde. Also haben wir eine Kopie des Entlassungsbriefes dort vorbeigebracht. „Das können wir nicht akzeptieren", wurde uns von den Mitarbeitern der Krankenkasse mitgeteilt. „Wir brauchen ein Bestätigungsformular, dass das Kind entlassen wurde." Das Problem ist, dass es so ein Formular gar nicht gibt. Und wenn es erfunden würde, stünde da nichts anderes drauf als auf dem Entlassungsbrief. Es war also deutlich, dass die Krankenkasse Benjamin eigentlich gar nicht aufnehmen wollte. Erst als Matthias drohte, die Kasse zu wechseln, bekamen wir innerhalb einer halben Stunde telefonisch die Bestätigung, dass Benny aufgenommen ist.

Solche Dinge gilt es dann dem Jugendamt mitzuteilen. Wir haben Frau Schulz zu einem Hausbesuch eingeladen. Sie hat sich unglaublich gefreut, dass es Benjamin so gut geht. Er fängt jetzt aber auch kräftig zu erzählen an. Am liebsten liegt er in der Hängematte, die wir quer durch die Wohnung spannen, fasst mit jeder Hand eine Seite der Hängematte an und zieht sie über seinem Gesicht auf und zu. Dabei babbelt er fröhlich vor sich hin. Seine Lieblingsworte sind „öhröh" und „abu".

Ein paar Wochen später teilt uns Frau Schulz mit, dass die Entscheidung nun endgültig gefallen ist. Sie wird in eine andere Abteilung versetzt. Nun wird wieder die Frau für uns zuständig sein, die es eigentlich von Anfang an war. Da wir sie kennen, sind wir beruhigt. So laden wir die beiden Damen vom Jugendamt zu einem gemeinsamen Hausbesuch ein. Diese Einladung nehmen sie gerne an. Ich backe einen Kuchen, schließlich soll die Atmosphäre nicht so trocken sein. Bei einer Tasse Tee und einem Stückchen Kuchen lässt es sich auch besser erzählen.

Es ist ein wirklich netter Nachmittag. Frau Schulz erzählt uns, dass Benjamins Vater noch einmal bei ihr war. Weil wir Benny bisher noch nicht adoptiert haben, sondern noch als Pflegekind betreuen, hat er Angst, dass wir irgendwann einmal sagen: „Nun wollen wir ihn nicht mehr! Jetzt können sich die leiblichen Eltern drum kümmern." Der Vater wollte ein Schriftstück mit ganz vielen Stempeln haben, in dem wir ihm versprechen, dass er Benny niemals zurücknehmen muss. Natürlich gibt es so ein Formular gar nicht. „Sie können dem Mann sagen, dass wir Benjamin so sehr lieben, als wäre er unser leiblicher Sohn", sage ich und Matthias fügt hinzu: „Wir können uns ein Leben ohne Benny gar nicht mehr vorstellen. Er gehört doch zu uns!" Die beiden anderen atmen auf: „So haben wir es dem Vater auch erklärt. Wir haben ihm gesagt, dass Sie das Kind wie Ihr eigenes aufgenommen haben. Wenn Sie einmal ganz viel Mut haben, können Sie ihm das ja in einem Brief schreiben, den wir weitervermitteln." Das habe ich auch vor, aber so eilig habe ich es damit nicht.

Ein bisschen wehmütig sind wir doch, als Frau Schulz geht. Die ganze schwere Zeit stand sie an unserer Seite. So etwas verbindet doch.

Seit wir Benny haben, sind wir auf der Suche nach einer größeren Wohnung. Jetzt, wo Benjamin zu Hause ist, intensivieren wir die Wohnungssuche. Jeden Sonntag holen wir die Zeitung. Wir haben schon bestimmte Vorstellungen. Es sollte auf jeden Fall eine Dreizimmerwohnung sein. Sie sollte einigermaßen ruhig liegen, also nicht direkt in der Stadtmitte, und sie soll einen Balkon oder Garten haben.

Doch bei den meisten Dreizimmerwohnungen haben wir von Anfang an keine Chance. Entweder ist die Miete so hoch, dass Matthias Doppelschichten einlegen müsste, um die Miete zahlen zu können, oder die Anzeigen lauten etwa so: „Große Dreizimmerwohnung, ruhige Lage mit Garten, an allein stehende Frau ab 40 zu vermieten“, oder „... an Ehepaar mittleren Alters zu vermieten.“ Bei diesen Anzeigen ist von vornherein klar, dass Kinder nicht erwünscht sind.

Dann gibt es Anzeigen, die sich wirklich verlockend anhören und die keine kinderfeindlichen Andeutungen enthalten, aber wenn wir da anrufen, werden wir gefragt:

„Mit wie viel Personen wollen Sie einziehen?“

„Mit drei Personen.“

„Wie alt ist das Kind?“

„Er ist ein halbes Jahr alt.“

„Ach du Schreck, ein Säugling! Nein, kleine Kinder wollen wir nicht im Haus haben!“

Einige Wohnungen können wir uns trotzdem ansehen. Aber es sind irgendwie nur selten die richtigen dabei.

Doch es gibt auch Wohnungen, die uns gefallen. Da ist eine Erdgeschosswohnung, ganz abgelegen. Hinter dem Haus fangen Kuhwiesen an. Ein kleines Stückchen Garten gehört zu der Wohnung dazu. Der Flur ist so groß, dass Benjamin später mit einem Bobbycar durch die Wohnung flitzen kann. Die Maklerin sagt uns, dass der Besitzer sehr kinderfreundlich ist, er wohnt im Haus nebenan. Wir vereinbaren ein Gespräch mit ihm. Benjamin haben wir immer dabei. Wir möchten ihn noch nicht so gerne bei einem Babysitter lassen. Doch man merkt Benny seine Behinderung schon an und ich denke, das ist der Grund, weshalb wir die Wohnung nicht bekommen haben. Als der Vermieter uns auf Bennys Behinderung anspricht, verhält er sich etwas seltsam.

Eine andere Wohnung würden wir auch sehr gerne nehmen. Auch sie ist ebenerdig. Ein großer, abgeschlossener Hof mit Garten und ein eigener Hauseingang gehören zu der Wohnung dazu.

Auf der Wiese stehen schon ein Tisch und zwei Bänke und ein kleines Gartenhaus. Das Kinderzimmer liegt direkt neben dem Schlafzimmer. Diese Wohnung wäre einfach ideal für uns! Mit uns zusammen sieht sich ein anderes Paar die Wohnung an. Wir hören, wie sie zum Vermieter sagen: „Die Wohnung ist einfach ideal für uns. Das Zimmer neben dem Schlafzimmer ist wie geschaffen für unseren Hund!" Der Vermieter antwortet: „Ja ja, so ein Tier braucht auch Platz, das kann ich gut verstehen."

Ich weiß nicht, ob dieses Paar die Wohnung bekommen hat, wir haben sie leider nicht bekommen. Das bedeutet, unsere Wohnungssuche muss weitergehen.

Noch ist es mit der neuen Wohnung nicht so dringend, denn Benjamin passt noch sehr gut in den Stubenwagen rein. Erst wenn er da rausgewachsen ist, wird es schwierig. In unser Schlafzimmer passt sein Kinderbett nicht rein.

Das heißt, wir müssen es im Wohnzimmer aufstellen. Doch das geht auch nicht, weil Benny dann nie zur Ruhe kommt. Schließlich haben wir abends ab und zu auch mal Besuch.

Wir besuchen Matthias auf der Arbeit. Matthias freut sich wirklich, dass wir da sind. Er nimmt Benjamin auf den Arm und geht mit ihm zu seinen Kollegen. Das Hallo, das sie veranstalten, ist groß. Die Frauen wollen Benny natürlich alle einmal auf den Arm nehmen und die Ärzte testen gleich Bennys Reaktionsfähigkeit oder was man so auf die Schnelle noch alles testen kann. Dass unser Kind behindert ist, wissen die meisten schon. Ich habe Angst, dass Benny bei so viel Trubel anfängt zu weinen, doch das Gegenteil ist der Fall. Er scheint es zu genießen, im Mittelpunkt zu stehen, und fängt an zu erzählen. Matthias ist so stolz auf seinen Sohn. Ich freue mich, dass ich diesen Besuch gemacht habe.

Der Samstag ist bei uns der ruhigste Tag in der Woche. Wenn Matthias keinen Bereitschaftsdienst hat, muss er nicht arbeiten, und selbst wenn er Bereitschaftsdienst hat, muss er nur sehr selten arbeiten. Er hat dann immer einen Pieper bei sich, mit dem er jederzeit erreichbar ist. Aber so können wir trotzdem zum Gottesdienst gehen. Der Gottesdienst gehört für uns zum Samstag dazu. Man hat endlich mal die Ruhe, sich mit anderen über Fragen aus der Bibel zu unterhalten. Musik ist ein fester Bestandteil unseres Gottesdienstes. Und nicht zuletzt gehen wir gerne in den Gottesdienst, weil man da viele andere Leute trifft. Einer der ganz besonderen Gottesdienste ist der Jugendgottesdienst. Alle Jugendlichen aus dem hohen Norden treffen sich in einer Gemeinde. Dieses

Jahr ist unsere Gemeinde dran. Der Gottesdienst verläuft anders als gewohnt, eben etwas jünger und lockerer. Danach ist ein gemeinsames Mittagessen angesagt. Hier haben wir endlich die Möglichkeit, alte Freunde zu treffen und neue Bekanntschaften zu machen.

Hier treffe ich auch Martin wieder. Martin und zwei seiner Schwestern habe ich auf einer Jugendfreizeit in Ungarn kennen gelernt, wenige Monate, bevor mir Matthias das erste Mal begegnet ist. Von Anfang an war ich fasziniert von dem Umgang von den drei Geschwistern. Jeder schien stolz auf den anderen zu sein. Der Satz „Das ist mein Bruder“ oder „Das ist meine Schwester“ wurde mit solch einem Stolz gesagt, wie ich es vorher bei Geschwistern noch nie erlebt habe. Später erzählte mir Martin dann, dass er eines von sechs Pflegekindern in der Familie ist. Nur die beiden Mädchen, die ich ja nun auch kannte, wären die leiblichen Kinder der Eltern. Voller Stolz erzählte mir Martin damals von dem jüngsten Pflegekind der Familie, einem anderthalbjährigen Negerjungen. Damals ist in mir der Entschluss gereift: Ich möchte auch gerne einmal Kindern eine Familie geben, die sonst keine hätten. So ist Martin mit seinen Schwestern im Grunde genommen an unserem jetzigen Glück „schuld“.

Nun freue ich mich aber, dass ich Martin und seinen Schwestern unseren Benjamin vorstellen kann.

Der Nachmittag ist ausgefüllt mit Spielen und Gesprächen, einer Andacht und Gebeten. Benny ist das kleinste Kind, das den ganzen Tag dabeibleibt. Einer der Pastoren hat von Benjamin erfahren und kommt zu mir, um sich nach Benny zu erkundigen. Ich weiß nicht, wie oft ich schon von dem Wunder von Bennys Operation erzählt habe. Doch es ist mir ein Bedürfnis zu erzählen, was Gott für uns getan hat.

Am Abend ist ein Gospelkonzert. Wir sitzen mit Benjamin ganz hinten, sodass wir schnell aus dem Saal gehen können, falls er anfängt zu schreien. Wenn der Beifall losgeht, ist es ganz schön laut. Doch Benjamin scheint das nicht zu stören. Ich glaube, er mag die Musik. Naja, Musik ist Benny schließlich gewohnt. Bei uns läuft ständig der CD-Spieler oder der Kassettenrekorder. Und wenn wir keine Musik anhaben, dann singen wir eben selber. Wir haben für Benjamin eine CD für ganz kleine Kinder geholt. Vor dem Schlafengehen singen Matthias und ich ihm gemeinsam ein Schlaflied vor.

Ich habe selber ein Lied für Benjamin geschrieben: „Kleiner

Junge, du bist hier und wir, wir leben nun mit dir. Du bist unser Sonnenschein und strahlst in unser Herz hinein. Kleiner Junge, lache froh, wer andre anlacht, freut sich so. Auch du wirst einmal groß und stark, ein Mensch, so wie ihn jeder mag. Du bist ein Kind von Gott gemacht, er hat voll Liebe an dich gedacht." Dieses Lied singe ich ihm oft vor, sodass es wohl inzwischen zu seinem Lieblingslied geworden ist. Mit diesem Lied lässt er sich zumindest am schnellsten beruhigen.

Es ist zumindest nicht verwunderlich, dass Benny auf dem Gospelkonzert lieber dem Sänger zuhört, anstatt selber ein Konzert zu geben. Am Schluss des Konzertes geht der Pastor, mit dem ich mich am Nachmittag unterhalten habe, nach vorne. Er sagt: „Diese Musik wurde von Menschen gemacht, die Gott erlebt haben. Gott kann jeden Menschen ansprechen und sein Herz erneuern. Unter uns ist einer, der jünger ist als wir alle ..." Ich ahne Schlimmes. „Er ist noch keine sechs Monate alt ..." Ich drehe mich verzweifelt zu Matthias um. Er zuckt mit den Schultern. „Doch Gott hat ihm ein neues Herz, ein neues Leben geschenkt, unserem Benjamin." Alles dreht sich zu Matthias um. Es ist eindeutig, dass unser Kind gemeint ist, denn ein anderer Kinderwagen ist nirgendwo zu sehen. Ich bin froh, dass ich jetzt nicht da hinten sitze. Mir ist das ein bisschen peinlich. Ich mag das nicht, wenn man vor so vielen Leuten auffällt. Aber eigentlich wollte der Pastor nur, dass alle Jugendlichen wissen, dass Gott auch heute noch in unserem Leben Wunder tut. Und dafür ist Benjamin halt das beste Beispiel.

So langsam stellen sich unsere Freunde bei uns ein.

Die Ersten, die uns aus weiterer Entfernung besuchen kommen, sind Jens und Claudia mit ihrer zehn Monate alten Tochter Merle. Jens und Matthias haben mit zwei anderen Jungs in Berlin eine Musikgruppe gebildet. Sie haben sich ihre Lieder selber geschrieben und sind damit auf kleinere Konzerttourneen gegangen. Alle schwärmen noch von dieser schönen Zeit. Selbst ich fand die Zeit schön, obwohl ich die vielen Proben der Gruppe „Live 4 Life" in unserem Wohnzimmer ertragen musste. Nun wohnen wir alle in unterschiedlichen Städten und das war das Aus für die Gruppe. Dennoch haben wir noch Kontakt zu allen Mitgliedern. Aber das Meiste verbindet uns mit Jens und Claudia und seitdem wir Benny haben, mehr denn je.

Mit seinen sechs Monaten kann Benny inzwischen schon ganz gut sitzen. Für uns ist der Entwicklungsstand, den er hat, fast normal.

Das kommt sicher daher, dass wir nicht viele Vergleichsmöglichkeiten haben. Objektiv gesehen ist Benjamin in seiner Entwicklung den anderen Kindern in seinem Alter natürlich weit hinterher. Aber wir wollen ihn auch gar nicht mit anderen Kindern vergleichen.

Bisher war Benny immer ein relativ unkompliziertes Kind, wenn man von den Problemen mit dem Essen absieht. Manche Mahlzeit bringt mich fast an den Rand eines Nervenzusammenbruchs. Es ist schwer, dabei nicht die Geduld zu verlieren. Nun fängt Benny an, die Nacht zum Tag zu machen. In manchen Nächten wacht er jede halbe Stunde auf und will etwas trinken, allerdings immer nur 20 Milliliter. In der Woche stehe ich nachts immer auf, um Benny zu versorgen. Matthias muss morgens immer so früh aufstehen, dass ich ihm die Nächte nicht auch noch zumuten will. Er kann sich am Tag schließlich nicht hinlegen und den Schlaf nachholen, wenn es nötig ist. Doch in diesen Nächten, wo Benjamin so oft schreit, bitte ich nach dem zehnten Mal, dass Matthias mir ein oder zwei Runden abnimmt. Kaum haben wir diese Zeit hinter uns, bekommt Benny Durchfall und Fieber. Mit seiner Zunge leckt er dauernd an seinem Zahnfleisch rum. Ich denke, er bekommt Zähne. Matthias und ich wechseln uns in der Nacht ab. Wir sitzen mit Benny im Schaukelstuhl und halten ihm den gekühlten Beißring in den Mund. So hält er die Schmerzen besser aus. Das ist nun ein Nachteil, dass Benjamin die Hand noch nicht zum Mund führen kann.

Natürlich ist es eine Nacht von Freitag auf Samstag, in der Benny Durchfall und Fieber bekommt! Matthias sieht das nicht so tragisch: „Das ist nun mal so, wenn Kinder Zähne bekommen." Auch Anke, die ich spät abends noch anrufe, beruhigt mich: „Sven hat zu der Zeit auch Durchfall und Fieber gehabt. Das ist nichts Besonderes. Besorg dir mal Oralpädon. Das hilft ganz gut." Für die Nacht bin ich etwas beruhigter, doch als Benny am nächsten Morgen noch stärkeren Durchfall bekommt, beschließe ich, bei der Kinderärztin anzurufen. Es ist nur der Anrufbeantworter dran, doch der sagt, unter welcher Nummer die Ärztin in dringenden Fällen zu erreichen ist. Ich rufe sie also an und schildere ihr die Situation. Sie bittet mich, mit Benny in die Praxis zu kommen. Dort untersucht sie ihn: „Ich denke, es ist nichts Schlimmes. Man sieht von den Zähnen zwar noch nichts, aber es kann sein, dass sie gerade in den Kiefer einschießen. Dabei haben viele Kinder Durchfall und Fieber. Ich verschreibe Ihnen etwas gegen den Durchfall:

Oralpädon und Perenterol. Wenn der Durchfall nicht gleich aufhört, müssen Sie sich keine Sorgen machen. Das kann ein Kind schon mal ab. Erst wenn er nichts mehr trinkt und der Durchfall mehrere Tage anhält, kommen Sie wieder zu mir. Aber wenn Sie sich große Sorgen machen, bin ich jederzeit erreichbar."

Es tut mir Leid, dass ich die Ärztin aus dem Wochenende geholt habe, aber ich bin jetzt doch beruhigter. So schlimm scheint es ja nicht zu sein. Zum Glück hat die Apotheke noch auf, sodass ich gleich die Medikamente mitnehmen kann. Der Durchfall ist so auch am Abend schon überstanden.

Einige Tage später ist wieder Frühförderung angesagt. Benjamin geht es heute ausgesprochen gut. Selbst die Therapeutin findet, dass Benny selten so gut mitgearbeitet hat wie heute. Ich bin froh, dass er heute einen so guten Tag hat, denn übers Wochenende wollen wir zu Katja und Faris, das sind Freunde von uns, ins Wochenendhaus fahren. Sie haben uns und einige andere Freunde eingeladen. Katja hat mit Matthias zusammen ihre Ausbildung als Krankenschwester gemacht und Faris ist gerade mit seinem Medizinstudium fertig und hat als Arzt angefangen zu arbeiten.

Da Benny noch vor einigen Tagen Durchfall hatte, gehe ich vorsichtshalber noch mal zur Kinderärztin. Die Sprechstundenhilfe fragt mich, was ich möchte.

„Wir verreisen übers Wochenende und da Benny zurzeit scheinbar etwas zum Durchfall neigt, brauche ich noch etwas Oralpädon, falls der Durchfall am Wochenende wieder anfängt."

„Hat er denn jetzt Durchfall?"

„Nein, seit vorgestern hat er nichts mehr gehabt."

Die Sprechstundenhilfe fragt die Kinderärztin, ob sie Benjamin noch mal sehen will, doch die schreibt nur das Rezept aus und meint, dass alles okay ist, wenn es Benny gut geht.

So packe ich dann unsere Sachen für das Wochenende ein. Sobald Matthias von der Arbeit kommt, wollen wir losfahren. Ich bin ein bisschen im Stress und Benjamin scheint das zu merken. Er schläft den ganzen Vormittag nicht und auch auf den Mittagsschlaf verzichtet er heute. Deshalb wird er im Laufe des Vormittags auch etwas unruhig und weinerlich. Seine Zunge ist schon wieder laufend am Zahnfleisch beschäftigt. Die Zähne machen ihm zu schaffen. Und gegen Mittag setzt auch der Durchfall wieder ein. Ich zerdrücke ihm eine Banane, in der Hoffnung, dass sie stopfend wirkt. Doch nach einer Stunde hat es noch nichts gebracht. Also gebe ich ihm noch eine Banane und Oralpädon. Als Matthias nach Hause kommt, erkläre ich ihm: „Solange Benny noch den Durchfall hat, fahre ich nicht los." Matthias findet meine Reaktion übertrieben. Trotzdem versuche ich Katja und Faris zu erreichen, um ihnen zu sagen, dass es nicht sicher ist, ob wir heute noch kommen. Doch anscheinend sind sie schon losgefahren. Matthias geht mit Benny noch für eine Stunde spazieren, damit er einschläft. Als er wiederkommt, hat Benny etwas geschlafen und keinen Durchfall mehr. Also beschließen wir, nun doch noch zu fahren. Ich habe kein so gutes Gefühl dabei, aber wir können Katja und Faris nicht mehr erreichen, um abzusagen. Wir wollen nicht, dass sie in ihrem Häuschen sitzen und sich Sorgen machen und das womöglich ohne Grund. Bevor wir losfahren, bekommt Benny noch eine Flasche mit Oralpädon zu trinken. Matthias sitzt wieder hinten bei Benny, um ihn zu beruhigen, falls er unruhig wird. Die Zähne machen ihm heute wirklich viel zu schaffen. Wenn er nichts zu beißen hat, jammert er leise vor sich hin. Also hält ihm Matthias seinen Finger zum Kauen hin. Das gefällt Benny und er ist ruhig dabei. Matthias lacht: „Wenn er so weitermacht, habe ich bald keinen Finger mehr!" Jetzt, wo wir einmal losgefahren sind, fällt der ganze Stress von uns ab. Die Stimmung ist gut. Ich sage zu Matthias: „Komisch, Benny ist noch nicht einmal zwei Monate zu Hause und doch ist es schon völlig normal, dass wir mit Kind verreisen!"

Nach anderthalb Stunden stehen wir im Stau. Zudem müssen wir feststellen, dass wir uns verfahren haben. Also geht es ein gutes Stück wieder zurück. Inzwischen ist es dunkel geworden. Benny ist unruhig und schläft immer noch nicht. Ich halte auf einem Rastplatz an, um eine Salbe gegen die Zahnschmerzen aus dem Kofferraum zu holen. Auch die hat uns die Kinderärztin verschrieben. Als ich Bennys Zahnfleisch einreibe, erschrecke ich. Seine Nase ist ganz blau. „Wie ist das denn passiert?" Erklären können wir uns das beide nicht. Wahrscheinlich hat sich Benny sein Holzspielzeug gegen die Nase geschlagen. „Ach Spatz, du machst ja Sachen! Jetzt kommen wir da mit einem Kind an, das aussieht, als hätte es zu viel getrunken." Ich überprüfe noch schnell, ob Benny wieder Durchfall hat. Nein, da scheint alles in Ordnung zu sein. Heiß ist er auch nicht, sodass ich Fieber ausschließen kann. Also geht die Fahrt weiter. Kurz vorm Ziel, etwa zwei Stunden nachdem wir von zu Hause losgefahren sind, wird Benny endlich ruhig. „Schläft er?", frage ich Matthias. „Nein, er guckt so vor sich hin."

Endlich sind wir angekommen. Die anderen kommen aus dem Haus heraus, um uns zu begrüßen. Ich hole Benny aus seinem Kindersitz heraus. Er ist total geschafft und ganz schlapp. Ich wickle ihn. Nun hat er doch wieder etwas Durchfall. Nicht so stark wie heute Mittag, aber immerhin. Ich setze mich erst mal ins Wohnzimmer und gebe ihm etwas Oralpädon. Viel trinkt er nicht. Währenddessen bringt Matthias unsere Sachen in unser Zimmer. Das Ferienhaus ist urgemütlich und wir freuen uns, mal wieder alte Freunde zu sehen. Das Abendbrot wird etwas ausgedehnt und nachdem wir aufgeräumt haben, beschließen wir, noch einen Spaziergang zu machen. Ich hoffe, dass Benny dabei einschläft. Er hat ja heute kaum geschlafen, deshalb verwundert es mich nicht, dass er jetzt total schlaff im Wagen liegt. Er ist richtig apathisch. Doch auch auf dem Spaziergang schläft Benny nicht. Als wir nach Hause kommen, erschrecke ich. Benny ist glühend heiß. Ich messe seine Temperatur: 40°C. Ich versuche ihm etwas zu trinken zu geben, doch Benny schluckt nicht mehr.

Jetzt wird mir die Sache zu gefährlich und ich versuche einen Arzt zu erreichen. Doch der Dienst habende Notarzt sagt mir am Telefon, dass er unter Umständen erst in zwei bis drei Stunden kommen kann.

„Bis dahin ist mein Kind schon ausgetrocknet! Das kann lebensgefährlich für ihn sein!"

„Dann müssen Sie in ein Krankenhaus mit ihm."

„Das werde ich auch tun. Können Sie mir sagen, welches das nächste Krankenhaus ist, das eine Kinderstation hat?" Nein, das kann er auch nicht. Ich brauche noch fast eine halbe Stunde, bis ich herausgefunden habe, wo die nächste Kinderstation ist. Die Dienst habende Schwester am Telefon sagt mir, dass wir erst vom Notarzt eine Einweisung brauchen. Als ich ihr erkläre, dass der Notarzt erst in einigen Stunden kommen kann, besteht sie dennoch auf die Einweisung des Notarztes. Faris, der ja schließlich selber Arzt ist, erkennt den Ernst der Lage: „Schluss jetzt, wir setzen uns ins Auto und fahren los. Wenn wir erst mal da sind, dürfen sie uns gar nicht ablehnen."

Benny zeigt jetzt schon deutliche Zeichen von Austrocknung. Dabei ist es noch gar nicht so lange her, dass er etwas getrunken hat. Ich biete ihm noch mal etwas zu trinken an, bevor wir losfahren. Ich bin erstaunt, dass er sofort anfängt zu saugen und 200 Milliliter Tee mit Oralpädon auf einmal austrinkt. Trotzdem fahren wir zur Klinik.

Wir sind froh, dass Faris mitkommt. Da er Arzt ist, kann er uns in dieser Situation gut zur Seite stehen.

Es ist schon nach Mitternacht, als wir in der Klinik ankommen. Die Schwester von der Aufnahme ist stocksauer, dass wir nicht auf den Notarzt gewartet haben. Das Krankenhaus liegt auf dem Gebiet der ehemaligen DDR. Es scheint, dass seit dem Fall der Mauer hier nicht viel verändert wurde. Wir werden auf die Kinderstation gebracht und müssen dort im Behandlungszimmer auf den Arzt warten. Währenddessen misst eine Krankenschwester Fieber. Bennys Temperatur ist auf 39° C heruntergegangen. Das hängt wohl damit zusammen, dass er angefangen hat zu trinken. Während wir auf den Arzt warten, macht Benjamin mit seinem Mund Saugübungen. Das sieht so putzig aus, dass ich trotz der zentnerschweren Last, die auf mir liegt, lachen muss. Ich habe noch eine Flasche mit Tee dabei. Die gebe ich ihm. Innerhalb weniger Minuten hat er auch diese 200 Milliliter ausgetrunken. Nun verbessert sich sein Aussehen zunehmend. Die Austrocknungszeichen werden weniger. Was mir so große Sorgen macht, sind seine Augen. Er starrt mit beiden Augen immer nach oben links. Sonst wandern seine Augen immer neugierig im Raum hin und her. Außerdem ist sein ganzer Körper schlaff. Aber ich schiebe das immer noch darauf, dass er schließlich den ganzen Tag nicht viel geschlafen hat und inzwischen auch die halbe Nacht nicht.

Endlich kommt der Kinderarzt. Wir erzählen ihm, was los ist und erwähnen auch Bennys andere Krankengeschichte. Darauf sagt der Arzt: „Ach du Schreck, ein so krankes Kind habe ich noch nie gesehen."

Mir wird flau im Magen. Wie will er mein Kind denn dann richtig behandeln? Er horcht Benny erst einmal ab. Auf meine Frage, ob er etwas an der Lunge hört, antwortet er: „Nein, aber ich vermute, dass er eine Lungenentzündung hat. Irgendwo muss das Fieber ja herkommen." Ich widerspreche ihm vorsichtig: „Aber Benjamin hat keinen Husten. Ist es nicht völlig normal, dass die Körpertemperatur bei einer Austrocknung ansteigt? Zumal das Fieber ja mit der Flüssigkeitsaufnahme auch wieder sinkt. Außerdem fiebert Benjamin schnell sehr hoch. Das war im anderen Krankenhaus schon so."

Trotzdem besteht der Arzt auf eine Röntgenaufnahme der Lunge. Uns wird der Weg zur Röntgenabteilung beschrieben. Die Aufnahmen sollen wir mitbringen. Faris begleitet uns überall hin. Vor der offenen Tür zum Röntgenraum steht eine Bank. An der Tür hängt ein Schild: Bitte einen Meter Abstand zur Tür halten.

Faris guckt in den Röntgenraum hinein und setzt sich an das andere Ende der Bank. Dabei sagt er lachend: „Ich denke, bei den Apparaten ist mehr als ein Meter Abstand nötig. Der größte Teil der Strahlen schießt wohl am Ziel vorbei." Ich gehe trotzdem mit Benny in den Röntgenraum rein. Lieber werde ich verstrahlt, als dass ich Benny alleine lasse. Dann müssen wir noch warten, bis die Aufnahmen fertig sind. Auf dem Weg zurück zur Kinderstation bitte ich Faris, dass er sich die Aufnahmen einmal ansieht.

„Sieht man da etwas von einer Lungenentzündung?"

„Nein, nach einer Lungenentzündung sieht es nicht aus. Ich kann nichts entdecken, was auf so eine Diagnose schließen lässt."

Der Kinderarzt sieht sich die Aufnahme an und sagt nichts. Ich frage ihn, was er nun machen will. „Ich werde ihm erst einmal einen Tropf geben und dann eine Antibiotika-Behandlung machen." Benjamin hat inzwischen die dritte Flasche mit 200 Millilitern Tee ausgetrunken, daher finde ich es unsinnig, ihm noch mehr Flüssigkeit per Tropf zu geben. Die Austrocknungszeichen der Haut sind fast komplett verschwunden und auch die Temperatur geht weiter zurück. Ich frage den Arzt, warum er Antibiotika geben will, obwohl nichts auf eine Lungenentzündung hinweist.

Der Arzt kann es mir nicht erklären. Er hat sonst keinen anderen Ansatz zu einer Behandlung. „Könnten Sie nicht mal sein Blut untersuchen, ob Benjamin vielleicht wegen der Austrocknung eine Elektolytverschiebung hat?", schlägt Matthias vor. Die Blutuntersuchung will der Arzt aber erst am nächsten Tag machen. „Wie lange meinen Sie denn, dass Benjamin hier bleiben muss?", will ich wissen. „Es wird schon zwei bis drei Wochen dauern, bis so eine Austrocknung behoben ist." Faris schüttelt leise den Kopf. Ich kann das auch nicht glauben, weil sich die gröbsten Zeichen der Austrocknung schon innerhalb weniger Minuten gegeben haben. Außerdem hat Benny gar nicht so lange nichts getrunken. Der größte Abstand war vier Stunden und das ist eigentlich der normale Abstand zwischen den Mahlzeiten. Ich kann mir gar nicht erklären, wie es zu dieser Austrocknung kam.

„Kann ich mit ihm im Krankenhaus bleiben?", will ich wissen.

„Nein, eine Mitaufnahme von Eltern machen wir nicht."

„Aber wir müssen doch irgendwo bleiben! Ich lasse mein Kind doch nicht alleine! Und jeden Tag fünf Stunden mit dem Auto fahren kann ich auch nicht. Zumal mein Mann das Auto auch für seinen Dienst braucht. Können wir Benjamin nicht über Nacht hier lassen und ihn morgen mit in die Uniklinik in unserer Stadt nehmen?"

Der Arzt lässt sich auf nichts ein. Er will Benjamin dabehalten, und zwar für mehrere Wochen. Matthias ist total dagegen und ich will Benny auch nicht alleine lassen. So entschließen wir uns, Benny wieder mitzunehmen und morgen früh gleich nach Hause zu fahren, um Benny in die Uniklinik zu Professor Krause zu bringen. Die herbeigerufene Oberärztin will uns auch nicht gehen lassen, sagt aber zu den Therapievorschlägen ihres Kollegen kein Wort. Ich habe immer stärker das Gefühl, dass Benny hier nicht in guten Händen ist, und so unterschreibe ich, dass wir unser Kind auf eigene Verantwortung mit nach Hause nehmen. Der Arzt meint, das Gefährlichste sei ein Kreislaufversagen wegen dem Flüssigkeitsmangel. Aber da Benjamin zurzeit gut trinkt, habe ich da keine Befürchtungen. „Geben Sie ihm nicht zu viel Oralpädon. Höchstens noch ein oder zwei Beutel. Bis morgen passiert da nichts mehr. Und lassen Sie ihn nicht mehr so viel trinken, sonst erbricht er das noch", gibt uns der Arzt noch mit auf den Weg.

Also fahren wir wieder nach Hause. Im Auto trinkt Benjamin noch einmal 200 Milliliter Tee. Er hat Durst, also verweigere ich ihm das Trinken nicht. Erbrechen tut er den Tee nicht.

Im Ferienhaus angekommen, lege ich Benjamin gleich in seinen Wagen und endlich schläft er ein. Es ist inzwischen fast drei Uhr und auch Matthias und ich fallen erschöpft ins Bett. Doch ich bin alle paar Minuten wach und sehe nach Benny. Während er schläft, stöhnt er manchmal leise vor sich hin. Es ist noch sehr früh am Morgen, als Benjamin dann wach wird. Ich gebe ihm die Flasche, doch das Trinken fällt ihm wieder schwer. Immer noch sind seine Augen nach oben links gerichtet. In seinem Körper ist keine Spannung mehr. Den Kopf kann Benny nicht mehr selber halten. Mich ergreift die Panik. Ich wecke Matthias: „Lass uns sofort nach Hause fahren! Irgendetwas stimmt mit Benny nicht. Er sieht aus, als hätte er einen Hirnschaden behalten. Ich habe Angst!" Tränen laufen über unsere Gesichter. Während ich Benjamin wickle und anziehe, packt Matthias unsere Sachen ins Auto. Dabei fällt die Tür einmal etwas lauter ins Schloss. Benjamin erschrickt und zuckt zusammen. Dieselbe Bewegung wiederholt sich nun in kurzen Abständen. „Es ist, als ob das Gehirn dem Körper den Befehl gegeben hat: ‚Du musst dich erschrecken' und der Befehl: ‚Erschrecken vorbei' wird nicht gegeben", sage ich zu Matthias. Wir sind mit Pakken fertig und so wecken wir Katja und Faris, um uns zu verabschieden. Faris sieht Benjamin an und meint: „Ja, ihr solltet euch beeilen, ihn in eure Uniklinik zu bringen."

Seit gestern Abend hat Benny keinen Durchfall mehr gehabt, dennoch habe ich noch etwas Oralpädon in seine Flasche gegeben.

Wir müssen noch tanken, bevor wir die Heimfahrt antreten. Als ich nach dem Bezahlen wieder zum Auto zurückkomme, sagt mir Matthias, der natürlich wieder hinten bei Benny sitzt, dass das Zusammenzucken vom Erschrecken nun aufgehört hat. Ich bin etwas beruhigter, fahre aber trotzdem sehr zügig.

Wenig später sagt mir Matthias, dass Bennys rechtes Augenlid zuckt. Ich habe Angst und fahre so schnell ich kann. Aber auch das Zucken hört nach einer Weile wieder auf. Doch kurz darauf bekommt Benjamin so eine Art Schluckauf und wird dabei sehr unruhig. „Nimm ihn aus dem Kindersitz raus und halte ihn im Arm. Das beruhigt ihn. Ich glaube, er braucht jetzt unsere Nähe." In der Tat wird Benny ruhiger, als er auf Matthias' Arm ist.

Ich fahre direkt vor die Notaufnahme der Uniklinik und störe mich nicht an den Parkverbotschildern. Es ist noch genügend Platz für andere Krankenwagen. Als wir in die Eingangshalle reinkommen, fängt Benny an mit den Armen und Beinen zu zucken. Matthias hat ihn immer noch auf dem Arm. „Der fängt an zu krampfen!" Jetzt ist es für mich ganz deutlich zu erkennen. Die Aufnahmeschwester ist noch bei einem anderen Kind beschäftigt und gibt uns ein Zeichen, dass wir uns hinsetzen sollen. Kurz darauf kommt sie zu uns. Wir schildern kurz, was bisher los war und dass Benny nun angefangen hat zu krampfen. Die Schwester versucht ein Gespräch zu beginnen. „Könnten Sie bitte einen Arzt für unser Kind holen?!" Ich bin mit meiner Geduld am Ende. Die Schwester scheint ein wenig pikiert zu sein: „Warten Sie bitte hier, ich hole die Aufnahmeformulare." Matthias sitzt mit dem krampfenden Kind neben mir und ich habe den Eindruck, die Schwester hat uns überhaupt nicht zugehört, geschweige denn einen Blick auf das Kind geworfen. Ich schreie sie fast an, als ich sage: „Wir brauchen sofort einen Arzt! Sehen Sie nicht, dass unser Kind krampft!" Lustlos führt uns die Schwester in einen Untersuchungsraum: „Dann legen Sie Ihr Kind mal auf die Liege." Matthias legt Benny hin. Nun sieht man es ganz deutlich, dass er krampft. Die Schwester schreit: „Der krampft ja!" Jetzt geht alles sehr schnell. Es dauert keine Minute, bis ein Arzt und eine weitere Krankenschwester bei uns sind. Erst einmal bekommt Benny ein krampflösendes Medikament. Währenddessen versucht der Arzt einen Zugang an Bennys Kopf zu legen. Als das geklappt hat, bekommt er noch ein krampflösendes Mittel gespritzt. Dann wird er sofort auf die Intensivstation verlegt. Wir dürfen ihn selber dahin tragen. Hier fällt mir der große Unterschied zu der anderen Klinik auf, in der er drei Monate lang gelegen hat. Da durfte ich das erste Mal mein Kind nicht einmal selber zum Röntgen tragen. Während Benjamin an die Geräte angeschlossen wird, müssen wir auf dem Flur warten. Nach einigen Minuten kommt ein junger Arzt zu uns: „Die Krämpfe sind etwas weniger geworden. Wir haben erst einmal Blut abgenommen und warten jetzt auf das Ergebnis. Erzählen Sie mir doch mal, was eigentlich los war." Zum x-ten Mal erzählen wir die ganze Geschichte. Der Arzt sagt darauf: „Also, ausgetrocknet ist Benjamin nicht besonders. Wenn sich die Austrocknung von gestern auf heute so behoben hat, kann es eigentlich nicht allzu doll gewesen sein, auch wenn er sehr danach aussah." Der Arzt bietet uns einen Kaffee an, den wir dankend ablehnen. Dann stellt er uns eine Schale mit Bonbons hin: „Ein paar Minuten müssen Sie noch warten, bis Sie zu Ihrem Sohn gehen dürfen." Dann geht er wieder ins Zimmer. Nach einigen Minuten kommt er strahlend wieder aus dem Zimmer heraus: „Wir wissen, was er hat!"

Mir fällt schon beim Anblick des Arztes ein Stein vom Herzen. Wenn er so strahlt, dann kann die Nachricht gar nicht so schlecht sein. „Benjamin hat eine Unterzuckerung. Das eine Testgerät hat einen Wert von 13 angezeigt, während das zweite Testgerät gar nichts mehr angezeigt hat. Das bedeutet, er hat einen Zuckerwert von nahezu Null. Ein Wunder, dass er noch lebt! Wir haben ihm jetzt Glucose gegeben. Über Nacht werden wir ihn hier wohl noch beobachten und dann können Sie ihn, wenn alles gut läuft, morgen wieder mit nach Hause nehmen."

Ich kann das gar nicht fassen, dass Benny eine so starke Unterzuckerung hat. Ich kenne doch die Zeichen einer Unterzuckerung, doch keines davon traf auf Benny zu. Außerdem kann ein Mensch ohne Diabetes doch gar nicht so tief unterzuckern. Da würde doch die Leber ihre Zuckerreserven freigeben. Der Arzt erklärt mir das so: „Bei Kindern sehen die Zeichen einer Unterzuckerung manchmal ganz anders aus als bei Erwachsenen. Oft kann man sie gar nicht erkennen. Dass die Leber nicht genügend Zuckerreserven freigegeben hat, liegt vermutlich daran, dass sie durch den langen Zeitraum, wo Benjamin Beruhigungsmittel bekommen hat, eine

Schädigung zurückbehalten hat." Also doch! Hätte ich das gewusst, wäre ich damals massiver gegen die Beruhigungsmitteltherapie vorgegangen. Dennoch bin ich erleichtert, als der Arzt sagt, dass wir Benny morgen wieder mit nach Hause nehmen dürfen. Wir gehen zu ihm rein. Er liegt wieder in einem Glasbettchen und schläft. Nun merken auch wir unsere Erschöpfung. Die Krankenschwester macht uns Mut, nach Hause zu gehen und ein wenig zu schlafen.

Die Last der letzten fünfzehn Stunden fällt auf einmal von uns ab und wir sind fast schon übermütig, als wir dann nach Hause fahren. Sobald wir im Bett liegen, sind wir tief und fest eingeschlafen. Es ist zwölf Uhr mittags.

Lange schlafen wir nicht. Es treibt uns ins Krankenhaus zurück, zu unserem Sohn. Benjamin schläft tief und fest, als wir bei ihm ankommen. Wir stehen glücklich an seinem Bett. Er wird wieder gesund werden! Nach einer Weile kommt der Arzt zu uns ins Zimmer: „Wir mussten Benjamin noch mehr Medikamente geben. Er fing wieder an zu krampfen, obwohl der Zuckerspiegel des Blutes wieder normal ist. Wir können uns das im Moment nicht erklären." Alle Zuversicht ist mit einem Mal verschwunden. Was ist mit Benny los? Doch der Arzt versucht uns zu beruhigen: „Es kann sein, dass das noch die Folgen des großen Krampfes sind, den Benjamin heute Mittag hatte. Das muss nicht unbedingt andauern. Vielleicht ist morgen wirklich alles wieder vorbei. Wir haben unseren Neuropädiater hinzugezogen. Ihr Kind ist unter ständiger Aufsicht. Verlieren Sie jetzt nicht den Mut." Die freundlichen Worte tun uns gut, dennoch fühlen wir uns unsagbar hilflos. Die Schwester, die Benny versorgt, merkt das und gibt uns Aufgaben. Wir können Benny wickeln und Temperatur messen. Sie weiß, dass sie den Eltern das Gefühl der Hilflosigkeit verringern kann, indem sie sie beschäftigt.

Als wir abends zu Hause sind, informieren wir unsere Familien und bitten sie, für Benjamin zu beten. Auch wir knien nieder, um Gott für das Leben unseres Kindes zu bitten.

Erschöpft gehen wir ins Bett. Um zwei Uhr nachts klingelt das Telefon. Ich bin sofort hellwach und stürze ins Wohnzimmer. Der Dienst habende Arzt von der Intensivstation ist dran: „Frau Steinebach, ich wollte Sie nur informieren, dass wir Benjamin an die Beatmung nehmen mussten." Mir läuft ein heißer Schauer über den Körper. Der Arzt spricht weiter: „Die Krämpfe haben noch nicht aufgehört und wir mussten stärkere krampflösende Medikamente geben. Wie Sie vielleicht wissen, wirken diese Medikamente atemdepressiv. Die Atmung reicht also nicht mehr aus. Was wir jetzt versuchen wollen, ist, dass wir Benjamin in ein künstliches Koma versetzen, um so die Krämpfe zu durchbrechen." Die genaue Erklärung des Arztes beruhigt mich etwas. Inzwischen steht Matthias auch neben mir. Ich habe die Lautsprechfunktion des Telefons an, damit er alles mitbekommt.

„Sollen wir kommen?", frage ich den Arzt. „Nein, das ist nicht nötig. Sie können hier nicht helfen. Ich wollte Sie nur über die Veränderung informieren." Ich bedanke mich dafür.

An Schlaf ist jetzt erst einmal nicht zu denken. Obwohl so eine Nachricht mitten in der Nacht ein echter Schock ist, empfinden wir es als beruhigend, dass wir zu jeder Zeit über alles informiert werden. Auch das steht in krassem Gegensatz zu unseren Erfahrungen aus der anderen Klinik.

Am nächsten Morgen sprechen wir über unsere Lage. Matthias weint, ich nehme ihn in den Arm: „Benny ist da gut aufgehoben", versuche ich ihn zu trösten, doch so leicht geht das nicht. „Ich möchte unseren alten Benny wiederhaben! Ich möchte, dass er uns mit seinen Funkelaugen anblitzt und ich möchte hören, wie er ‚abu' und ‚öröh' sagt!" Matthias ist verzweifelt. Mir geht es nicht anders, aber nun muss ich stark sein für ihn: „Ich möchte auch gerne unseren alten Benny wiederhaben, aber jetzt ist erst mal wichtig, dass er lebt. Sein Leben ist gerettet!"

Wir beeilen uns, um schnell wieder ins Krankenhaus fahren zu können. Schon vor der Tür zur Intensivstation, wo wir uns die Überziehkittel anziehen, hören wir das Klacken der Beatmungsmaschine. Wir gehen in Bennys Zimmer. Es ist voll mit Ärzten in weißen, blauen und grünen Kitteln. Als sie uns sehen, schauen sie alle betreten zu Boden. Das interessiert mich allerdings im Moment nicht. Ich gehe zu Benny, streichle ihn und sage ihm, dass wir bei ihm sind. Ich weiß nicht, ob er mich hört, aber reden tue ich trotzdem mit ihm. Dann entsteht ein Schweigen, das mir wie Stunden vorkommt. Endlich ergreift einer der Ärzte das Wort: „Bei Benjamin funktionieren die Reflexe nicht mehr normal. Der Pupillenreflex ist fast nicht mehr vorhanden. Und auch bestimmte Reflexe des Hirnstammes lassen nach. Wir vermuten, dass durch die Unterzuckerung ein schwerer Hirnschaden entstanden ist. Ich will ehrlich zu Ihnen sein. Wir warten eigentlich nur noch darauf,

dass die Pupillen groß werden und im EEG eine Nulllinie zu sehen ist. Benjamin wird bald am Hirntod sterben."
Ich habe das Gefühl, vor mir tut sich ein großes Loch auf und verschlingt mich. Benny soll sterben? Nein! Das darf nicht wahr sein! Bitte, lieber Gott, lass mich aus diesem Albtraum aufwachen! Wir haben ihn doch so lieb! Er hat sich so gut entwickelt. Warum sollte er die Operation so gut überstanden haben, um jetzt zu sterben?

Ich kann das alles nicht begreifen.

Verzweifelt halten Matthias und ich uns aneinander fest. Keiner von uns beiden ist fähig, auch nur ein Wort zu sagen. Die Ärzte murmeln: „Wir lassen Sie erst einmal allein" und gehen leise einer nach dem anderen aus dem Raum. Da liegt er, unser Sohn, blass, mit einem Schlauch in der Nase und an etlichen Infusionen. Ich ertrage den Anblick nicht länger: „Ich muss hier weg, Matthias", murmle ich und stürze nach draußen. Blind vor Tränen gehen wir zum Auto. Wir nehmen kaum wahr, wie uns die Leute, die uns begegnen, nachsehen. Ich weiß nicht, wie ich es schaffe, in dieser Situation noch mit dem Auto zu fahren. Während der Fahrt bekommt Matthias einen Weinkrampf. Dabei atmet er sehr schnell. Ich habe Angst, dass er hyperventiliert. „Lass uns zu unserer Hausärztin fahren und uns irgendwas zur Beruhigung geben lassen. Es hat doch keinen Sinn, wenn wir hier jetzt durchdrehen", schlage ich vor, doch Matthias will das nicht. Es wäre auch etwas problematisch geworden, weil heute schließlich Sonntag ist. Doch da wir unsere Hausärztin auch privat etwas besser kennen, wäre das wohl nicht so schlimm.

Zurück in unserer Wohnung wird die Stille zur Qual. Da liegt noch Benjamins Krabbeldecke, sein Stubenwagen steht noch neben unserem Bett. Soll es Wirklichkeit sein, dass Benny niemals mehr darin liegen soll? In der Küche stehen noch die Flaschen, so als warten sie darauf, für die nächste Mahlzeit vorbereitet zu werden. Matthias und ich stehen fassungslos in unserer eigenen Wohnung und weinen. Doch immer ist einer von uns beiden der Stärkere. Wenn ich nicht mehr kann und mich die Verzweiflung übermannt, dann ist Matthias stark und tröstet mich. Und ist es Matthias, dem die Kräfte versagen, dann spüre ich, wie die Trauer um Benny in den Hintergrund rückt und ich stark für Matthias werde. Dennoch wissen wir, dass wir jetzt nicht alleine sein können. Ich rufe Sabine an. Sie ist diejenige aus der Familie, die am nächsten wohnt. Unter Tränen erzähle ich ihr, was vorgefallen ist.

Auch sie muss weinen: „Ich komme zu euch!“ Sie hat eigentlich das Haus voller Besuch, dennoch lässt sie Thomas alleine mit dem Besuch zurück, um bei uns zu sein. Es tut gut, in dieser Situation Freunde um sich zu haben. Anke ruft an, um zu hören, wie es Benny geht. Sie kann das alles genauso wenig fassen wie wir: „Kann ich euch helfen?“, fragt sie. „Ja, bitte sag du dem Rest der Familie Bescheid. Ich kann es nicht.“ Anke verspricht, sich um alles zu kümmern. Kurze Zeit später ruft Roland, mein Bruder, bei uns an: „Heike, ich habe gehört, was passiert ist. Ich lasse euch nicht allein. Ich habe ein paar Tage Urlaub. Raina und ich sind morgen bei euch!“

Die Fürsorge unserer Familie und unserer Freunde hilft uns, mit der Verzweiflung fertig zu werden. Viel machen kann niemand, aber dass wir jemanden zum Reden haben, ist unheimlich viel wert. Darum können wir am Nachmittag auch wieder ins Krankenhaus fahren.

Der Arzt kommt noch einmal zu uns. Wir haben viele Fragen: „Wenn wir Benjamin in dem anderen Krankenhaus gelassen hätten, hätte er es dann überleben können?“

„Wenn er so behandelt worden wäre, wie Sie mir erzählt haben, würde er wahrscheinlich jetzt schon nicht mehr leben. Eine Lungenentzündung können wir bei Benjamin völlig ausschließen. Die Blutwerte haben gezeigt, dass auch die Austrocknung nicht so schlimm gewesen sein konnte. Es gibt kaum Verschiebungen der Elektrolyte. Hätte Benjamin in der Situation eine reine Flüssigkeitsinfusion bekommen, hätte das die Unterzuckerung nur verstärkt. Von daher war es von Ihnen eigentlich gar nicht so falsch, ihm viel Oralpädon zu geben, denn das enthält viel Traubenzucker.“ Uns quält die Frage dennoch, ob wir das alles nicht irgendwie hätten verhindern können. Der Arzt meint dazu: „Es hat doch jetzt keinen Sinn, sich darüber den Kopf zu zerbrechen. Sie haben getan, was Sie für richtig hielten. Was letztendlich richtig gewesen wäre, lässt sich nicht mehr feststellen. Ich werde am Dienstag mit dem behandelnden Arzt aus dem anderen Krankenhaus telefonieren und mir seine Sicht anhören. Was ich wirklich nicht verstehe und für grob fahrlässig halte, ist, dass er keine Blutuntersuchung vorgenommen hat.“ Wir sagen ihm, dass wir das damals auch vorgeschlagen hatten, aber der Arzt wollte das auf den nächsten Tag verschieben.

Wir fangen immer wieder an zu weinen. Die Krankenschwester, die uns gestern so gut mit einbezogen hat, hat auch heute wieder Dienst. Auch sie sieht ganz traurig aus und drückt uns mitfühlend die Hand.

Wir sind froh, dass Roland am nächsten Tag kommt. Auch er darf mit zu Benjamin gehen. Wir haben ihn vorher schonend auf den Anblick vorbereitet. Als Beamter bekommt er nicht allzu oft ein Kind zu sehen, das an der Beatmungsmaschine hängt. Seltsamerweise finden wir es schon fast normal. Wir haben Benny schon lange genug an einer Beatmungsmaschine liegen gesehen. Aber der Anblick tut mir immer wieder weh.

Auch Roland kann seine Tränen nicht mehr zurückhalten, als er Benny so daliegen sieht. Er geht zu ihm hin, streichelt seine Wange und sagt unter Tränen: „Hallo Benny! Wir haben dich alle so lieb!" Dann kommt er zu mir und nimmt mich in den Arm.

Da heute der dritte Oktober ist, also ein Feiertag, werden keine großen Untersuchungen gemacht. Der Arzt sagt uns, dass er noch ein CT machen möchte: „Wir vermuten, dass das ganze Gehirn ein einziges Ödem ist. Durch die Unterzuckerung haben sich die Gehirnzellen mit Wasser voll gesogen und platzen. Damit ist diese Gehirnzelle kaputt und kann nie wieder regeneriert werden. Am Ende steht dann der Hirntod. Das kann allerdings noch Wochen dauern. Die Gehirnzellen sterben nicht alle auf einmal." Der Arzt ist sehr direkt und ehrlich, aber wir sind froh darum, denn so wissen wir, wo wir dran sind.

Am Dienstag wird das CT gemacht. Das ist eine Aufnahme des Gehirns, mit der die Schäden dargestellt werden können. Wir können bei der Untersuchung nicht dabeibleiben. Da es mindestens eine Stunde dauern wird, bis Benjamin fertig ist, werden wir erst einmal weggeschickt. Matthias ist zurzeit gar nicht fähig zu arbeiten und so hat er sich krank gemeldet.

Wir gehen zu Professor Krause. Er soll wissen, dass Benny hier im Krankenhaus liegt. Da Benjamin kein Neugeborener ist, ist Professor Krause für ihn auch nicht zuständig. Als er uns sieht, bittet er uns ins Büro: „Ihr Lieben, ich hab schon gehört, was passiert ist. Ach, das ist aber auch schlimm! Ihr müsst ja wirklich viel durchmachen. Ich wünschte, ich könnte es euch ersparen." Wir sagen ihm, dass wir nur nicht wollen, dass Benjamin leiden muss. Professor Krause sagt: „Nein nein, das will ich auch nicht. Ich möchte, dass ihr euren alten fröhlichen Benjamin wiederbekommt." Wir gehen mit dem Gefühl von ihm weg, dass es gut ist, dass er über Benny Bescheid weiß.

Als wir am Nachmittag wieder in die Klinik kommen, können

wir nicht gleich zu Benny reingehen. Ein anderes Kind wird gerade in seinem Zimmer aufgenommen. Auf dem Flur hängt eine Lichtwand, an der Bennys CT-Bilder hängen. Wir gucken sie uns an, doch leider können wir damit nichts anfangen. Welche dunklen Stellen nun normal dunkel sind und welche nicht oder ob die hellen Stellen nicht sein dürfen oder doch, wissen wir nicht. Wir sind etwas nervös. Als wir dann zu Benjamin gehen dürfen, sagen wir der Schwester, dass wir gerne noch den Arzt sprechen möchten. Es dauert eine Weile, bis er dann kommt. Er nimmt uns mit an die Lichtwand und zeigt uns die Aufnahmen: „Das CT sieht anders aus, als wir erwartet haben. Es ist nicht das ganze Gehirn voll mit Wasser, sondern nur einige Stellen des Gehirns, die sehen Sie hier." Damit zeigt er uns die dunklen Flecken. „Heißt das, dass Benjamin doch überleben wird?", frage ich hoffnungsvoll. „Das kann ich so nicht sagen. Sagen wir mal, die Chancen steigen. Doch ich persönlich glaube immer noch, dass es auf den Hirntod hinausläuft." In diesem Moment keimt die Hoffnung in mir auf. „Bitte, lieber Gott, lass ihn leben!", bete ich in Gedanken.

Am Mittwoch muss Roland schon wieder nach Hause fahren, doch inzwischen haben wir uns auch schon etwas gefangen. Doch bevor Roland abfährt, möchte er Benny noch einmal sehen. Niemand weiß, ob es das letzte Mal sein wird. Entsprechend schwer fällt ihm der Abschied von seinem Neffen.

Der Arzt erklärt uns, dass einige Reflexe bei Benny wiederkehren. Die Krämpfe haben aufgehört und so werden die Medikamente, die Benny im Koma halten, nach und nach abgesetzt. „Wenn alles gut geht, können wir ihn in ein paar Tagen von der Beatmung abnehmen." Für uns hört sich das alles wunderbar an. Ich bin überzeugt davon, dass Benny weiterleben wird, auch wenn der Arzt in diesem Punkt immer noch skeptisch ist.

Es wird heute auch ein EEG gemacht, um die Gehirnströme zu untersuchen. Es werden Abnormitäten festgestellt, aber niemand weiß, ob die vielleicht noch vom Koma herkommen.

Am nächsten Tag sind wir ganz früh im Krankenhaus. Wir bekommen noch die Morgenvisite mit. Wir hören, wie die Ärzte untereinander tuscheln: „Professor Krause war heute Morgen schon ganz früh bei diesem Kind."

„Ja, er kommt jeden Tag bei dem kleinen Steinebach vorbei!"

Matthias und ich sehen uns an und müssen grinsen.

Dass Benjamin unser Pflegekind ist, haben wir gleich bei der

Aufnahme gesagt. Später mussten wir ein Formular unterschreiben, das die Ärzte berechtigt, alle notwendigen Maßnahmen zu treffen. Wir haben dem Arzt gesagt, dass diese Unterschriften eigentlich nur der Vormund des Kindes geben darf, doch der Arzt antwortete: „Sie sind diejenigen, die für das Kind sorgen, und damit sind Sie unsere Ansprechpartner. Wir pfeifen da auf das Jugendamt." Dennoch haben wir gleich am Dienstag das Jugendamt informiert. Wir wollen die gute Zusammenarbeit nicht zerstören. Der Vormund kam auch wenig später, um nach Benny zu sehen und die rechtlichen Fragen zu klären. Doch es gab nichts mehr zu klären. Die Ärzte haben wohl auch ihr gesagt, dass sie uns als Ansprechpartner ansehen. Wir haben ihr jedoch versprochen, sie über alles zu informieren. Nun telefonieren wir fast jeden Tag miteinander.

Donnerstagnachmittag kommt Benjamin von der Beatmungsmaschine los. Der Oberarzt sagt uns, dass es ihn und seine Kollegen erstaunt, wie schnell das bei Benjamin ging. Sie haben alle damit gerechnet, dass das etliche Tage dauern würde. „Warten Sie mal ab, vielleicht erholt sich Benjamin so gut, dass er wieder der Alte wird." Inzwischen glaubt der Oberarzt nicht mehr an den drohenden Hirntod. Wir schon lange nicht mehr!

Dennoch haben wir Angst vor einem schweren bleibenden Hirnschaden. Doch diese Sorgen verschwinden im Hintergrund, als Benny das erste Mal die Augen aufmacht. Sie schauen inzwischen nicht mehr beide in die obere linke Ecke, dennoch kann er nichts mit den Augen fixieren. Benjamin bewegt seine Augen wie ein Blinder. Ich habe Angst, dass das so bleibt. Das Sehen war für Benny immer eine so wichtige Fähigkeit. Doch der Oberarzt beruhigt mich: „Es dauert einige Wochen, bis sich alle Funktionen normalisiert haben. Das Sehen kommt bestimmt in zwei oder drei Wochen zurück, wenn der Hirnschaden nicht zu groß ist."

Endlich dürfen wir unser Kind auch wieder auf den Arm nehmen. Komisch, ich habe das Gefühl, als müssten wir unsere Beziehung wieder ganz neu aufbauen. Er ist jetzt allerdings auch ein völlig anderes Kind. Sowohl Matthias als auch ich haben das Gefühl, als hätten wir ein Kind verloren und ein anderes geschenkt bekommen. Wir spüren diese Trauer über den Verlust unseres alten Benny. Aber immer noch haben wir die Hoffnung, dass alles wieder so wird, wie es einmal war. Doch so richtig kann ich daran nicht glauben. Die Schäden, die im CT zu sehen waren, sind einfach zu groß. Und dass das Wasser im Gehirn sich zurückbildet, ohne zerstörte Zellen zurückzulassen, ist einfach zu unwahrscheinlich. Trotzdem ist es ein Wunder, dass Benjamin überhaupt noch lebt. Wir sind überzeugt davon, dass Gott ihn wieder einmal vor dem Schlimmsten bewahrt hat.

Am Samstag in der Gemeinde lassen wir wieder einmal bekannt geben, dass unser Kind krank ist und die Gebete der Gemeinde braucht. Ralf sagt das an und betet gleich danach für Benjamin. Wieder einmal spüre ich, wie gut es ist, eine ganze Gemeinde hinter sich zu haben. Viele Glaubensgeschwister kommen nach dem Gottesdienst zu uns und erkundigen sich nach Benjamin.

Ab Montag geht Matthias wieder zur Arbeit. Ich bin den ganzen Tag bei Benjamin. Von der Arbeit kommt Matthias dann auch direkt ins Krankenhaus gefahren. Gemeinsam waschen wir Benjamin und machen ihn für die Nacht fertig. Das ist noch nicht ganz einfach, weil Benjamin doch noch ganz schön viele Schläuche am Körper hat. Beim Waschen schreit er ununterbrochen. Wir wissen schon gar nicht mehr, was wir da machen sollen. Es hört sich so jämmerlich an. Kein Vergleich mit seinem ohrenbetäubenden Geschrei, das er sonst anzustimmen gedachte. Nun weint er nur noch ganz leise. Das ist für uns viel schlimmer als der Lärm vorher.

Ich halte Benjamin stundenlang fest. Nun genieße ich es erst wieder so richtig, mein Kind im Arm zu halten. Es war vorher alles schon so selbstverständlich. Nun fängt wieder das Problem mit dem Trinken an. Die Schwestern richten sich mit den Mahlzeiten ganz nach meinen Wünschen. So ist es zum Beispiel kein Problem, Möhrenbrei für das Fläschchen zu bekommen. Hier gibt es kleine Einmalplastikflaschen. Eines Tages stelle ich fest, dass das Füttern mit diesen Flaschen überhaupt kein Problem mehr ist. Sie sind so weich, dass ich sie drücken kann. Damit läuft die Milch wie von selbst in den Mund und Benjamin kann gar nicht anders als zu schlucken.

Da ich ihm immer nur kleine Schlucke zu trinken gebe, dauert eine Mahlzeit von einer Dreiviertelstunde bis zu anderthalb Stunden. Aber sie verläuft ohne Geschrei.

Benjamins Zustand stabilisiert sich von Tag zu Tag mehr. Er ist zwar immer noch weit davon entfernt, der alte Benjamin zu werden, aber man merkt, dass er wacher und lebhafter wird. Den Kopf kann er immer noch nicht halten und mit den Augen fixiert er seine Umgebung auch noch nicht. Aber er reagiert auf Stimmen und auf Musik. Die Schwestern haben mir erzählt, dass Benny immer reagiert, wenn er die Stimme von Professor Krause hört.

Wir haben richtig gute Laune. Benjamin soll morgen entlassen werden.

Ich bin schon früh am nächsten Morgen in der Klinik. Doch Benjamin und ich müssen noch eine ganze Weile warten, denn heute kommen die Ärzte einfach nicht in die Pötte. Die Schwester, die Benny mit aufgenommen hat, möchte uns helfen, so schnell wie möglich nach Hause zu kommen. Sie rennt hinter den Ärzten her und schickt sie immer wieder zu uns, damit sie die Entlassungspapiere fertig machen.

Endlich kommt ein Arzt zu uns. Es ist der Arzt, der uns gesagt hat, dass Benny sterben wird. Er setzt sich an den Schreibtisch, der im Zimmer steht. Darauf liegen alle Unterlagen der Kinder. Die Ärzte und die Schwestern haben uns immer ermutigt, in Bennys Unterlagen zu gucken. Erst haben wir uns das gar nicht so richtig getraut, weil man es in der anderen Klinik gar nicht gerne gesehen hat. Wir sind es einfach so nicht gewöhnt. Doch hier haben die Ärzte nichts zu verbergen.

Ich sitze mit Benjamin auf dem Arm neben dem Bett. Der Arzt dreht sich zu mir um: „Es tut mir Leid, dass ich Ihnen damals so einen Schrecken eingejagt habe, aber es sah wirklich so aus, dass Benjamin auf den Hirntod zusteuerte. Dass es ihm heute so gut geht, kann ich mir nicht erklären."

„Sie müssen sich bei mir nicht entschuldigen. Sicher, es war ein Schock für uns, aber wir schätzen Ihre Ehrlichkeit", antworte ich ihm. „Es ist doch besser, wir stellen uns auf das Schlimmste ein und werden positiv überrascht, als wenn wir denken, es wird alles wieder gut und dann stirbt das Kind."

Der Arzt erzählt mir auch, dass er noch mal mit dem Kollegen aus dem Krankenhaus im Osten gesprochen hat: „Ich habe ihm gesagt, dass er unverantwortlich gehandelt hat. Wenn ein Kind mit einer Austrocknung eingeliefert wird, muss immer sofort eine Blutuntersuchung gemacht werden. Er hat gesagt, dass er das nur deshalb nicht gemacht hat, weil Sie von vornherein gesagt hätten, dass Sie Ihr Kind auf jeden Fall wieder mitnehmen wollten. Das ist allerdings trotzdem kein Grund, die Blutuntersuchung nicht zu machen."

„Ganz so war es ja auch nicht. Wir waren ja durchaus bereit, Benjamin so lange dazulassen, bis er hierher verlegt werden konnte, doch darauf haben sich die Ärzte da ja gar nicht eingelassen", stelle ich die Sache richtig. Der Arzt will auch seinem Kollegen nicht die Schuld geben: „Es hat, denke ich, auch keinen Sinn, hier bei jemandem die Schuld zu suchen. Sie sind genauso wenig schuld wie die Ärzte dort. Dass es so kommt, war für niemanden abzusehen."

Damit schreibt er die Entlassungspapiere aus. Schwester Heike trägt Benny bis zum Auto und übergibt ihn mir da. Es sei ihre Pflicht, die Patienten bis zum Auto zu bringen, sagt sie.

Ich bin ganz glücklich, dass wir nun endlich nach Hause fahren können. Es ist noch nicht einmal zwei Wochen her, dass wir Benjamin ins Krankenhaus gebracht haben. Was haben wir in diesen dreizehn Tagen alles durchgemacht!

Zu Hause merken wir, dass sich Benjamin wirklich total verändert hat. Er spielt nicht mehr mit seinen Händen, redet nicht mehr vor sich hin und reagiert kaum noch. Dinge wie das Baden, das ihm sonst immer unheimlich viel Spaß gemacht hat, mag er nun gar nicht mehr. Dabei weint er immer. Dafür ist es überhaupt kein Problem mehr, ihn mit dem Löffel zu füttern. Wenn er sonst immer alles im hohen Bogen ausgespuckt hat, lutscht er jetzt den Löffel mit Genuss ab. Was er immer noch sehr gerne hat, ist, wenn ich ihn auf meinen Bauch lege, oder wenn ihn Matthias auf seinen Bauch nimmt. Benjamin braucht jetzt viel mehr Ruhe als vorher. Bei jedem Geräusch erschrickt er. Die Frühförderung und die Krankengymnastik müssen jetzt an ganz anderen Punkten ansetzen.

Am 22. Oktober ist die Kindersegnung in der Gemeinde. Da wir unsere Kinder nicht taufen lassen, denn die Taufe bedeutet für uns ein persönliches Bekenntnis zu Gott und das kann ein Kind noch nicht leisten, darum stellen wir unsere Kinder in der Kindersegnung unter den besonderen Schutz Gottes. Eigentlich sollte die Kindersegnung schon eine Woche früher stattfinden, doch da es Benny noch nicht so gut ging, haben wir es verschoben. Meine Eltern kommen her, um bei der Kindersegnung dabei zu sein. Sie sind entsetzt, als sie Benny sehen. So schlimm haben sie es sich nicht vorgestellt: „Das ist ja wirklich ein ganz anderes Kind geworden!" Meine Mutter kann es gar nicht fassen. Benny kann immer noch weder einen Gegenstand fixieren noch den Kopf halten oder etwas greifen. So langsam wird klar, dass das ein bleibender Zustand ist. Das bedeutet, dass wir jetzt erst recht ein behindertes Kind haben. Doch nun gibt es niemanden in der Familie, der uns rät, das Kind wieder abzugeben. Im Gegenteil, wo sie können, werden wir von den einzelnen Mitgliedern unserer Familie unterstützt. Mein Vater scheint jetzt mehr mit Benjamin anfangen zu können als vorher. Er trägt ihn stundenlang durch die Wohnung oder setzt sich ganz ruhig mit ihm auf das Sofa.

Wir gehen mit unserem Kind nach vorne, neben das Podium. Dann erzählt der Pastor etwas über Benjamin. Er sagt: „Benjamin hat schon viel hinter sich in seinem kurzen Leben. Erst eine schwere Herzoperation und nun lag er kürzlich mit schweren Krämpfen im Krankenhaus und kämpfte um sein Leben. Benjamin braucht auch in Zukunft unsere Gebete." Ich finde das wichtig, dass die Gemeindeglieder etwas über die Kinder erfahren, schließlich werden sie in diese Gemeinde hineingeboren. Zum Abschluss bittet der Pastor für Benjamin um den Segen Gottes und um Kraft für die Familie. Auch das finde ich sehr wichtig, denn Kindererziehung ist eine der größten Verantwortungen, die Menschen haben.

Wir müssen zum Finanzamt, um unsere Steuerklassen ändern zu lassen und Benny mit auf unsere Lohnsteuerkarten zu nehmen. Wir müssen lange warten und so gehe ich mit Benjamin raus, während Matthias alles Nötige erledigt. Als er fertig ist, kommt er zu uns: „Der Beamte war vielleicht nett! Wir sind ins Gespräch gekommen und als er hörte, dass Benny behindert ist, hat er uns noch einige Tips gegeben. Wir bekommen für Benny eine Behinderten- und Pflegepauschale. Der Beamte erzählte mir, dass er auch ein Kind hatte, das behindert war. Es hatte BNS-Krämpfe. Die sind sehr gefährlich. Mit drei Jahren ist sein Kind dann gestorben." Ich finde das schrecklich. Von solchen Krämpfen habe ich vorher noch nie etwas gehört.

Benny wird von Tag zu Tag unruhiger. Seine Bewegungen werden immer fahriger und er erschrickt immer häufiger. Bei einem Besuch beim Kinderkardiologen frage ich nach einer Überweisung zum EEG. Ich habe den Verdacht, dass das ständige Erschrecken eine Form von Krämpfen sein kann. Ob das so ist, kann man im EEG feststellen.

„Ich kann nicht sagen, dass das keine Krämpfe sind, aber es ist auch möglich, dass Benjamin nur sehr nervös ist. Ich gebe Ihnen eine Überweisung zum EEG, da müssen Sie sich in der Kinderklinik einen Termin geben lassen. Zusätzlich verschreibe ich noch mal etwas zur Beruhigung. Versuchen Sie mal, ob er damit gut durchschläft und somit ruhiger wird." Der Arzt spricht mir Mut zu und sagt, dass ich mir keine Sorgen machen muss.

Das Beruhigungsmittel, das wir Benny für diese Nacht geben, bringt keinen sichtbaren Erfolg. So rufe ich am nächsten Tag nachmittags in der Kinderklinik, an um einen Termin für das EEG zu bekommen: „Kommen Sie heute um 17 Uhr her", sagt die Schwester am Telefon. Es wundert mich, dass so spät noch ambulante Fälle angenommen werden. Wir sollen uns in der Poliklinik melden, wird mir noch gesagt. Matthias kommt auch mit, als wir Benny um halb fünf ins Auto packen. Wir melden uns bei der Schwester in der Poliklinik an: „Wir sind zum EEG angemeldet", sagen wir.

„Um diese Zeit? Nein, beim EEG ist jetzt niemand mehr. Wie ist denn Ihr Name?", will die Schwester hinter der Glasscheibe wissen.

„Steinebach."

„Steinebach, Steinebach, ah ja, hier haben wir es. Sie sind uns als Aufnahme gemeldet worden."

Matthias und ich gucken uns entsetzt an: „Nein, wir haben eine Überweisung des Kinderarztes zu einer ambulanten EEG-Untersuchung."

Die Schwester weiß auch keinen Ausweg mehr und ruft den Neuropädiater an. Heute hat der Oberarzt Dienst, das sehen wir an der Tafel, die im Dienstzimmer hängt. Als er kommt, bittet er uns in einen Untersuchungsraum. Vom letzten Krankenhausaufenthalt kennt er Benny schon, doch ich habe mir das Gesicht dieses Arztes nicht merken können.

Benjamin wird untersucht und dann spricht der Arzt mit uns: „Ich halte es für nötig, dass das EEG morgen laufen muss. Daher würde ich sagen, dass Benjamin im Krankenhaus bleibt. Wenn Sie möchten, können Sie mit aufgenommen werden", sagt er zu mir. Ich bin damit so nicht einverstanden: „Warum soll Benjamin über Nacht hier bleiben für eine Untersuchung, die sonst auch ambulant gemacht werden kann. Das sehe ich nicht ein. Der Junge war schon viel zu lange im Krankenhaus. Es wird Zeit, dass er merkt, wo sein zu Hause ist." Der Arzt zögert ein wenig: „Nun ja, ich weiß nicht, ob wir für ihn morgen einen ambulanten Termin bekommen. Es werden erst einmal die Kinder aus der Klinik drangenommen." Matthias schaltet sich ein: „Wenn es wirklich so dringend ist, wie sie sagen, dann finden Sie auch einen ambulanten Termin für Benjamin. Ob er nun als stationäres Kind einen Termin bekommt oder als ambulantes, das ist doch egal. Die Zeit für ihn muss so oder so geschaffen werden." Der Arzt macht noch einen Versuch: „Es ist auch eine finanzielle Frage. Ein ambulantes EEG deckt nicht die Kosten, die es verursacht." Das ist für uns natürlich kein Grund: „Das Krankenhaus hat schon genug an unserem Sohn verdient", entgegnet Matthias.

Nun gibt sich der Arzt geschlagen. Er bittet mich, ihn am nächsten Morgen anzurufen, um mir den Termin für die Untersuchung geben zu lassen.

Auf dem Nachhauseweg sage ich lachend zu Matthias: „Der Arzt hat aber auch einen komischen Namen: Dr. Pessar." Matthias lacht laut auf: „Wo hast du denn diesen Namen her? Der Arzt heißt Dr. Perser!" Oh, ist mir das peinlich: „Ich habe mich wohl verlesen. Hoffentlich habe ich ihn nie mit Dr. Pessar angeredet!"

Am nächsten Tag finden sich Benny und ich mittags in der neuropädiatrischen Ambulanz ein. Wir werden recht bald in einen großen Raum geführt. Ein Mann in ganz normaler Kleidung sagt mir, was ich tun muss. Erst einmal muss ich Benny auf die Liege legen. Dann verteilt der Mann auf Bennys ganzem Kopf kleine Knöpfe, die ich vorher in einen Cremetopf tunke, damit sie am Kopf kleben bleiben. Heute Abend ist dann wohl eine gründliche Haarwäsche angesagt. Der Raum wird abgedunkelt und nun versuchen wir Benny in den Schlaf zu bringen. Der Mann schlägt vor, ich solle Benny doch was vorsingen, doch bei meinem Talent zum Singen ist mir das vor dem Mann zu peinlich. Der Mann trällert ein paar Liedchen vor sich hin, während ich beruhigend auf Benny einrede. So klappt es dann ganz gut. Die ganze Untersuchung dauert fast eine ganze Stunde. „Das Ergebnis muss Dr. Perser noch auswerten. Rufen Sie doch heute Nachmittag so um 16 Uhr noch mal an", wird mir gesagt. Das tue ich auch, doch um 16 Uhr ist das Ergebnis noch nicht da. Die Schwester am Telefon sagt mir, dass sich der Arzt bei uns melden wird.

Doch an diesem Tag macht er es nicht mehr. So versuche ich ihn gleich am nächsten Morgen zu erreichen. „Ja, Benjamin hat wieder Krämpfe", sagt er mir. „Wir vermuten, dass es BNS-Krämpfe sind." Mir schießt die Geschichte des Finanzbeamten durch den Kopf. Bitte nicht, lieber Gott! Es reicht doch schon, was Benny alles hat! Der Arzt spricht weiter: „Ich halte es für absolut notwendig, dass Benjamin auf unserer Station aufgenommen wird. Sie können bei ihm bleiben. Ich habe mich schon erkundigt, es ist ein Zimmer für Sie frei. Es gibt ein neues Medikament, das allerdings noch nicht ganz zugelassen ist, doch wir haben damit schon großartige Erfolge bei BNS-Krämpfen erzielt."

„Kann Benny nicht zu Hause auf dieses Medikament eingestellt werden?", frage ich. „Nein, das geht auf gar keinen Fall. Kommen Sie doch bitte um zwölf Uhr in die Aufnahme der Poliklinik."

Nun heißt es, in aller Eile Sachen zusammenpacken. Sowohl Benny braucht einen Koffer als auch ich. Denn dass ich bei Benny bleibe, ist selbstverständlich. Das sagt auch Matthias, den ich natürlich gleich anrufe.

Um Punkt zwölf Uhr sind wir in der Aufnahme der Poliklinik angekommen. Eine junge Ärztin nimmt uns mit in den Untersuchungsraum. Sie hört Benny ab und lässt sich von mir die Vorgeschichte erzählen. Während der Untersuchung hat Benny zwei Zuckungen. Die Ärztin erklärt mir, dass jede Zuckung ein kleiner Krampf ist.

Dann nimmt sie mich mit auf die Station. Ich habe den Kinderwagen von Benjamin mitgenommen und bei der Aufnahme mit der Ärztin abgesprochen, dass Benjamin darin liegen bleiben darf. Er muss nicht in so ein schreckliches Gitterbett aus dem Krankenhaus. Außerdem kennt Benjamin seinen Kinderwagen und hat da etwas, was er gewohnt ist und wo er sich geborgen fühlt.

Als ich unser Zimmer sehe, bin ich noch glücklicher über die Lösung mit dem Kinderwagen. Das Zimmer ist sehr klein. Gerade mal drei Meter lang und zwei Meter breit.

Eine Schwester kommt herein und bringt mir ein paar Windeln, Tücher und ein Thermometer. Sie erklärt mir, wo ich eine Waschschüssel für Benjamin finden kann, und dass ich mir morgens im Schwesternzimmer eine Essenskarte abholen muss und damit in der Kantine mein Frühstück und mein Mittagessen bekomme.

Ich frage, ob ich mein vegetarisches Essen vorbestellen muss, doch die Schwester meint, es würde genügen, wenn ich in der Kantine Bescheid sagen würde, dass ich Vegetarier bin.

Nun sitzen Benny und ich in diesem kleinen Zimmer und warten darauf, dass ein Arzt kommt. Am späten Nachmittag ist es dann auch so weit. Ein Arzt kommt herein, horcht Benny noch mal ab und geht wieder. Das ist es dann für heute gewesen. Ich frage mich, warum ich dafür schon so früh am Mittag im Krankenhaus sein musste.

Nach dem Dienst kommt Matthias bei mir vorbei: „In was für ein Loch haben sie dich denn hier gesteckt?!" Er findet das Zimmer witzig. Eine Schwester kommt gegen 17 Uhr ins Zimmer und sagt mir, dass das Abendbrot im Aufenthaltsraum steht. Auf einem Wagen stehen Teller, Tassen, Besteck, Getränke und für jede mitaufgenommene Mutter eine kleine Papiertüte, wo das Essen drin ist. Ich nehme mir mein Essen mit aufs Zimmer, wo Matthias auf mich wartet. „Das sieht ja liebevoll gemacht aus", witzelt er, als ich mit der Papiertüte ankomme.

Es ist ein komisches Gefühl, wieder in einem Krankenhaus zu schlafen. Ich habe Sehnsucht nach Matthias. Er wird sich in unserer Wohnung jetzt sicher sehr einsam fühlen. Ich kann ihm das gut nachempfinden.

Am nächsten Morgen bin ich früh wach. Ich mache erst Benjamin und dann mich fertig. Dann hole ich meine Essenskarte und sage den Schwestern Bescheid, dass Benny nun alleine im Zimmer ist, während ich zum Frühstück gehe. Die Zimmertür lasse ich auf, damit sie Benjamin hören, wenn er weint.

Als ich nach dem Frühstück auf die Station zurückkomme, höre ich, wie Benjamin weint. Niemand ist bei ihm und kümmert sich darum. „Ich bin ja da!", sage ich, als ich ins Zimmer komme. Sobald Benjamin meine Stimme wahrnimmt, hört er auf zu weinen.

Am Morgen ist Visite angesagt. Es ist der dritte Arzt, den ich hier kennen lerne. Ich frage ihn, wie Benjamin denn nun behandelt werden soll. Der Arzt sagt: „Das wird heute um zehn Uhr in der Ärztebesprechung entschieden. Dr. Perser wird sich danach bei Ihnen melden." Ich bleibe also in unserem kleinen Zimmer. Wieder einmal habe ich unbegrenzt Zeit für meinen Benjamin. Da es in diesem Zimmer keine großen Bewegungsmöglichkeiten gibt, liege ich die meiste Zeit mit Benjamin auf meinem Bauch auf dem Bett. So ist Benjamin ruhiger. Er scheint diese Lage wirklich zu mögen.

Irgendwann im Laufe des Vormittags bringt mir ein Arzt einen leeren Zettel und einen Stift ins Zimmer: „Könnten Sie Benjamin ein wenig beobachten und die Krämpfe zählen? Es wäre gut, wenn Sie dazuschreiben würden, in welchen Situationen er krampft." Nun habe ich eine Aufgabe. Jetzt übernehme ich die Sitzwache bei Benjamin, außer in den Zeiten, in denen ich beim Essen oder auf der Toilette bin. Doch der Arzt sagt, dass es nicht wichtig ist, die ganz genaue Zahl der Krämpfe zu ermitteln. Ich fange also an, Benjamin zu beobachten. Nach einer Stunde stehen schon eine ganze Reihe Striche auf dem Zettel, ein Strich pro Krampf. Dass es so viele Krämpfe sind, hätte ich vorher nie gedacht. Aber wann nimmt man sich auch schon mal die Zeit und guckt sein Kind eine ganze Stunde lang ununterbrochen an. Ich tue es heute den ganzen Vormittag. Irgendwie bin ich froh, als es Zeit zum Mittagessen wird. Ich warte, bis Benjamin schläft und sage den Schwestern mal wieder Bescheid, dass ich zum Essen gehe.

Bei der Essensausgabe sage ich, dass ich Vegetarier bin. Daraufhin bekomme ich ein paar Kartoffeln mit Tomatensoße. Ich kriege Heimweh nach meiner eigenen Küche. Ein bisschen mehr Fantasie habe ich beim Kochen doch. Ein Mann setzt sich an meinen Tisch: „Sind Sie hier auch mit aufgenommen?" Als ich das bestätige, erzählt er mir, dass er mit seinem anderthalbjährigen Sohn auf unserer Station liegt: „Wir sind schon seit zwölf Wochen hier. Mein Sohn hat BNS-Krämpfe. Bei ihm probieren sie ein neues Medikament aus, aber bisher hat es noch nicht so richtig angeschlagen, und nun müssen irgendwelche Kombinationen von Medikamenten durchprobiert werden." Ich bekomme einen Schreck. Ich habe gehofft, hier in ein bis zwei Wochen wieder raus zu sein, und nun muss ich hören, dass andere Kinder mit derselben Krankheit seit drei Monaten hier liegen. Ich weiß nicht, ob ich das durchstehe.

Den Nachmittag verbringe ich wieder mit der Beobachtung meines Kindes. Wenn ich die Augen vom vielen Hinschauen nicht mehr offen halten kann, lege ich Benjamin wieder auf meinen Bauch. Wenn er da einen Krampf hat, dann spüre ich es. Mal zuckt nur ein Arm oder ein Bein, mal nur ein Augenlid und mal zuckt Benjamin mit dem ganzen Körper oder mit einer Körperhälfte. Die Krämpfe fallen immer ganz unterschiedlich aus, auch das schreibe ich alles auf.

Um mich wenigstens etwas zu bewegen, gehe ich mit Benjamin auf dem Flur spazieren. Da trifft man auch mal eine andere Mutter oder einen Vater oder zumindest ein anderes Kind. Man bekommt mal ein aufmunterndes Lächeln von den vorbeiflitzenden Krankenschwestern. Im Zimmer werde ich langsam stumpfsinnig. Dort starre ich nur hohe, weiße Wände an.

So findet Matthias uns auf dem Flur, als er nach der Arbeit vorbeikommt. Dr. Perser war bisher immer noch nicht bei uns. Ich ärgere mich über die zwei verlorenen Tage, die ich jetzt hier verbracht habe. Bisher wurde mit Benny noch nichts gemacht. Doch am Abend, als es schon dunkel ist und ich die Ärzte schon zu Hause am Kamin vermute, geht die Tür doch noch auf und Dr. Perser schaut herein.

„Schön, dass Sie beide hier sind“, fängt er das Gespräch an. „Es sieht in der Tat so aus, als ob Benjamin BNS-Krämpfe hat. Wir werden in den nächsten Tagen mit einem neuen Medikament bei Benjamin beginnen. Das Medikament ist noch nicht völlig zugelassen, aber doch schon so weit, dass man es bekommen kann. Man hat sehr gute Erfolge mit diesem Medikament erzielt, ohne dabei schwere Nebenwirkungen zu haben. In den ersten Tagen können die Kinder entweder etwas müder werden oder etwas aufgedrehter. Beides wurde schon beobachtet. Wir werden mit einer Tablette am Abend anfangen und werden es dann bei Bedarf steigern mit einer Tablette morgens und so weiter.“

„Wann genau fangen wir mit der Therapie an?“, will ich wissen. Ich bin langsam ungeduldig.

„Sagen wir mal morgen Abend.“

„Warum nicht heute Abend? Sie haben mich so dringend ins Krankenhaus bestellt und nun wird seit zwei Tagen nichts gemacht. Die Krämpfe hätte ich auch zu Hause zählen können.“ Der Arzt scheint meinen Unmut zu spüren und gibt klein bei: „Ist gut, wir beginnen heute Abend mit der Therapie.“ Jetzt hat er bei mir einen Stein im Brett. Endlich mal ein Arzt, der mit sich reden lässt und nicht die autoritäre Masche heraushängen lässt wie die Ärzte der anderen Klinik.

Nun lässt sich der Arzt die Liste zeigen, die ich den ganzen Tag über geführt habe: „Sie haben sich aber wirklich Mühe gegeben“, sagt er. „Ich hatte ja nichts Besseres zu tun“, gebe ich zur Antwort.

Nach dem Abendbrot verabschiedet sich Matthias. Er ist ganz schön k.o. Erst muss er den ganzen Tag arbeiten und dann verbringt er langweilige Stunden im Krankenhaus. Zeit für sich hat er nicht mehr viel.

Wir vereinbaren, dass er mich noch mal anruft, wenn er zu Hause angekommen ist. Zwei Zimmer weiter ist eine Küche für die Eltern, wo auch ein Telefon steht, von dem man angerufen werden kann. Matthias hat die Nummer dieses Telefons schon an meine Eltern weitergegeben und so bekomme ich doch regelmäßig Anrufe.

Benjamin bekommt also schon heute Abend eine halbe Tablette Sapril. Als die Nachtschwester ihre Abendrunde dreht, gebe ich Benjamin gerade seine letzte Mahlzeit. Nachts trinkt er schon seit längerer Zeit nichts mehr. Eigentlich schläft er jetzt ganz gut durch.

Die Nachtschwester sagt mir, dass Benjamin für die Nacht eine Sitzwache bekommt: „Bringen Sie Benjamin doch in den Aufenthaltsraum, wenn Sie ins Bett gehen. Da stehen schon andere Kinder, die eine Sitzwache brauchen." Ich behalte Benjamin so lange wie möglich bei mir und bringe ihn erst zur Sitzwache, als er schläft. Im Raum stehen schon drei Kinderbetten. Unter anderem auch der kleine Junge, dessen Vater ich am Morgen kennen gelernt habe. Der Junge spielt noch in seinem Bett vor sich hin. Er hat ein bezauberndes Lächeln, das ihn mit seinen abstehenden Ohren einfach liebenswert macht. Während er spielt, streckt er die Arme seitlich weg, hält aber dabei die Hände nach unten. So verharrt er einige Sekunden, dann schaut er mich an, lächelt und spielt weiter. „Wer hat dir denn gezeigt, wie ein Affe macht?", spreche ich mit ihm. Die Sitzwache klärt mich auf: „Nein, das war kein Spiel. Das war ein Krampf." Ich bin erstaunt darüber, wie unterschiedlich selbst BNS-Krämpfe sein können. Für jemanden, der das nicht weiß, ist das überhaupt nicht feststellbar. Die Nachtwache erklärt mir, dass die meisten Krämpfe auch nicht durch ihre Art, sondern durch die Häufigkeit, in der sie auftreten, auffallen.

Es ist nun schon sehr spät. Ich erkläre der Sitzwache, wie Bennys Krämpfe aussehen und wie ich das Krampfprotokoll geführt habe. In der Zeit, in der ich Benny heute beobachtet habe, hatte er weit über 100 Krämpfe. Als die Nachtschwester mir verspricht, mich zu holen, falls etwas mit Benny wäre oder er weint, verabschiede ich mich schweren Herzens. Sicher, ich liege nur ein paar Zimmer weiter, aber mein Kind gebe ich nicht gerne in fremde Hände. Ich fürchte, ich gehöre zu der Sorte der überbesorgten Mütter, die anderen mit ihrer Art auf die Nerven gehen.

Am nächsten Morgen bin ich schon um sechs Uhr wach. Mein erster Gang führt zu Benny. Er ist gerade wach geworden. „Es gab in der Nacht keine Probleme", sagt mir die Sitzwache, „nur dass Benny sehr oft gekrampft hat." Ich schaue auf den Zettel, den sie mir zurückgibt. Seit ich angefangen habe, die Krämpfe zu zählen, hat er mehr als 200 Krämpfe gehabt. Und es sind noch nicht einmal 24 Stunden seitdem vergangen. Ich gebe den Zettel im Stationszimmer ab und bekomme einen neuen. Da ich in unserem Zimmer keinen Wickeltisch habe, muss ich Benny immer auf dem Bett wickeln und waschen. Die Untersuchungen während der Visite finden auch auf meinem Bett statt. Ich bekomme langsam Rückenschmerzen, weil ich mich beim Wickeln immer so tief bücken muss. Nach dem Frühstück warte ich auf die Visite. Ein junger Arzt macht die Tür zu unserem Zimmer auf, steckt seinen Kopf herein und sagt: „Hier ist alles in Ordnung." Damit schließt er die Tür wieder. Das war die Visite für den heutigen Tag. Als feststeht, dass für uns an diesem Tag nichts mehr läuft, ziehe ich Benny an und gehe mit ihm auf dem Gelände spazieren. Das ist erlaubt und wird sogar von ärztlicher Seite unterstützt. Der Herbst ist in diesem Jahr aber auch sehr schön. Die Luft ist klar, aber eiskalt und die Sonne schimmert durch den Nebel. Ich bin froh, meinem kleinen Zimmer entkommen zu sein und mit Benny die Natur genießen zu können.

Gerade bei den Mahlzeiten in der Kantine lerne ich andere Mütter oder Väter kennen. Mit einer Mutter verstehe ich mich besonders gut. Ihr sechsjähriger Sohn liegt seit einigen Tagen mit hohem Fieber auf dieser Station. Niemand weiß, was er hat. Kein Medikament scheint bei ihm anzuschlagen. Sie wohnt mit ihrem Kind im Nachbarzimmer. So kommt es vor, dass wir uns gegenseitig besuchen. Ihr Zimmer ist mindestens dreimal so groß wie unseres und hat eine kleine runde Nische. So bin ich dann öfter bei ihr als sie bei mir. Benny lasse ich im Wagen dann allerdings in der offenen Tür stehen. So kann ich ihn weiter beobachten, ohne dass ich Angst haben muss, dass er sich bei dem anderen Kind ansteckt. Je mehr ich Kontakt zu anderen Eltern bekomme, desto weniger schrecklich finde ich es hier.

Ich telefoniere fast jeden Tag mit dem Jugendamt, um über Benjamins Zustand zu berichten. Und auch das Jugendamt ruft mich an, wenn sie wieder etwas für uns in die Wege geleitet haben. Aber so viel müssen sie zurzeit für uns nicht machen. Der Antrag auf Namensänderung von Benny läuft noch.

Die Tage vergehen recht eintönig. Aus Langeweile fange ich schon an, die Kinderbücher der Station zu lesen. Dabei liegt Benjamin wieder auf meinem Bauch, damit ich seine Krämpfe spüre. Nachdem Benjamin zwei Tage lang die halbe Tablette am Abend bekommen hat, wird die Dosis erhöht. Nun bekommt er morgens und abends eine halbe Tablette. Er krampft immer noch sehr oft, aber die Anzahl der Krämpfe ist schon von über 200 am Tag auf etwa 150 zurückgegangen.

Am Donnerstagabend klingelt in der Elternküche das Telefon. Es ist Sabine. Sie hat von Matthias gehört, dass ich mit Benjamin wieder im Krankenhaus liege. So haben sie und Thomas beschlossen, uns am Samstagnachmittag in der Klinik zu besuchen. Ich freue mich darüber. Das bedeutet wieder etwas Abwechslung für mich. Und auch für Matthias ist es dann nicht so langweilig im Krankenhaus. Er verbringt hier jede freie Minute.

Es ist Freitag und ich bin spät dran. Sonst gehe ich immer schon um Viertel vor sieben zum Frühstück, doch jetzt ist es schon kurz nach sieben.

Als ich mich bei der Schwester abmelde, sagt sie: „Frau Steinebach, Sie denken daran, dass das Taxi um Viertel vor acht kommt?!"

„Welches Taxi? Ich weiß von nichts!"

„Hat Ihnen die Nachtschwester gestern nicht gesagt, dass Benjamin heute zum MRT muss? Das Taxi kommt also um Viertel vor acht. Sie fahren mit Benjamin dorthin und werden von einem Arzt begleitet."

Schön, dass ich das jetzt schon erfahre. Ich beeile mich mit dem Frühstück, renne ins Zimmer zurück, packe eine Mahlzeit für Benjamin ein und ziehe meinen Sohn an. Ein MRT ist so etwas Ähnliches wie ein CT, nur dass da Magnetstrahlen benutzt werden anstatt Röntgenstrahlen, um eine Aufnahme des Gehirns zu machen. Ein MRT lässt genauere Diagnosen zu.

Kaum sind wir fertig, da ist das Taxi auch schon da. Ich trage Benjamin in einem weichen Kissen. Der Arzt kommt mit einem riesigen Notfallkoffer an. Das sieht alles sehr gefährlich aus. Mir wird ein bisschen mulmig zumute. Was erwartet uns dort? Ich habe auch noch nie bei einem MRT zugesehen. Die Taxifahrt dauert nur wenige Minuten. Wir müssen nur von der Kinderuniklinik zum Gelände der großen Uniklinik gebracht werden. Dort muss ich mit Benjamin erst einmal warten, während der Arzt durch die Glastür in den Untersuchungsbereich geht. Der Arzt kommt zu mir und sagt, dass wir noch etwas warten müssen, weil ein MRT-Gerät ausgefallen ist. Darum dauert das heute alles etwas länger. „Geben Sie Benjamin ruhig noch etwas zu trinken, damit er nicht während der Untersuchung anfängt, wegen Hunger zu schreien." Ich biete Benny die Flasche an, doch irgendwie spürt er die Unruhe und trinkt nicht viel. Die Krämpfe sind jetzt auch sehr häufig. Die ganze Unruhe, die hier herrscht, scheint sich auf Benjamin zu übertragen. Endlich werden wir aufgerufen. Wir werden in einen Raum geführt, wo eine riesige Metallröhre steht. Die Liegefläche kann per Knopfdruck herausgefahren werden. Benjamin wird mit dem Kopf in eine Schale gelegt, die so befestigt wird, dass er den Kopf nicht mehr bewegen kann. Dann wird ein Becher auf seinen Bauch gestellt und mit einem Klebeband festgemacht. „Das ist dafür da, dass man kontrollieren kann, ob das Kind noch atmet“, erklärt mir der Arzt. Benny wird in die Röhre hineingefahren. Ich werde gefragt, ob ich draußen warten möchte oder ob ich bei der Untersuchung dabeibleiben möchte. Ich bleibe bei Benny. Dann bekomme ich zwei Ohrenstöpsel. Der Arzt aus der Kinderklinik bleibt auch im Raum und beobachtet Benny ununterbrochen. Den Sinn der Ohrenstöpsel lerne ich bald kennen. Das Gerät macht erst einige klackende Geräusche und fängt dann an, ohrenbetäubend zu brummen. Benjamins Krämpfe werden bei dem Lärm immer heftiger und auf einmal gibt der Arzt den Leuten draußen vor der Scheibe ein Zeichen. Das Brummen hört auf und Benjamin wird aus der Röhre herausgefahren. Er hat angefangen zu spucken und ist nun völlig nass. Wir ziehen ihm den Strampler aus und das ganze Unternehmen beginnt von vorne. Nach etwa einer Stunde sind wir fertig. Jetzt stellt sich das Problem, was Benny anziehen soll. Den nassen Strampler kann ich ihm nicht mehr anziehen. Wir bekommen ein Flügelhemd für Erwachsene zur Verfügung gestellt. Ich bin froh, dass ich das dicke Kissen mitgenommen habe.

Als wir wieder in unserem Zimmer angekommen sind und Benjamin wieder einen neuen Strampler anhat, setze ich mich erst einmal ganz ruhig mit ihm auf das Bett. Allein bei der Untersuchung hat Benjamin mehr als 40 Krämpfe gehabt. Dabei habe ich, während er in der Röhre lag, nur die großen Krämpfe gesehen. Ich merke, dass die Krämpfe nun weniger werden. Benny liegt mit seinem Kopf auf meiner Schulter. Seine Wange liegt an meiner Wange. Ich spüre seine warme, weiche Haut. Ich rede leise mit ihm und wiege ihn sanft hin und her.

Solche Momente genieße ich. So kann ich mein Kind hautnah spüren und auch Benjamin scheint unsere Schmusestunde zu genießen.

Es ist Freitag, darum hat Matthias heute früher Schluss. Wir warten auf das Ergebnis von der MRT-Untersuchung. Am späten Nachmittag kommt Dr. Perser zu uns. Er zeigt uns die Bilder von Benjamins Kopf und erklärt dazu: „Das MRT ist doch ganz anders ausgefallen als das CT damals auf der Intensivstation. Man sieht einen sehr deutlichen Hirnschrumpfungsprozess, der durch die Hirnödeme ausgelöst wurde. Dadurch, dass Gehirnzellen abgestorben sind, wird die Hirnmasse kleiner. Um das Gehirn hat sich nun vermehrt Gehirnwasser gebildet, um den Raum auszufüllen." Das hört sich alles sehr beunruhigend an. Wir wollen wissen, was das konkret für Bennys Zukunft bedeutet.

„Das kann man nicht so genau sagen, weil wir nicht wissen, wann der Hirnabbauprozess stoppt. Dass er irgendwann stoppt, ist sicher, aber niemand weiß, was für Schäden er bis dahin anrichtet."

„Kann Benny jemals laufen, sprechen oder sonst etwas lernen?", will ich wissen.

Der Arzt zögert: „Ich will Ihnen da jetzt nichts Falsches sagen. Niemand kann das zu diesem Zeitpunkt genau sagen, aber ich befürchte, dass Benjamin nicht einmal lernen wird, den Kopf zu halten, geschweige denn zu sprechen oder gar zu laufen. Ich denke, Sie sollten sich darauf einstellen, dass Benjamin sich nicht weiter entwickeln wird, als er jetzt ist." Wir sind schockiert. Aber irgendwie haben wir wohl doch damit gerechnet.

„Welche Lebenserwartung hat Benjamin mit so einer Behinderung?", fragt Matthias.

„Auch das kann man nicht genau sagen. Es kann zehn oder zwanzig Jahre so weitergehen, aber wahrscheinlicher ist es, dass er keine zwei oder drei Jahre alt wird. Ich will Ihnen da aber jetzt keine festen Zahlen geben, weil wir das wirklich nicht genau sagen können."

So schockiert ich auch über die Diagnose bin, so erleichtert bin ich aber auch, dass momentan keine akute Lebensgefahr droht. Selbst wenn er nur zwei oder drei Jahre alt wird, so werden wir ihn immerhin noch einige Zeit bei uns haben. Ich weiß, dass mein Blick in dieser Hinsicht sehr kurzsichtig ist, aber ich kann mich zurzeit nicht mit dem Gedanken beschäftigen, Benny einmal verlieren zu müssen. Und so schiebe ich diese Vorstellung von mir weg.

Auch Matthias ist sehr bedrückt. Als wir wieder im Zimmer sind, halten wir uns fest im Arm. Wir bitten Gott um seine Hilfe. Das Gebet verbindet uns und wir spüren, wie Gott uns Kraft zum Durchhalten gibt. Ich bin überzeugt davon, dass er uns in dieser Zeit trägt. Ich wäre sonst sicher schon durchgedreht. Manchmal, wenn ich denke, ich schaffe es nicht mehr, mir fehlt die Kraft zum Weiterleben, dann rede ich mit meinem Gott und sage ihm, wie es mir geht. Ich bin noch niemals von so einem Gebet aufgestanden, ohne wieder neue Kraft und neuen Mut zu spüren.

Die Gemeinde ist nur zehn Gehminuten von der Kinderklinik entfernt. Ich darf das Gelände mit Benjamin auf eigenen Wunsch verlassen. Morgens in der Visite erkläre ich dem Arzt, dass ich mit Benjamin gerne in den Gottesdienst gehen würde, und er erlaubt es uns. Niemand wundert sich, dass wir im Gottesdienst sind, denn dass wir mal wieder im Krankenhaus sind, hat noch niemand mitbekommen. Doch viele unserer Glaubensgeschwister fragen mich, wie es Benny geht. Als sie hören, dass wir wieder im Krankenhaus sind, versprechen sie, für uns zu beten.

Benjamin krampft heute verhältnismäßig wenig. Dr. Perser hat uns gestern noch gesagt, dass ab heute Abend die Sapril-Dosis erhöht wird. Bei Benjamin scheint das Medikament gut anzuschlagen. Er hat noch nicht einmal die Hälfte der erlaubten Tagesdosis und die Krämpfe haben sich schon um mehr als die Hälfte verringert. Während des Schlafes krampft Benjamin fast gar nicht mehr.

Die Erhöhung der Medikamentendosis macht sich bei Benjamin durch starke Schläfrigkeit bemerkbar. Das war schon bei der ersten Erhöhung so und auch als das Sapril angesetzt wurde. Die Müdigkeit lässt nach ein bis zwei Tagen nach. Doch jetzt, mit der zweiten Erhöhung der Medikamentendosis, ist Benjamin kaum noch wachzukriegen. Es ist kaum noch möglich, ihm seine Mahlzeit zu geben. Dr. Perser hat an diesem Sonntag Bereitschaftsdienst und kommt morgens noch mal in unser Zimmer. Ich berichte ihm, dass Benjamin so gut wie nichts mehr trinkt, weil er nur noch schläft. „Eigentlich bin ich nicht dafür, dass Benjamin wieder eine Magensonde bekommt, aber es ist momentan gar nicht anders möglich, ihm etwas zu essen oder zu trinken zu geben. Könnte er da nicht wenigstens für ein oder zwei Tage eine Magensonde bekommen? Nur so lange, wie die starke Schläfrigkeit andauert", schlage ich vor. „Sicher, das ist möglich. Sie sehen ja selbst, wann Benjamin wieder selber trinkt. Dann sagen Sie den Schwestern Bescheid, dass die Magensonde wieder herausgenommen werden kann. Ich schicke gleich jemand zu Ihnen." Damit verabschiedet sich der Arzt von Benny und mir. Das ist gut, dass er gleich eine Krankenschwester zu uns schickt, denn es ist mal wieder Essenszeit für Benjamin. Doch als Matthias eine halbe Stunde später zu uns kommt, war noch immer keine Schwester bei uns.

Ich frage im Dienstzimmer nach und bekomme zur Antwort, dass gleich jemand zu uns kommt. Doch auch nach einer weiteren halben Stunde ist immer noch keine Schwester bei uns gewesen. Inzwischen ist Benny schon eine Stunde hinter seiner Mahlzeit her. Matthias reicht es jetzt: „Dann sollen sie uns eine Magensonde geben und ich lege sie schnell selber. Das ist doch keine große Sache. Ich mache das so oft auf der Arbeit." Ich gehe noch mal zum Schwesternzimmer und bitte um eine Magensonde. Die wird mir ohne Verzögerung gegeben. Im Zimmer legt Matthias Benny die Magensonde selber. Ich habe schon oft zugesehen, wie Benjamin eine neue bekommen hat. Oft war das ein echter Kampf, aber bei Matthias geht das so problemlos, wie Benny es wohl noch nie erlebt hat. Behutsam, aber schnell schiebt Matthias den dünnen Schlauch durch ein Nasenloch. Mit der Spritze wird etwas Magensaft angezogen, um die richtige Lage der Sonde zu überprüfen. Dann wird sie nur noch befestigt und die nächste Mahlzeit ist gerettet. Wir geben Benny gleich seine Milch. Er schläft dabei natürlich tief und fest weiter. Gerade als wir mit der Mahlzeit fertig sind, kommt eine Krankenschwester ins Zimmer und will die Magensonde legen. „Das ist schon passiert. Mein Mann hat es schnell selbst gemacht", erkläre ich der erstaunten Schwester. Die atmet erleichtert auf. Magensondenschieben scheint hier nicht zu den beliebtesten Aufgaben zu gehören.

Für die hier arbeitenden Krankenschwestern sind wir arbeitsarme Stationsbewohner. Meistens sehe ich erst die Nachtschwester bei ihrer Abendrunde in meinem Zimmer. Sie will dann wissen, wann und wie viel Benny gegessen hat, wie hoch die Temperatur ist, wann er abgeführt hat und wie oft er heute gekrampft hat. Manchmal gibt es dieses Frage- und Antwortspiel auch mittags vor der Übergabe noch einmal. Ansonsten kommt niemals eine Schwester zu uns rein. Am Anfang haben sie noch dreimal am Tag den Blutdruck gemessen, doch selbst das mache ich längst selber. Ich bin froh, dass ich Benny komplett selber versorgen kann. So muss er sich nicht an so viele fremde Gesichter gewöhnen und mir wird dabei nicht langweilig. Außerdem liebe ich es, wenigstens etwas in meinem Beruf tätig zu sein. Im Krankenhaus zu sein, ohne zu arbeiten, ist für mich unvorstellbar.

Ich merke, wie meine Beziehung zu Benny immer intensiver wird. Für einen Unbeteiligten sieht es vielleicht so aus, als ob Benjamin nicht mehr auf seine Umwelt reagiert, aber ich merke an Kleinigkeiten, dass er sie sehr wohl wahrnimmt. Sein Gesichtsausdruck verändert sich zum Beispiel, wenn er eine bekannte Stimme hört. Er wird immer noch lebhafter, wenn Matthias kommt und ihn auf den Arm nimmt, und er wird ruhiger, wenn er merkt, dass ich bei ihm bin.

Ich komme abends immer sehr spät ins Bett, weil ich mich meistens noch mit der Nachtwache verquatsche. Eine ältere Nachtwache hatte schon von Benny gehört, als er noch auf der Intensivstation lag. Sie ist von seinem Schicksal so angetan, dass sie mich oft in lange Gespräche verwickelt. „Ich bewundere Sie, wie Sie sich um dieses so schwer behinderte Kind kümmern! Dabei ist es nicht einmal Ihr eigenes!“ Ich habe es längst aufgegeben zu erklären, dass unser Engagement keineswegs bewundernswert ist, sondern selbstverständlich. Wieso erwartet man von leiblichen Eltern jeden Einsatz, aber bei Pflegeeltern muss man denselben Einsatz bewundern? Die Leute scheinen nicht zu begreifen, dass wir Benjamin lieben, wie man ein Kind nur lieben kann. Und wenn ich bei Benjamin bleibe, dann tue ich es nicht nur für ihn, sondern auch für mich, einfach deshalb, weil mir jede Minute zu schade ist, die ich nicht mit meinem Kind verbringen kann. Und weil ich seine Nähe und Wärme vermisse, wenn er nicht bei mir ist. Ich denke, kaum eine Mutter verbringt viel Zeit mit ihrem Kind, nur weil es für das Kind gut ist. Nein, so viel Eigennutz ist auch dabei, dass man sein eigenes Wohl dabei fördert. Es ist nun mal so, dass das Kind genauso wenig ohne die Mutter sein kann wie die Mutter ohne das Kind.

Derjenige, der bewundernswert ist, auch von meiner Seite aus, ist Matthias. Nun muss er schon seit Monaten so viel auf mich verzichten. Er hat den ganzen Haushalt am Hals. Trotzdem kommt er immer nach der Arbeit zuerst zu uns ins Krankenhaus, bleibt bis zum Abend und fährt dann nach Hause, um dort für unsere Wäsche zu sorgen und den Haushalt in Schuss zu halten. Von Benjamin hat er in dieser Zeit fast gar nichts. Wenn Matthias bei uns ist, schläft Benjamin meistens. Jemanden, mit dem er über seine Sorgen sprechen kann, hat er auch nicht. Wenn er bei mir ist, reden wir oft nur über die Therapie, wie oft Benjamin heute gekrampft hat oder was die Ärzte bei der Visite gesagt haben. Und trotzdem höre ich von Matthias kein Wort der Klage. Dass er einsam ist, sehe ich ihm an, doch damit will er mich nicht belasten. Er schont mich, wo er nur kann. Dabei liebt er Benjamin nicht weniger und leidet genauso wie ich.

In dieser Zeit zeigt sich, wie stark unsere Ehe ist und was für ein Juwel ich geheiratet habe. Ich danke meinem Gott jeden Tag für diesen Mann.

Benjamin bekommt fast von Anfang an seine Krankengymnastik. Die Therapeutin holt uns aus unserem Zimmer ab und wir gehen in den Turnraum am Ende des Flures. Anfangs hat Benjamin beim Turnen immer noch sehr oft gekrampft, doch mit der Zeit werden auch hier die Krämpfe weniger. Ich bin die ganze Zeit dabei und lasse mir Tips geben, wie ich mit Benny turnen kann.

Benjamin hat Husten bekommen. Er scheint eine beginnende Lungenentzündung zu haben, doch das ist kein Grund zur Sorge, versichern mir die Ärzte. Professor Krause weiß natürlich längst, dass wir wieder hier sind. In der täglichen Mittagsbesprechung der Ärzte erfährt er immer das Neueste über Benjamin.

Die Magensonde braucht Benjamin nur einen Tag lang, dann ist er wieder so wach, dass er von selber trinkt. Ich ziehe ihm die Magensonde selber raus und sage später den Schwestern nur Bescheid, damit sie es dokumentieren können. Die Tage werden immer langweiliger. An der Medikamentendosis wird jetzt erst einmal nichts verändert, Untersuchungen stehen auch nicht an und an einigen Tagen gibt es noch nicht einmal eine Visite. Nicht, dass ich die Visite für so unglaublich wichtig halte oder dass ich mir Untersuchungen für Benjamin herbeisehne, das nun wirklich nicht, aber ich frage mich schon seit längerer Zeit, welchen Sinn unser Aufenthalt in der Klinik zurzeit noch hat. Benjamins Krämpfe kann ich auch zu Hause noch beobachten. Zurzeit hat er kaum mehr als zwanzig kleine Krämpfe am Tag und in der Nacht keine mehr.

Als mir Dr. Perser einmal über den Weg läuft, nutze ich die Gelegenheit und spreche ihn auf unsere Entlassung an: „Es wird zurzeit nichts mehr mit Benjamin gemacht. Die Beobachtung der Krämpfe kann ich auch zu Hause machen. Ich sehe keinen Sinn mehr darin, dass wir noch länger hier rumhängen müssen." Dr. Perser erklärt mir, dass er Benjamin noch ein paar Tage hier behalten möchte, falls sich noch etwas verändert: „Anfang nächster Woche können Sie mit seiner Entlassung rechnen", verspricht er mir. „Ich nehme Sie beim Wort!"

Ich habe das Gefühl, die jungen Stationsärzte kommen nicht gerne in unser Zimmer. Aus ihrer Sicht bin ich wohl auch eine echt nervtötende Mutter, mit der sie sich immer auf Diskussionen einlassen müssen. Aber ich möchte die Erfahrungen, die ich mit den Ärzten der anderen Klinik gemacht habe, nicht noch einmal wiederholen müssen. Dort habe ich mich von Anfang an unterbuttern lassen. Ich gebe ja zu, dass mich diese Erfahrungen selbstbewusster gemacht haben. Darunter leiden jetzt die Ärzte dieser Station. Doch so richtig ernsthafte Schwierigkeiten haben wir eigentlich nicht. Und einer der Stationsärzte kommt auch freiwillig öfter mal zu uns. Er hat mir erzählt, dass auch er ein Kind mit einem Herzfehler hat, das gerade operiert wurde. So etwas verbindet.

Es ist wieder Freitag. Wir bekommen überraschenden Besuch. Benjamins Frühförderin kommt vorbei: „Ich muss doch mal gucken, wie es Ihnen und Benny so geht!“ Ich erkläre ihr, dass Bennys Krämpfe schon viel weniger geworden sind. „Ich mache mir eigentlich mehr Sorgen um Sie als um Benjamin. Dass Benny hier in guten Händen ist, weiß ich. Und außerdem hat er Sie, aber Sie sehen nicht gut aus, Frau Steinebach.“

„Ach was, eigentlich geht es mir ganz gut. Es ist halt alles etwas nervig, wenn man hier so rumhängen muss“, versuche ich sie zu beruhigen.

„Das habe ich mir doch gedacht! Wissen Sie was, am Sonntagnachmittag nehme ich mir ein oder zwei Stunden Zeit und bleibe bei Benny. Und Sie gehen mal mit Ihrem Mann so richtig schön essen. Wann haben Sie denn schon mal Zeit füreinander?“

Ich umarme sie dankbar. Ich möchte eigentlich nicht, dass sie ihre freie Zeit für uns opfert, aber sie wischt diese Bedenken weg. Ich freue mich über solche praktizierte Freundschaft.

Am Abend kommt Dr. Perser mit einer Bitte zu mir: „Wir haben morgen einen Ärztekongress in unserer Klinik, von den niedergelassenen Kinderärzten aus der Umgebung. So ein Treffen findet einmal im Jahr statt. Wir wollen die Ärzte durch praktische Beispiele auf einige Dinge aufmerksam machen, die sie in ihrer Praxis anwenden können. Ich würde ihnen gerne Benjamin vorstellen. Er braucht nur in seinem Kinderwagen zu liegen. Also die Ärzte werden ihn nicht untersuchen, nur dass sie ihn mal sehen können. Ich hätte auch Sie gerne dabei. Sie könnten den Ärzten sicher einiges erzählen. Würden Sie das machen?“

Ich wollte morgen eigentlich zum Gottesdienst gehen, doch wenn ich hier dazu beitragen kann, dass anderen Kindern Bennys Schicksal erspart bleibt, dann ist das der beste Gottesdienst, den ich mir denken kann. Außerdem findet die Besprechung so früh statt, dass ich es noch gut zur Predigt schaffen kann. Also sage ich zu. Dr. Perser bedankt sich herzlich.

Am nächsten Morgen holt er uns kurz vor neun von unserem Zimmer ab. Der Besprechungsraum liegt auf einem Flur, der von unserer Station abgeht. Dr. Perser ist sehr aufgeregt, aber gut gelaunt. Wir sind die Ersten, die in diesem Raum ankommen. Die Stühle der Konferenzteilnehmer sind im Halbkreis mir gegenüber aufgestellt. Dr. Perser sitzt an meiner rechten Seite und links neben meinem Stuhl habe ich den Kinderwagen von Benny hingestellt. Benjamin schläft. Das ist gut so, denn so bekommt er nicht die Unruhe mit, die entsteht, als die Kinderärzte hereinkommen. Dr. Perser begrüßt die Teilnehmer der Konferenz und stellt mich vor. Über Benjamin erzählt er gar nicht viel, sondern übergibt mir recht bald das Wort: „Frau Steinebach, erzählen Sie doch ganz einfach mal von Anfang an, wie Benjamins Leben bisher verlaufen ist." Ich fange also an und erzähle von Benjamins Behinderung, von dem Herzfehler, der Therapie und von der Herzoperation. Mir fällt gar nicht auf, dass ich wieder einmal die medizinischen Fachausdrücke benutze. Ich habe immer Schwierigkeiten, allgemein verständliche Begriffe für Fachausdrücke zu finden. Aber da es sich hier ja um Ärzte handelt, habe ich auch nicht das Gefühl, dass ich nicht verstanden werde.

Nach einigen Sätzen unterbricht mich Dr. Perser: „Ich sehe Ihre erstaunten Gesichter. Ich muss noch erklärend hinzufügen, dass Frau Steinebach Krankenschwester ist. Sie weiß also, wovon sie redet." Dann wendet er sich zu mir: „Meine Kollegen scheinen erstaunt zu sein, dass Sie die Fachbegriffe kennen." Hier und da kommt ein Nicken von den Ärzten. Ich fahre in meinem Bericht fort. Da ich keinen langen Vortrag halten will, bemühe ich mich, mich kurz zu fassen. Ab und zu werde ich von einem der Kinderärzte oder -ärztinnen etwas gefragt oder Dr. Perser gibt mir kurze Anweisungen wie: „Sagen Sie doch mal, was Sie beobachtet haben, nachdem Benjamin im Oktober entlassen wurde."

Das ganze Gespräch dauert etwa fünfzehn Minuten. Ich rechne damit, dass ich nun verabschiedet werde und die Konferenz ohne mich weitergeht. Doch nichts dergleichen geschieht. Dr. Perser breitet die EEGs aus, die inzwischen von Benny gemacht wurden und versammelt die Ärzte um den Tisch. Ich bleibe sitzen, da am Tisch sowieso kein Platz mehr ist. Danach zeigt Dr. Perser die Bilder vom CT und MRT. Bei den Erklärungen, die er dabei gibt, bekomme auch ich ein besseres Verständnis von Benjamins Situation. „Zum Abschluss möchte ich noch erwähnen, dass das Ehepaar Steinebach Benjamin in Pflege genommen hat", sagt Dr. Perser. Ein Raunen geht durch den Raum. Ich habe das eigentlich bewusst nicht erwähnt. „Wenn keine Fragen mehr sind, möchte ich hiermit schließen", beendet Dr. Perser die Sitzung. Das Ganze hat vielleicht eine halbe Stunde gedauert. Die Kinderärzte gehen nun zur nächsten Station, wo ein anderer Fall vorgestellt wird. Doch vorher gehen sie noch mal zum Kinderwagen, um Benny zu sehen. Viele wünschen uns viel Kraft oder alles Gute. Einige kommen auch zu mir und sagen: „Er ist aber wirklich unglaublich süß!“ Es geht kaum ein Kinderarzt aus dem Raum, der sich nicht von uns verabschiedet. Nun bleiben nur noch Dr. Perser und ich zurück. „Das ist doch sehr gut gelaufen, vielen Dank“, sagt er zu mir. Ich nutze noch schnell die Gelegenheit und bitte ihn, mir kurz so eine EEG-Kurve zu erklären. Ich möchte gerne wissen, woran man einen Krampf erkennt. Dazu ist Dr. Perser auch bereit. Nach einigen Minuten verlassen wir gemeinsam den Raum, verabschieden uns und wünschen noch ein schönes Wochenende. Ich ziehe Benny und mich schnell an, melde uns bei den Schwestern ab und gehe nun zum Gottesdienst. Wir schaffen es gerade noch zur Predigtstunde.

Am Sonntagnachmittag kommt die Frühförderin, wie sie es versprochen hat: „Lasst euch Zeit! Ihr müsst nicht hetzen. Ich bin bei Benjamin und bleibe so lange hier, bis ihr wieder da seid.“ Ich weiß, dass Benjamin bei ihr in guten Händen ist. Während wir losfahren, geht sie mit ihm im Park spazieren. Ich fühle mich herrlich. Endlich bin ich einmal diesem Krankenhaus entkommen. Ich fühle mich frei! Auch Matthias ist ganz gelöst. Wir haben jetzt endlich mal ein oder zwei Stunden ganz für uns. Welch eine Wohltat! Wir suchen uns ein kleines italienisches Restaurant aus, in dem wir etwas essen wollen. Wir haben richtig gute Laune. Ich hoffe, dass wir morgen entlassen werden. Das fördert die gute Laune natürlich noch mehr. Aber nach dem Essen fahren wir trotzdem schnell wieder zum Krankenhaus zurück. Wir wollen die Zeit unseres Babysitters nicht übermäßig beanspruchen. Dankbar entlassen wir sie von ihren Pflichten.

Am nächsten Morgen kommt Dr. Perser zur Visite. Dass ich die Sitzung am Wochenende mit ihm durchgezogen habe, rechnet er mir hoch an.

Ich komme gleich auf den Punkt: „Wann können wir nach Hause gehen?“

„Heute Abend oder morgen früh“, antwortet er mir.

„Dann lieber heute Abend! Wieso sollen wir noch eine Nacht hier bleiben“, gebe ich prompt zurück. Dr. Perser muss lachen: „Na, Sie wissen aber, was Sie wollen! Wir werden mal sehen. Ich werde Benjamin nachher noch mal Blut abnehmen, um zu prüfen, ob sich die Lungenentzündung behoben hat.“

Wenig später werden wir zum Untersuchungszimmer geholt.

Da das Blutabnehmen bei Benjamin immer noch eine sehr schwierige Angelegenheit ist, macht Dr. Perser es diesmal selbst. „Können Sie mir assistieren?", fragt er mich. Das ist selbstverständlich. Die Schwester, die helfen sollte, wird nun nicht mehr benötigt. Sie kommt gegen Ende der Blutentnahme wieder in den Raum, um die Blutröhrchen zu beschriften. Nach einigem Suchen findet Dr. Perser eine Vene am Kopf, die er punktieren kann. Benjamin ist ganz ruhig bei der Blutentnahme. Nur während des Pieks weint er kurz. Ich halte sein Köpfchen fest und streichle mit den Fingern seine Wange. Dabei rede ich beruhigend auf ihn ein. Ich würde ihm das alles so gerne ersparen. Lieber lasse ich mir zehnmal Blut abnehmen, als dass Benny es einmal durchmachen muss, aber ich kann an der Situation leider nichts ändern.

In vielen Dingen, wo Benjamin Schmerzen zugefügt werden müssen, wie zum Beispiel beim Blutabnehmen, oder wenn Benny mal wieder beatmet wurde, musste ich mich bemühen, das Ganze nicht mit den Augen einer Mutter zu sehen, sondern mit den Augen einer Krankenschwester. Das hat echte Vorteile. Wenn ich als Mutter reagiere, dann stelle ich mich in den Mittelpunkt: Es ist mein Kind! Ich leide mit meinem Kind mit. Sein Schmerz ist mein Schmerz.

Mit so einer Einstellung helfe ich meinem Kind nicht. Mit den Augen einer Krankenschwester sehe ich die Notwendigkeit dieser Maßnahmen und stelle meine Gefühle völlig zurück. Ich bin dann nur noch für mein Kind da, ohne ihm mit meinem Gejammer auch noch zu schaden. Diese Einstellung ist allerdings auch der Grund, weshalb ich bei unnötigen Untersuchungen immer so halb ausraste. Ich vergesse nie, dass ich die Aufgabe habe, mein Kind vor allem Bösen zu schützen.

Eine Krankenschwester geht nach dem Mittagessen mit mir zusammen ins Labor, um die Ergebnisse der Blutuntersuchung abzuholen. Ich wurde während der letzten zwei Wochen auch schon oft alleine zum Labor geschickt, um irgendwelche Ergebnisse abzuholen. Ich finde das gut, dass ich als eine bedingte Mitarbeiterin angesehen werde.

Die Blutuntersuchung zeigt, dass Benny keine Lungenentzündung mehr hat. Etwas hustet er zwar noch, aber das kommt mehr von den oberen Atemwegen. Jetzt gibt es keinen Grund mehr, noch eine Nacht hier zu bleiben. Ich frage den Stationsarzt also nach den Entlassungspapieren. Doch er will noch warten, bis Dr. Perser von einer Besprechung in der Uniklinik zurückkommt.

Das kann allerdings noch dauern. Mit mir warten noch zwei andere Mütter darauf, dass sie heute entlassen werden. Meinen Koffer habe ich schon seit dem Morgen gepackt.

Matthias kommt nach der Arbeit bei uns vorbei. Inzwischen war Dr. Perser schon ein paar Mal da gewesen, doch die Entlassungsfrage haben sie nur von einer Mutter geklärt. „Ich bleibe jetzt so lange mit Benny auf dem Flur sitzen, bis wir entlassen werden", beschließe ich. Matthias setzt sich neben mich auf die Treppenstufen.

„Warten Sie auf etwas?", fragt eine Stationsärztin, die vorbeikommt. „Ja, auf unsere Entlassung!", antworte ich.

Ich kann mir vorstellen, was in den Köpfen der Ärzte vorgeht: „Oh, die Frau Steinebach nervt heute wieder!"

Aber über so etwas kann ich wegsehen. Es wird Zeit, dass Benny und ich wieder nach Hause kommen und mit Matthias eine Familie sind.

Während Matthias und ich auf der Treppe sitzen und auf unsere Entlassungspapiere warten, spielt ein Kind auf dem Flur. Sie heißt Anja, ist drei Jahre alt und man sieht ihr das Downsyndrom an. Anja ist sehr scheu. Bisher ist es noch niemandem gelungen, Zugang zu ihr zu finden. Sobald sie auf die Erde gestellt wird, rennt sie weg. Die Schwestern sind immer damit beschäftigt, Anja zu suchen oder hinter ihr herzurennen. Auch mir ist es während der ganzen Zeit, in der ich sie kenne, nicht gelungen, an sie heranzukommen. Anja sitzt oft festgeschnallt in einem Wagen auf dem Flur, doch heute darf sie laufen. Matthias hat sie noch nie vorher gesehen. Natürlich interessieren wir uns besonders für andere Kinder mit dem Downsyndrom. So geht Matthias auf Anja zu, bleibt etwa drei Meter vor ihr stehen, hockt sich zu ihr runter und hält ihr die Hand hin. Nun passiert, was alle, die diese Szene beobachten, in Erstaunen versetzt. Anja geht erst einige Schritte auf Matthias zu, fängt dann an zu laufen und wirft sich ihm in den Arm. Sie hält ihn so fest umklammert, dass Matthias kaum Luft bekommt.

Nun lässt sie ihn über eine Stunde lang nicht mehr los. Matthias und ich reden darüber, dass wir uns gut vorstellen können, Kinder wie Anja auch noch anzunehmen. Wir haben eine ganz andere Einstellung zu Behinderten bekommen.

Endlich kommt der Arzt und sagt uns, dass wir auch ohne Entlassungspapiere nach Hause dürfen. Die Papiere schickt er dann direkt zur Kinderärztin.

Nachdem ich mich verabschiedet habe, gehe ich zum Auto. Eine Schwester läuft mir nach, drückt mir eine Cremetube in die Hand und sagt: „Zu Hause können Sie sie brauchen."

Endlich wieder daheim! Ich genieße die Atmosphäre, die wir zu Hause haben. Im Krankenhaus ist doch alles unpersönlicher gewesen. Matthias und ich stehen oft an dem Stubenwagen, in dem Benjamin schläft und betrachten ihn. Er sieht so unschuldig aus, wenn er völlig entspannt auf der Seite liegt, ein Kuscheltier im Arm hält, das ich ihm allerdings so hinlegen muss, und schläft.

Während wir noch im Krankenhaus waren, hat uns unser Pastor gefragt, was wir von einer Krankensalbung halten würden: „In der Bibel ist diese Möglichkeit im Jakobusbrief im 5. Kapitel beschrieben. Ich will euch keine falschen Hoffnungen machen, dass Benjamin wieder gesund wird, obwohl ich auch an solche Wunder glaube. Es ist vielleicht viel mehr, dass ihr euren Benjamin ganz besonders in Gottes Arme legt." Matthias und ich haben über diese Möglichkeit gesprochen: „Es ist vielleicht das Letzte, was wir als Eltern noch tun können. Vielleicht möchte Gott, dass wir in dieser Weise für Benny bitten", sagt Matthias. „Ja, und selbst wenn Benjamin nicht gesund wird, wissen wir, dass Gott trotzdem ganz besonders auf ihn achten wird!"

Wir bitten also den Pastor um einen Termin für die Krankensalbung. Wir möchten auch, dass Ralf als Gemeindeältester dabei ist. So verabreden wir uns für Dienstag um sechs Uhr in der Gemeinde. Der Pastor und Ralf erzählen uns, dass sie sich heute ganz besonders auf diese Krankensalbung vorbereitet haben. Sie haben den ganzen Tag gefastet, oder wenigstens fast gefastet. Ralf gesteht uns, dass er einen Apfel gegessen hat. Ich habe zurzeit nicht die Kraft zum Fasten, aber auch ich habe mich auf diesen Abend vorbereitet, indem ich öfter als gewohnt niedergekniet bin, um mit Gott über meine Hoffnungen und Ängste zu sprechen.

Nun gehen Matthias, der Pastor, Ralf und ich in das Kaminzimmer in der Gemeinde. Benny habe ich im Kindersitz gelassen, weil er auf der Fahrt eingeschlafen ist. Wir stellen ihn erst neben uns. Wir fangen mit einer Andacht an, indem wir aus der Bibel das 5. Kapitel des Jakobusbriefes lesen: „Ist jemand unter euch krank, der rufe zu sich die Ältesten der Gemeinde, dass sie über ihn beten und ihn salben mit Öl, in dem Namen des Herrn. Und das Gebet des Glaubens wird dem Kranken helfen, und der Herr wird ihn aufrichten; und wenn er hat Sünden getan, so wird ihm vergeben werden. Bekennet einer dem anderen seine Sünden und betet füreinander, dass ihr gesund werdet. Des Gerechten Gebet vermag viel, wenn es ernstlich ist." (Vers 13–16)

Wir sprechen über unsere Gefühle, die wir jetzt empfinden. Wir stellen auch klar, dass es nicht nur um die körperliche Gesundheit geht, sondern darum, dass Gott uns helfen wird. Wir wissen, egal was geschieht, Gott wird es richtig machen. Eigentlich geht es in diesem Vers um unsere Gesundheit, nicht nur um die von Benjamin. Und mit Krankheit wird hier besonders die Sünde gemeint. Dennoch bin ich davon überzeugt, dass auch körperliche Gebrechen geheilt werden können. Doch uns geht es darum, einfach unseren Gott in unserer Nähe zu haben, komme, was da wolle. Nach der Andacht stellen wir Benny in seinem Kindersitz auf die Erde und knien uns um ihn herum. Wir bitten Gott um seine Kraft für Benjamin und für uns und um die Vergebung unserer Sünden. Beim Gebet verreibt der Pastor ein paar Tropfen Öl auf Benjamins Stirn.

Nach dem Gebet stehen wir auf und umarmen uns. Ich fühle eine herzliche Zuneigung zu diesen Menschen, die uns in unserer Not nicht alleine lassen, sondern uns das Gefühl geben, dass sie für uns da sind.

Ich fahre mit Benjamin dann wieder nach Hause, während Matthias noch etwas in der Gemeinde zu erledigen hat.

Der Ablauf des Abends ist dann wie immer, aber ich fühle mich innerlich stärker. In der Bibel heißt es: „Mit meinem Gott kann ich über Mauern springen." Ich habe das Gefühl, heute über so eine Mauer gesprungen zu sein. Ich kann mich jetzt seltsamerweise mit dem Gedanken beschäftigen, mein Kind zu verlieren, ohne dabei in Panik zu geraten.

Unser Tagesablauf hat sich nicht geändert, nur dass jetzt eben noch ein Medikament dazugekommen ist. Am Tag der Entlassung wurde die Medikamentendosis noch einmal erhöht. Nun hat Benjamin wirklich kaum noch Krämpfe. Einmal in der Woche sollen wir noch mal zum EEG kommen, um auch da zu sehen, ob noch Krampfbereitschaft vorhanden ist. Doch das Ergebnis ist sehr zufrieden stellend.

Wir telefonieren zwar ständig mit dem Jugendamt, doch jetzt, wo Benny wieder zu Hause ist, halten wir es für nötig, uns mal persönlich da blicken zu lassen. Wir werden sehr nett begrüßt. Und man hat auch gleich Zeit für uns. Matthias und ich haben schon oft darüber gesprochen, wie es wäre, bald ein zweites Kind zu bekommen. Solange Benjamin klein ist, hat das zweite Kind weniger Probleme mit der Tatsache, dass das Brüderchen behindert ist. Wenn es mit einem behinderten Kind aufwächst, dann wird es zur Normalität. Ist Benjamin schon zwei oder drei Jahre alt, wenn das zweite Kind in die Familie kommt, dann hat das Kind, das mit ziemlicher Sicherheit kein Säugling mehr ist, mit mehreren Problemen zu kämpfen. Erstens mit dem Problem, dass es von seiner Familie getrennt wird und sich in eine neue Familie einleben muss, und zweitens damit, dass in der anderen Familie ein Kind lebt, das so ganz anders ist.

Und ein anderer Gedanke beschäftigt uns: Niemand weiß, wie lange Benjamin leben wird. Wenn er stirbt und es ist kein zweites oder drittes Kind mehr da, werden wir sicher in ein tiefes Loch fallen. Alles wird still sein, kein Kind wird uns mehr brauchen. Für uns wird es noch schwerer sein, als es ohnehin schon werden wird, wenn Benny einmal sterben sollte. Alle diese Gedanken besprechen wir mit unserer Sozialarbeiterin. Doch sie hat andere Bedenken, nämlich dass wir durch ein zweites Kind überlastet wären: „Wer weiß, wie oft Sie mit Benjamin noch ins Krankenhaus müssen." Dennoch nimmt sie uns wieder in die Bewerberliste auf.

Mein Tag ist mit Benjamin ausgefüllt. Alle vier Stunden verlangt Benny nach seiner Flasche, dann gehe ich so oft wie möglich mit ihm an die frische Luft und sind wir mal zu Hause, liege ich oft mit Benny auf dem Bauch auf dem Sofa. Das ist die schönste Lage für ihn. Jeden Abend bade ich ihn. Inzwischen genießt er das Baden auch wieder. Dann kommt die Abendmahlzeit, unser Abendritual mit dem Singen und dann bringe ich Benjamin ins Bett.

Matthias wird mit der Zeit immer stiller. Es dauert eine ganze Weile, bis mir das auffällt. Wenn ich ihn dann frage, ob ihn etwas bedrückt, antwortet er nur: „Nein, es ist nichts." Aber ich spüre, dass das nicht stimmt. So mache ich mir meine Gedanken darüber, was meinen Mann bedrücken könnte. Und eines Tages fällt es mir wie Schuppen von den Augen: Ich versorge Benjamin den ganzen Tag. So wie es im Krankenhaus war, ist es jetzt auch zu Hause. Wenn es Zeit zum Wickeln, Baden oder Füttern ist, bin ich diejenige, die aufspringt und die Arbeiten erledigt. Viel hat Matthias mit Benjamin nicht mehr zu tun. Benny wird immer mehr zu meinem anstatt zu unserem Kind. Ich habe Matthias unbewusst aus unserem Glück ausgeschlossen.

Als er an diesem Abend nach Hause kommt, spreche ich ihn darauf an. Ich liege mit meiner Vermutung richtig. Genau das ist Matthias' Problem. „Warum hast du denn nichts gesagt?", frage ich ihn. „Du warst immer so sehr mit Benny beschäftigt, dass ich mich irgendwie nicht getraut habe, das kaputtzumachen", antwortet er mir.

Von nun an bemühe ich mich, Matthias in alles mit einzubeziehen. Nun übernimmt er so manche Wickel- und Fütterrunde. Wir wechseln uns von nun an mit dem Baden ab. Jeden zweiten Tag badet Matthias seinen Sohn. Und nun muss sich Matthias oft mit Benjamin auf das Sofa legen.

Ich merke, wie die Beziehung zwischen Benjamin und Matthias wieder stärker wird. Wir wachsen jetzt zu einer richtigen Familie zusammen.

Da Benjamin seinen Husten aus dem Krankenhaus mit nach Hause genommen hat, frage ich die Kinderärztin, ob Benny nicht ein Inhaliergerät bekommen kann. Ohne Probleme bekommen wir das Gerät verschrieben. In der Apotheke sagt man mir, dass sie das Gerät erst herausgeben dürfen, wenn es die Krankenkasse bewilligt hat. Um mir zu helfen, telefoniert der Apotheker mit der Kasse und holt sich die Bewilligung telefonisch ein. Zu Hause fangen wir sofort mit dem Inhalieren an. Wenn ich meine Hand auf Bennys Rücken lege, spüre ich, wie es in der Lunge rasselt. So nehme ich Benny mal wieder auf meinen Bauch und klopfe ihm eine halbe Stunde lang die Lungen ab, damit der Schleim sich löst und keine neue Lungenentzündung entsteht. Das mache ich einige Male am Tag und abends macht es Matthias auch noch mal. Am nächsten Tag hat Benjamin alles überstanden. Die Lungen sind wieder frei. Die Kinderärztin kann das gar nicht fassen.

Wir sind immer noch auf der Suche nach einer neuen Wohnung. In der Zeit, in der wir im Krankenhaus waren, hat die Wohnungssuche gestoppt.

Wir müssen nun darauf achten, dass wir eine Wohnung bekommen, die möglichst im Erdgeschoss oder ersten Stock liegt. Wenn Benjamin größer wird, kann ich ihn nicht allein etliche Treppen hochschleppen.

Eines Tages fragt mich unsere Nachbarin, die schräg unter uns wohnt: „Sagen Sie mal, wie machen Sie es eigentlich in der Dachgeschosswohnung mit einem Kind? Fehlt Ihnen da nicht ein Zimmer?"

„Doch, aber haben Sie eine Wohnung mit drei Zimmern für uns?", frage ich scherzhaft.

„Ja, meine!"

Ich denke, ich höre nicht richtig. Nimmt sie mich jetzt auf den Arm?

„Wir wohnen eigentlich schon seit einem halben Jahr nicht mehr richtig in der Wohnung. Wir haben ein Haus gebaut, sind bisher aber noch nicht dazu gekommen, diese Wohnung aufzulösen. So gehe ich immer nur nach der Arbeit mal hier vorbei, um Wäsche zu waschen oder etwas Ordnung zu machen."

Ich sage ihr, dass wir an der Wohnung sehr interessiert sind, zumal sie noch fast 300 Mark billiger ist als unsere jetzige Wohnung. Sie verspricht, uns dem Vermieter als Nachmieter vorzuschlagen. Am nächsten Abend sehen wir uns die Wohnung an. Sie muss unbedingt renoviert werden, aber die Raumaufteilung ist wirklich schön. Das Kinderzimmer ist ideal für Benny. Ich bin begeistert und als der Vermieter uns zusagt, können wir es kaum fassen. Ab dem 1. Januar 1995 können wir einziehen.

Endlich haben wir mal wieder das Gefühl, dass es bei uns bergauf geht. Hoffentlich hat die Serie der schlechten Erfahrungen jetzt mal ein Ende.

Iris, eine Freundin von uns, hat am Sonntag Geburtstag. Wir sind zu einem ausgiebigen Frühstück eingeladen. Iris wohnt in den Häusern, die direkt neben der Kinderklinik liegen. Sie hat uns auch schon im Krankenhaus besucht. Als wir in ihre Wohnung kommen, sind schon etliche andere Leute da. Unter anderem auch drei kleine Kinder in Benjamins Alter. Wir legen Benny ins Schlafzimmer, damit er weiterschlafen kann.

Die anderen Kinder sind wach und toben mit den Gästen rum. Matthias und ich sehen uns an. Es tut weh, wenn man sieht, was andere Kinder alles können, und unser eigenes Kind kann weniger als ein Neugeborenes.

An der Stelle am Kopf, wo Benny bei der Abschlussuntersuchung im Krankenhaus Blut abgenommen wurde, hat sich ein roter Fleck gebildet. Es sieht aus, als hätte sich die Stelle entzündet. Wir beschließen, da wir ja nun jetzt einmal in der Nähe der Kinderklinik sind, da mal vorbeizugehen, um einen Arzt draufgucken zu lassen. Matthias findet das nicht so nötig, aber mir ist das einfach sicherer. Also verabschieden wir uns gegen Mittag von Iris und den anderen Gästen und gehen in die Poliklinik.

Die Schwester an der Anmeldung holt einen Arzt, der sich die Stelle an Bennys Kopf ansieht: „Das sieht aus, als ob das ein Abszess wäre“, sagt er. Ein Abzess ist eine Eiteransammlung im Körper. Matthias hält dem Arzt entgegen: „Dann wäre die Stelle weich, doch sie ist hart wie ein Knochen.“ Ein anderer Arzt wird hinzugezogen und auch er kommt zu der Diagnose: Abszess. Das bedeutet, dass die Stelle eröffnet werden muss. Wir werden in die Kinderchirurgie geschickt. Auch hier ist die Assistenzärztin der Meinung, dass es sich um einen Abszess handelt. Doch sicherheitshalber holt sie noch die Oberärztin hinzu, die auch zu dieser Diagnose kommt. Matthias gibt noch einmal zu bedenken, dass ein Abszess weich und verschieblich ist, während diese Stelle bei Benny hart und unverschieblich ist, dennoch bleiben die Ärzte bei ihrer Meinung.

Ich sehe ja ein, dass ein Abszess eröffnet werden muss, schließlich muss der Eiter herausfließen können. „Das kann man ja, was'n Glück, in örtlicher Betäubung machen. So können wir Benjamin nachher wieder mit nach Hause nehmen“, sage ich. „Ja, theoretisch könnte man das in örtlicher Betäubung machen, aber bei Benjamin werden wir eine Vollnarkose machen“, erwidert die Oberärztin. „Wieso soll ausgerechnet bei Benjamin eine Vollnarkose gemacht werden?“, will ich wissen. „Eine örtliche Betäubung ist zu gefährlich“, lautet die Antwort der Ärztin. Matthias kann das nicht nachvollziehen: „Eine Vollnarkose ist bei Benny doch viel gefährlicher. Er muss dafür extra beatmet werden. Sie können mir nicht erzählen, dass eine örtliche Betäubung nicht machbar und sogar besser ist!“ Die Oberärztin lässt sich auf keine Diskussion mehr ein: „Egal, wie es ist, wir weigern uns, die Abszessspaltung in örtlicher Betäubung zu machen! Entweder Sie lassen es in Vollnarkose machen oder Sie lassen es gar nicht machen, dann tragen Sie die Verantwortung, wenn es zu einer Gehirnhaut- oder sogar zu einer Gehirnentzündung kommt.“

Nun hat sie uns unter Druck gesetzt. Wir haben keine andere Möglichkeit, als der Operation zuzustimmen.

Als es um die OP-Einwilligung geht, sagen wir, dass wir zu dieser Unterschrift nicht berechtigt sind. Also wird der Notdienst vom Jugendamt angerufen, der an diesem Sonntag Dienst hat. Ich spreche mit dem Mann an der anderen Seite der Leitung, doch der hat von Benjamin noch niemals etwas gehört. So ist er auch nicht bereit, uns eine Zustimmung zur Operation zu geben. Ich sage ihm, wer Bennys Vormund ist, doch es muss noch ein Gespräch mit der Ärztin her, bevor er sagt: „Ich kenne das Kind zwar nicht, aber ich kenne den Vormund. Ich kann die Situation nicht beurteilen, aber wenn Sie sagen, dass es für das Kind lebensnotwendig sein kann, verlasse ich mich auf Ihr Wort und gebe telefonisch die Zustimmung zur Operation." Nachdem die Ärztin den Hörer aufgelegt hat, besprechen wir, wie es weitergeht. Ich frage, wie lange Benjamin im Krankenhaus bleiben muss. „Das kommt ein bisschen auf den Heilungsverlauf an, aber rechnen Sie mal mit zwei bis vier Wochen."

„Wie bitte?! Nur um die Wunde zuheilen zu lassen? Das können wir auch zu Hause. Dann komme ich lieber jeden Tag zum Verbandswechsel hierher!" Ich bin entsetzt. Ein dicker Kloß steckt in meinem Hals. Auch Matthias ist wütend. Die machen hier einen Aufstand, der wirklich nicht nötig ist. Die Ärztin weigert sich jedoch auch, uns Benny früher mit nach Hause zu geben: „Zu Hause kommen nur Keime in die Wunde", sagt sie. „Also, ich würde sagen, der Ort mit den meisten Keimen ist das Krankenhaus und nicht die Wohnung", antworte ich. Doch ich lasse es erst mal dabei. Um die Operation kommen wir nicht herum, wegen der Entlassung werde ich die Ärztin nach der Operation so lange nerven, bis sie froh ist, wenn wir nach Hause gehen, das nehme ich mir fest vor. Dann erklärt mir die Ärztin noch, dass sie auf ihrer Station keine Mütter mit aufnehmen. Das heißt, ich darf nur zu den Besuchszeiten kommen. Hier wollen wir Benjamin auf gar keinen Fall lassen, also sagt Matthias: „Wir möchten, dass Benjamin direkt nach der Operation auf die Kinderintensivstation gebracht wird."

Die Oberärztin meint dazu: „Bei uns werden die Kinder nach der Operation immer auf die normale Intensivstation gebracht."

„Wir möchten aber, dass Benjamin auf die Kinderintensivstation kommt", besteht Matthias auf seiner Forderung. „Dort kennen ihn die Ärzte und wissen auch mit seiner Herzsituation umzugehen."

Wahrscheinlich stimmt die Ärztin diesem Vorschlag nur zu, damit wir endlich aufhören zu nerven. Dann geht sie wieder an ihre andere Arbeit, während die Assistenzärztin Benny einen Zugang legt und ihn für die Operation vorbereitet. Dann wird Benny auf die Kinderchirurgie gebracht. Benjamin liegt in einem Zimmer mit fünf anderen Kindern. Sein Bett wird als Zusatzbett in eine Ecke hinter der Tür gestellt. Nun liegt er das erste Mal in einem Gitterbettchen. Die Schwester bringt uns noch ein Inhaliergerät, das wir Benny vor die Nase halten. Seine Lungen sollen noch mal so richtig belüftet werden, bevor er die Vollnarkose bekommt. Es dauert kaum eine halbe Stunde, bis eine Schwester in den Raum kommt und sagt:

„So, nun geht es los!“ Damit trägt sie Benjamin auf ihren Armen zum Operationstrakt. Die Station, die Aufnahme und der Operationssaal liegen direkt nebeneinander, gehen ineinander über. Bis zur Tür, die zum Operationssaal führt, dürfen wir noch mitgehen, dann übergibt die Schwester Benny an einen grün bekleideten Pfleger. Als Benny ihn sieht, fängt er sofort an zu weinen. Dann schließt sich die schwere Tür hinter unserem Sohn. Wir hören nichts mehr. Wir wissen, dass eine Abszessspaltung nur eine Sache von wenigen Minuten ist. Daher bleiben wir vor dem Operationssaal, also in der Aufnahme sitzen.

Länger als eine halbe Stunde kann das Ganze gar nicht dauern. Nach einer halben Stunde hören wir Benny durch die dicke, geschlossene Operationstür schreien: „Sie scheinen fertig zu sein und Benny ist schon wieder extubiert“, vermute ich. Doch das Schreien hört nicht auf. Die Assistenzärztin, die uns da unruhig sitzen sieht, geht in den Operationstrakt hinein, um zu sehen, wie weit das Team mit Benny ist. Als sie wieder herauskommt, sagt sie: „Sie fangen gleich mit der Operation an. Der Zugang ist kaputtgegangen und sie mussten einen neuen legen, das hat jetzt so lange gedauert.“ Wir sind entsetzt. Ich kann nicht mehr ruhig auf meinem Stuhl sitzen bleiben. Benny weint immer noch. Stechen die etwa immer noch in ihm rum, um eine Vene zu finden? In der Stunde, die sie jetzt schon dafür gebraucht haben, hätten sie die Operation längst mit örtlicher Betäubung hinter sich gebracht. „Mir reicht das jetzt! Ich gehe da jetzt rein und hole mein Kind vom OP-Tisch runter!“ Mit diesen Worten springe ich auf. Ich bin so unglaublich wütend, dass ich nichts mehr hinnehmen will. Matthias hält mich fest: „Das hat doch keinen Sinn! Du darfst da nicht rein. Es muss doch gemacht werden.“ Doch ich gehe nur deshalb nicht in den Saal rein, weil Benny in diesem Moment aufhört zu weinen.

Die halbe Stunde, die wir jetzt noch warten müssen, kommt mir vor wie eine halbe Ewigkeit. Die Zeit scheint stillzustehen. Der Krankenwagen, der Benny in das andere Gebäude mit der Kinderintensivstation bringen soll, steht schon vor der Tür.

Endlich geht die Tür vom Operationssaal auf und ein Inkubator wird herausgefahren. Benny liegt darin, blass, mit Schläuchen am Arm, Kabeln auf der Brust und in der Nase der Beatmungsschlauch. Er schläft noch. So wird er in den Krankenwagen gebracht. Wir warten noch auf die Ärztin. Sie kommt gleich heraus und erklärt uns: „Wir haben bei Benjamin keinen Zugang gefunden und mussten eine Vena sectio machen." Das bedeutet, dass sie Benny ohne Narkose den Arm aufgeschnitten haben, um eine Vene freizulegen, die sie anstechen können, um dann eine Narkose zu machen für einen Schnitt, der genauso groß ist wie der Schnitt am Arm. Dann hätten sie auch gleich nur den Schnitt am Kopf machen können. Benny wäre viel erspart geblieben. Doch so muss er jetzt erst einmal beatmet auf die Intensivstation gebracht werden. Der Anästhesist erklärt kurz, welche Narkose er gemacht hat. Da Matthias jeden Tag selber Narkosen macht, weiß er, dass das eine hundsmiserable Narkose war. Das sagt er dem Arzt auch, der daraufhin ganz schnell verschwunden ist.

Ich will nun wissen, ob es ein Abszess war oder nicht. So recht scheint die Oberärztin mit der Sprache nicht herausrücken zu wollen, doch wir rühren uns nicht von der Stelle, bis sie erklärt: „Nein, es war kein Abszess. Ein Knochen ist da etwas herausgewachsen. Wir haben die Stelle gleich wieder zugemacht."

„Das habe ich doch gleich gesagt!", sagt Matthias. „Komm Heike, wir gehen jetzt zu unserem Kind!"

Ich drehe mich noch mal zu der Ärztin um: „Und nun nehme ich mein Kind doch morgen wieder mit nach Hause! Sie bekommen es hier nicht noch einmal zu sehen!" Sie steht etwas perplex in der Tür und sagt nur: „Träumen Sie nur weiter!"

Wir drehen uns um und verlassen die Station, ohne ein Wort zu sagen. Ein „Dankeschön" finden wir hier nicht angebracht. Wir sind voller Wut über die Ärzte und vor allem über die Anästhesisten, die unserem Kind so viel Leid zugefügt haben. Hätte der Anästhesist doch Hilfe von einem anderen Kollegen angefordert, aber dazu war er wohl zu stolz.

Als wir auf der Intensivstation ankommen, ist Benjamin schon versorgt. Die Beatmung wurde schon heruntergedreht, damit er so bald wie möglich selber atmet. Die Schwestern und der Dienst habende Arzt sind entsetzt über die Vorgänge in der Kinderchirugie. „Natürlich wäre eine Abszessöffnung auch unter örtlicher Betäubung möglich und sogar noch besser als unter Vollnarkose", bestätigt mir der Arzt. Er ist sicher, dass Benjamin in der Nacht schon von der Beatmungsmaschine wegkommt. Inzwischen ist es 19 Uhr. Wir haben seit elf Uhr nichts mehr gegessen. Hunger haben wir bei der Aufregung nicht verspürt, aber jetzt, wo sich alles beruhigt, spüren wir, wie müde und hungrig wir sind. Dass Benny hier in guten Händen ist, wissen wir, so fahren wir beruhigt nach Hause.

Am nächsten Morgen bin ich schon um acht Uhr in der Klinik. Ich will noch vor der Visite bei Benny sein, denn ich will ihn heute wieder mit nach Hause nehmen, wenn es möglich ist. Vor der Intensivstation treffe ich Dr. Perser: „Ich habe schon gehört, dass Sie wieder da sind“, sagt er zu mir. „Was ist denn passiert?“ Ich erzähle ihm kurz die Geschichte und er schüttelt nur den Kopf: „Das darf nicht wahr sein. Ich komme mal kurz mit, um nach Benjamin zu sehen.“ Schon als wir die Tür zur Intensivstation öffnen, höre ich Benny weinen. Das heißt mal wieder, dass er nicht mehr an der Beatmungsmaschine hängt. Ich gehe gleich in sein Zimmer, trete an sein Bett und sage: „Hallo Spatz, was ist los? Mami ist jetzt wieder bei dir!“ Augenblicklich hört Benjamin auf zu weinen. Die Schwester, die im Raum ist, sagt: „Na, das ist ja ein Ding! Den ganzen Morgen bemühen wir uns, ihn ruhig zu kriegen, reden mit ihm, tragen ihn durch die Gegend und nichts hilft. Und jetzt kommen Sie, sagen ihm nur, dass Sie da sind, und schon ist er still. Also Benjamin, was sollen wir denn davon halten?!“

Dr. Perser schaut uns eine Weile zu und verabschiedet sich dann. Kurz darauf kommen die Ärzte zur Visite herein. Ein Assistenzarzt erzählt dem Oberarzt, weshalb Benny hier ist und fügt hinzu: „Seit elf Uhr gestern Abend ist er von der Beatmung los. Es ging alles ohne Probleme und auch bis jetzt hat er sich gut erholt.“ Ich sitze mit Benny auf dem Arm vor seinem Bett und höre zu. Die Ärzte stehen mir gegenüber am Fenster und schauen zu uns herunter. „Ja, wohin verlegen wir den kleinen Mann denn jetzt. Auf die Intensivstation gehört er nicht. In die Chirurgie will ich ihn nicht mehr zurückschicken. Ich denke, wir verlegen ihn auf die Station 38, da kennt ihn jeder“, überlegt der Oberarzt laut. Ich schalte mich ein: „Sie brauchen sich keinen Kopf darum zu machen, wohin Benny verlegt werden soll, ich nehme ihn heute nämlich wieder mit nach Hause!“ Der Oberarzt muss schmunzeln. Er nickt mir zu und sagt dann zu seinen Kollegen: „Das ist wohl die beste Lösung!“

Ich könnte ihm um den Hals fallen vor Freude. Hier stehe ich doch noch Menschen gegenüber!

Wenig später kommt der Arzt zu mir, der uns damals mit aller Ehrlichkeit gesagt hat, dass er glaubt, dass Benny sterben wird. Er will von mir noch einmal ganz genau die ganze Geschichte hören, die gestern passiert ist. Er ist außer sich vor Wut: „Ich komme gleich wieder", sagt er und geht aus dem Zimmer. Die Tür lässt er auf, so höre ich, dass er auf dem Flur ans Telefon geht und die Chirurgie anruft. Er verlangt die Oberärztin ans Telefon. Ich kann jede seiner Antworten deutlich verstehen, weil er sie geradezu ins Telefon brüllt: „Dass das nur ein Knochen sein kann, hat Ihnen doch schon der Vater gesagt! Das hat man doch schon von außen gesehen! Eine Vollnarkose war nicht nötig, das hat Ihnen die Mutter gesagt! Nein, das Kind wird nicht zu Ihnen verlegt. Das können wir ihm nicht antun!" So ähnlich geht das Gespräch noch eine Weile weiter. Ich sitze mit Benny im Zimmer und freue mich, dass jemand da ist, der unsere Interessen vertritt. Matthias hat gestern schon überlegt, ob er den Anästhesisten bei der Ärztekammer verklagt, aber wir wissen, dass wir nichts in der Hand haben, um zu gewinnen. Von daher bedeutet das für mich jetzt eine gewisse Genugtuung.

Nach dem Gespräch kommt der Arzt noch mal zu mir: „Wenn mit Benjamin noch mal irgendetwas sein sollte, dann setzen Sie sich immer erst mit unserer Station in Verbindung. Ich habe das schon den Ärzten gesagt, die gestern Dienst hatten und Sie an die Chirurgie weiterverwiesen haben. Benjamin Steinebach kommt immer erst zu Ärzten von unserer Station oder zu Ärzten von Station 38."

Heute geht es schnell, dass wir entlassen werden. Jeder bemüht sich, uns zu helfen. Um zehn Uhr verlassen wir die Klinik.

Es ist schön, mit Benjamin wieder nach Hause fahren zu können. Ich rufe als Erstes Matthias an, um ihm Bescheid zu sagen, dass wir wieder dort sind, wo wir eigentlich hingehören, nämlich zu Hause.

Nach zehn Tagen müssen die Fäden gezogen werden. Die Kinderärztin will uns dafür in die Kinderchirurgie schicken, damit sie die Arbeit beenden können, die sie angefangen haben. Ich habe allerdings eher den Eindruck, dass sie schon länger keine Fäden mehr gezogen hat und diese Arbeit lieber abgeben würde. Doch wir wollen mit Benjamin dafür nicht wieder in die Kinderchirurgie gehen. So bringt Matthias von der Arbeit ein Fadenziehset mit. Ob es nun eine Schwester aus dem Krankenhaus macht oder wir selber, da ist doch kein Unterschied. Wir desinfizieren die Wunde gut und ziehen mit einer sterilen Schere und Pinzette die Fäden raus. Benjamin bleibt dabei ganz ruhig liegen. Dann decken wir die Wunde steril ab. Sehr sauber wurde bei der Operation scheinbar nicht gearbeitet, denn die Wunde ist rot und entzündet. Beim nächsten EEG-Termin zeige ich sie Dr. Perser. Er meint, die Rötung kommt daher, dass der Knochen weiterhin auf die Stelle drückt. Und nun ist da noch eine Wunde, was eine Infektion begünstigt.

Ich möchte wissen, warum da plötzlich ein Knochen so schnell herauswächst. Es wurde schon mal der Verdacht geäußert, dass das eine Art Krebs sein kann, doch das hält Dr. Perser für sehr unwahrscheinlich: „Es kann sein, dass aus irgendwelchen Gründen der Kopfumfang wächst. Bisher kann ich da zwar nichts feststellen, aber wir müssen das im Auge behalten."

„Wodurch sollte der Kopfumfang denn wachsen?", will ich wissen. Der Arzt antwortet mir: „Wir haben ja im MRT gesehen, dass sich an den Stellen im Gehirn, wo Gehirnmasse kaputtgegangen ist, vermehrt Gehirnwasser, also Liquor, ansammelt. Es kann passieren, dass mehr Liquor produziert wird, als abfließen kann."

„Das ist wie bei Kindern mit einem Wasserkopf?", frage ich nach.

„Ja, bei denen ist es genauso, aber machen Sie sich jetzt noch keine Sorgen darum. Wie gesagt, im Moment kann ich bei Benjamin kein besonders starkes Kopfwachstum feststellen."

Matthias und ich haben das Gefühl, mal von zu Hause weg zu müssen. Das heißt, eigentlich wollen wir mal von der Nähe der Klinik weg. Wir haben langsam das Gefühl, dass wir deshalb so oft im Krankenhaus sind, weil das Krankenhaus so nah ist. In uns drin steckt die Angst, bald wieder mit Benjamin dort zu landen. Wir wollen endlich mal zur Ruhe kommen. Daher beschließen wir, am nächsten Wochenende unsere Eltern zu besuchen. Benny geht es zurzeit so gut, dass wir die Reise wagen können.

Wir messen jeden Abend den Kopfumfang von Benjamin und nach einigen Tagen merken wir, dass der Kopf tatsächlich stärker als normal wächst. Ich versuche telefonisch Dr. Perser zu erreichen, doch der ist den ganzen Tag in irgendwelchen Besprechungen. Am Nachmittag bin ich mit Matthias und Benjamin in der Stadt. Ich versuche noch mal von der Telefonzelle aus Dr. Perser zu erreichen. Übermorgen wollen wir schließlich auf die große Reise gehen. Dafür möchte ich mir aber das Okay des Arztes holen.

Dr. Perser sagt, dass er das am Telefon nicht so richtig beurteilen kann und bittet mich, morgen noch mal vorbeizukommen. Ich sehe schon, dass es wieder nichts mit der Reise wird, und bin völlig niedergeschlagen. Panik macht sich in mir breit. Ich schlafe in der Nacht kaum noch, weil ich Angst vor den Träumen habe, die nur noch vom Krankenhaus handeln. Hört das denn nie auf?! Ich fühle mich innerlich total zerrissen.

Auch Dr. Perser stellt am nächsten Tag fest, dass der Kopfumfang wächst, lässt uns aber wieder nach Hause gehen. Am Nachmittag ruft die Frühförderin an. Sie möchte mal kurz vorbeikommen, um zu sehen, wie es uns geht. Kurz nachdem sie angerufen hat, klingelt das Telefon wieder. Dr. Perser ist dran: „Frau Steinebach, ist es möglich, dass Sie und Ihr Mann heute Abend noch mal bei mir vorbeischauen?" Ich sage wohl oder übel zu, obwohl ich schon wieder Böses ahne. Als Matthias kommt, erzähle ich ihm von dem Anruf. „Hoffentlich will er Benny nicht gleich dabehalten", überlegt Matthias. „Ich würde Benny eigentlich lieber zu Hause lassen, dann kommt Dr. Perser gar nicht erst in die Gefahr, ihn dazubehalten."

Doch wir wissen, dass das nicht möglich ist. Als die Frühförderin kommt und von unserer Misere hört, bietet sie an: „Ich kann schnell zum Büro fahren, meine Unterlagen holen und die Büroarbeit hier bei Benny machen. Ob ich sie nun hier oder da mache, ist doch egal. Aber Sie können so in Ruhe mit dem Arzt sprechen."

Wieder einmal nehmen wir ihr Angebot dankbar an. Während sie ihre Unterlagen aus dem Büro holt, füttere ich Benny. Als sie kommt, schläft Benjamin schon. Darüber bin ich sehr froh. Ich kenne ihn und weiß, dass er nun mindestens vier Stunden durchschläft. Ich weiß nicht, wie er reagiert, wenn er feststellt, dass ich nicht da bin. Wir haben es dreimal erlebt, dass Benjamin, wenn er sich aufregt, die Augen verdreht und einfach aufhört zu atmen. Das erste Mal passierte es auf der Station 38. Der Arzt, dem ich sofort Bescheid gesagt habe, konnte dagegen auch nichts machen. Er meint, dass das eine Art Krampf ist. Wir haben jetzt für solche Fälle ein Notfallmedikament zu Hause, im Auto und in unseren Jackentaschen. So sind wir für alle Fälle gerüstet. Das zweite Mal hatte Benny diesen Anfall zu Hause. Auch da hatte er sich vorher aufgeregt. Matthias hatte ihn gerade gewickelt und schrie um Hilfe. Ich bin wie eine Wilde ins Schlafzimmer gerannt, habe Benny gesehen und sofort an den Beinen hochgehalten. Da fing er wieder an zu atmen. Als Benjamin den dritten Anfall dieser Art hatte, war ich mit ihm alleine zu Hause. Auch da passierte es wieder beim Wickeln. Benjamin verdrehte die Augen nach oben und hielt die Luft an. Ich habe sofort beruhigend auf ihn eingesprochen und ihm das Notfallmedikament gegeben. Damit war alles wieder in Ordnung.

Aus diesem Grund bin ich froh, dass Benjamin jetzt schläft. Aber ich weiß auch, dass die Therapeutin mit krampfenden Kindern umgehen kann. Sie hat ein Wesen, das unglaublich beruhigend wirkt.

Natürlich machen Matthias und ich uns auf der Fahrt zum Krankenhaus Gedanken, was der Arzt wohl so dringend mit uns besprechen muss. Die Angst umklammert unsere Herzen. Ich komme mir vor wie in einem sehr langen, bösen Albtraum. Die Flure der Ambulanz sind leer, dunkel und still, als wir mit Dr. Perser einen Raum suchen, in dem wir uns in Ruhe unterhalten können. Er ist erstaunt, dass Benjamin nicht dabei ist. Wir sagen ihm, dass er zu Hause schläft und die Frühförderin auf ihn aufpasst.

Es fällt Dr. Perser schwer, das Gespräch zu beginnen: „Es tut mir Leid, dass ich Sie wieder hierher bestellen musste. Aber bei Benjamin scheint es jetzt wirklich der Fall zu sein, dass zu viel Liquor produziert wird. Wir müssen eine Ableitung schaffen. Wir vermuten, dass der Eiweißgehalt sehr hoch sein wird, darum können wir keine innerliche Ableitung schaffen. Wenn der Eiweißwert unter 2 ist, dann kann die Dauerableitung gelegt werden. Das ist eine kleine, aber ungefährliche Operation."

Ich bin frustriert. Das bedeutet, dass wir doch wieder ins Krankenhaus müssen. Ich frage, ob man denn bis nach dem Wochenende warten kann, doch der Arzt lehnt das ab: „Ich weiß, dass Sie wegfahren wollen, und ich verstehe auch, dass Sie diesen Urlaub brauchen, doch für Benjamin ist das zu gefährlich. Sehen Sie mal, das Liquor drückt das Gehirn ein. Wenn nun durch irgendeinen Hubbel auf der Straße eine Bewegung entsteht, die eine Einquetschung des Hirnstammes zur Folge hat, dann ist Benjamin auf der Stelle tot." Das wollen wir nicht riskieren, doch Matthias fragt, ob es nicht möglich ist, erst einmal zu punktieren und das überflüssige Gehirnwasser abzulassen: „Dann kann man ja weitersehen, ob der Kopfumfang weiter wächst." Doch der Arzt ist noch immer der Meinung, dass es besser ist, erst einmal eine Ableitung von außen zu machen, die einige Tage liegen bleibt: „Länger als vier Tage darf so eine externe Ableitung gar nicht liegen bleiben, weil dann die Gefahr einer Infektion zu groß wird. Danach dürfen Sie auch gleich wieder nach Hause. Natürlich dürfen Sie bei Benjamin bleiben, das ist doch selbstverständlich."

Ich habe schon resigniert. Ich fühle keine Kraft mehr zum

Kämpfen in mir. Doch der Arzt muss uns noch mehr sagen: „Das Punktieren ist nicht ganz ungefährlich. Wir müssen uns einig werden, ob Sie in einem Notfall lebensverlängernde Maßnahmen haben wollen. Ich will ganz ehrlich zu Ihnen sein. Benjamin hat nicht mehr viel vom Leben zu erwarten. Entwicklungsmäßig wird er sehr wahrscheinlich keine Fortschritte mehr machen und ich halte seine Lebenserwartung für sehr begrenzt, ohne dass ich jetzt eine genaue Zeitangabe machen möchte." Ich spüre, wie die Tränen in mir aufsteigen und sage: „Wir wollen nur nicht, dass Benjamin leiden muss." Ich schaue zu Matthias und spüre, dass er genauso denkt wie ich: „Nein, wir wollen nicht, dass intensivmedizinische Maßnahmen ergriffen werden. Falls Bennys Herz aufhört zu schlagen und falls er aufhört zu atmen, soll er nicht wiederbelebt werden. Das wäre eine Qual, wenn man ihn zu so einem Leben wiederholen würde. Dann soll er lieber in Frieden sterben dürfen." Während ich das sage, sträubt sich in mir drin alles gegen diese Entscheidung. Lieber lebe ich mit einem so schwer behinderten Benjamin als ohne ihn. Doch ich weiß, dass das sehr eigensüchtige Wünsche sind. Ich muss zuerst daran denken, was für Benjamin das Beste ist. Doch der Gedanke, ihn bald zu verlieren, zerreißt mir fast das Herz.

Matthias nickt zu meinen Worten, gibt aber zu bedenken, dass wir diese Entscheidung auch nicht ohne den Vormund treffen können. Dr. Perser schreibt sich die Telefonnummer des Vormunds auf: „Ich werde sie für morgen in die Klinik bestellen. Dann können wir das noch mal gemeinsam besprechen. Sie müssen auch mit der Punktion einverstanden sein, denn in gewissem Sinne ist das auch eine lebensverlängernde Maßnahme."

„Was würde denn passieren, wenn man nicht punktieren würde?", will ich wissen.

„Dann würde über kurz oder lang der Hirnstamm eingeklemmt werden und so ein Weiterleben unmöglich machen."

„Leidet Benjamin unter diesem Zustand?", ist meine nächste Frage.

„Ja, er wird sicher starke Kopfschmerzen haben. Daher weint er auch viel, wenn er bewegt wird."

„Dann soll die Punktion gemacht werden. Benjamin soll auf gar keinen Fall leiden!"

Wir machen aus, dass ich mit Benjamin am nächsten Mittag in die Klinik komme. Also heißt es wieder Kofferpacken. Nun kann ich meine Tränen nicht mehr zurückhalten.

Zu Hause nimmt uns die Frühförderin in den Arm. Sie weiß auch nicht, was sie dazu sagen soll. Wir kommen aus diesem Tal scheinbar noch nicht heraus: „Ich wünsche euch viel Kraft. Gott wird bei euch sein!“

Am nächsten Morgen rufe ich ganz früh beim Jugendamt an und informiere über die neue Situation. Die Frau, die den Vormund hat, verspricht, noch heute in die Klinik zu kommen, damit die Punktion heute schon stattfinden kann. Die Aufnahme verläuft reibungslos. Wir bekommen das erste Zimmer auf der Station. Es ist riesengroß. Das Kinderbett, das da drin steht, kann stehen bleiben, weil es wirklich keinen Platz wegnimmt. Das Beste ist der große Wickeltisch und die herrliche Kinderbadewanne.

Außerdem habe ich einen Tisch mit drei Stühlen im Zimmer und drei Nachttische. Benjamin wird wieder in seinem Kinderwagen schlafen. Dennoch ist im Raum genug Platz, um ein Tänzchen hinzulegen. Ich freue mich über dieses Zimmer.

Zum vereinbarten Termin ist Bennys Vormund da. Sie hat noch einen Kollegen mitgebracht. Auch Dr. Perser erscheint pünktlich auf der Station. Wir setzen uns alle zusammen in das Schwesternzimmer. Matthias muss leider arbeiten und kann bei diesem Gespräch nicht dabei sein. Dr. Perser sagt noch einmal alles, was er uns gestern Abend gesagt hat, und fordert den Vormund dann auf zu entscheiden. Er sagt auch, wie Matthias und ich uns gestern entschieden haben: „Ich finde diese Situation nicht sehr angenehm, denn im Grunde genommen ist die Familie Steinebach unser Ansprechpartner, und sie sind als Einzige von der Entscheidung persönlich betroffen.“

Mir tut das immer ein bisschen Leid, dass das Jugendamt als Störenfried dargestellt wird, denn unsere Erfahrungen mit dem Jugendamt sind durchgehend positiv. Das wird auch wieder deutlich, als Benjamins Vormund erklärt, dass sie hinter der von Matthias und mir gefällten Entscheidung steht. Auch sie möchte nicht, dass Benjamin leiden muss. Dies ist sicher kein Fall, den die Frau nach Dienstschluss vergessen kann. Ich sehe ihr an, wie sie sich persönlich betroffen fühlt. Ich kann es ihr nachempfinden, denn offiziell hat sie die Verantwortung für unser Kind.

Dr. Perser erklärt mir, dass der Neurochirurg am Nachmittag auf diese Station kommt, um die Punktion zu machen: „Der Neurochirurg ist ein Italiener und einer der Besten in seinem Fach.“ Er ist richtig erleichtert, dass er eine gute Kraft für Benny gefunden hat.

Matthias ist früh genug bei uns, sodass auch er bei der Punktion dabei sein kann. Wir werden in den Untersuchungsraum gebeten. Dort legen wir Benny auf den Behandlungstisch, wo er in ein Handtuch gewickelt wird, damit er mit den Händen nicht am Kopf rumfuchtelt. Dr. Perser rasiert etliche von Bennys schönen Haaren ab. Mir tut das so Leid, denn das kleine Haarbüschel auf Benjamins Kopfmitte war immer sein Markenzeichen. Nun wird dieses Haarbüschel um etliche Haare reduziert. Dann wird die Stelle am Kopf sehr gründlich desinfiziert. Die Schwester hat einen Beatmungsbeutel und einige Medikamente für den Notfall bereitgelegt.

Nun versuchen wir gemeinsam eine Konstruktion zu bauen, bei der man einen Urinbeutel als Auffangbeutel an die Ableitung hängen kann. Matthias hat schließlich die zündende Idee. Nun greift der Neurochirurg zu der Nadel und sticht sie fest durch Bennys Kopfhaut und durch die Fontanelle. Der angeschlossene Schlauch wird hochgehalten, um so den Druck zu messen. Nun wird der Beutel angehängt und auf Kopfhöhe befestigt. Der Neurochirurg fixiert den Schlauch im Kopf mit Gips.

Benjamin hat während der ganzen Aktion keinen Ton von sich gegeben. Ich nehme ihn auf meinen Arm. Dafür muss der Schlauch erst einmal abgeklemmt werden. Unsere Schmusestunden müssen wir in den nächsten Tagen reduzieren, weil der Schlauch nicht zu lange abgeklemmt bleiben soll. Wir freuen uns alle, dass das so gut geklappt hat. Eine derartige Aktion wurde auf dieser Station wohl noch nie gestartet.

Damit Benjamin gut überwacht wird, bekommen wir einen Monitor ins Zimmer gestellt. Immer, wenn wir im Zimmer sind, sollte Benny am Monitor angeschlossen sein. Dennoch dürfen wir jederzeit mit ihm nach draußen oder auf den Flur gehen. Ich übernehme wieder alle pflegerischen Aufgaben. Diesmal ist es noch mehr als das letzte Mal. Jede Stunde muss ich die Liquormenge ablesen und auf einem Dokumentationsbogen aufschreiben. Ebenso muss ich jede Stunde den Pulswert aufschreiben und wenn Benny etwas getrunken oder gegessen hat, wird das auch notiert, wie auch die Temperatur, der Blutdruck und das Gewicht. Morgens gebe ich den Zettel bei den Schwestern ab und bekomme einen neuen Zettel für den Tag. Ich nehme diese Aufgabe sehr genau.

Für die Nacht kommt Benjamin wieder zur Sitzwache. Auch diesmal ist es so, dass ich wach werde, wenn Benjamin weint. Seltsamerweise bekomme ich nie mit, wenn ein anderes Kind weint.

Benjamin kann in einem Zimmer am anderen Ende des Flures liegen mit geschlossenen Türen; wenn er weint, bin ich wach und gehe zu ihm hin. Dabei weint Benjamin nicht einmal sehr laut. Die Sitzwache ist immer ganz erstaunt, dass ich das Weinen höre.

Am Samstag gehe ich mit Benjamin wieder in den Gottesdienst. Sein Liquorbeutel hängt so geschickt am Wagen, dass er gar nicht auffällt, obwohl er für jedermann sichtbar ist. Wenn wir rausgehen, ziehe ich Benny eine Mütze auf, sodass sein Gipshütchen nicht zu sehen ist. Der Gottesdienst gibt mir Kraft. Ich brauche die Gemeinschaft mit meinen Glaubensgeschwistern. Ich weiß noch, wie gut es mir getan hat, als wir in der Gemeinde Gebetskreise gebildet haben und aus jedem Gebetskreis habe ich die Bitte für Benny gehört. Matthias und mir sind damals die Tränen gekommen vor Dankbarkeit.

An den normalen Wochentagen passiert nicht viel. Ich bin traurig, dass wir die schöne Adventszeit nicht zu Hause verbringen können. Doch auch im Krankenhaus gibt man sich Mühe, Gemütlichkeit aufkommen zu lassen. So werden in der Stationsküche am 6. Dezember, dem Nikolaustag, Bratäpfel gemacht. Eigentlich sind sie nur für die Patienten und deren aufgenommene Mütter gedacht, doch als die Schwestern sehen, dass Matthias zu Besuch ist, bringen sie uns zwei Bratäpfel mit Vanillesoße herein. Das ist so ziemlich das Beste, was ich hier im Krankenhaus gegessen habe.

Matthias und ich merken, wie wir mit immer weniger zufrieden werden. Am Anfang war es für uns ganz schlimm, dass Benny diesen schweren Herzfehler hat. Wir haben uns darum schreckliche Sorgen gemacht. Dann hat Benjamin nicht genug zugenommen, was für uns schon einen halben Weltuntergang bedeutete. Dann kam die Unterzuckerung und die Herzsache war nicht mehr wichtig. Wir machten uns Sorgen um Bennys Entwicklungsmöglichkeiten. Als die Krämpfe kamen, war es nicht mehr wichtig, wie weit Benjamin sich entwickeln kann, Hauptsache, er muss nicht immer zusammenzucken. Und nun sind die Krämpfe für uns zur Nebensache geworden. Wir sind nur froh, wenn der Druck in Bennys Kopf so niedrig ist, dass er keine Kopfschmerzen hat.

Der Eiweißgehalt des Liquors lag beim Legen der Ableitung bei 3. Wenn er unter 2 sinkt, dann kann ein Schlauch im Inneren des Körpers vom Kopf bis zum Bauchraum geführt werden, wo das überflüssige Gehirnwasser automatisch abfließt. Würde diese Ableitung bei einem höheren Eiweißgehalt gelegt werden, würde sie im Nu verstopfen. Nach zwei Tagen wird eine erneute Liquorprobe entnommen. Der Eiweißwert ist auf 5 gestiegen.

Ein anderes Problem ist, dass niemand so recht weiß, wie hoch der Beutel hängen soll, der das Liquor auffängt. Hängt er höher als der Kopf, wird weniger Liquor abfließen, hängt er auf Kopfhöhe, fließt in etwa so viel Liquor ab, wie überflüssig ist. Hängt der Beutel aber tiefer als der Kopf, fließt mehr als nur das überflüssige Liquor ab.

Da auf dieser Station vier verschiedene Ärzte arbeiten, läuft der Tag etwa so ab: Neun Uhr, ich habe den Beutel auf Kopfhöhe hängen. Arzt Nr. 1 betritt das Zimmer: „Der Beutel hängt viel zu tief, wir müssen ihn zehn Zentimeter über Kopfhöhe hängen." Gesagt, getan. Zehn Uhr: Arzt Nr. 2 macht Visite: „Wo hängt denn der Beutel?! Er soll doch zehn Zentimeter unter der Kopfhöhe hängen!" So hängt er ihn um. 14 Uhr: Arzt Nr. 3 will wissen, wie es Benjamin geht: „Der Beutel hängt zu tief, wir hängen ihn besser fünf Zentimeter über den Kopf." Auch das wird getan. 18 Uhr: Arzt Nr. 4 begegnet uns auf dem Flur: „Oh, der Beutel hängt zu hoch, wir müssen ihn auf Kopfhöhe hängen!" So geht es jeden Tag. Meine Einwände werden nicht beachtet.

Am fünften Tag versuche ich Dr. Perser zu erreichen. Er hat uns am Anfang doch gesagt, dass die Ableitung nur vier Tage liegen bleiben darf. Nun liegt sie schon seit fünf Tagen. Der Assistenzarzt sagt mir heute in der Visite, dass die Ableitung noch vier Wochen oder länger liegen bleiben soll. Ich gerate in Panik. Soll Benjamin noch vier Wochen im Krankenhaus bleiben oder sogar noch länger?! Nein, jetzt will ich wissen, was Dr. Perser dazu sagt. Doch der ist heute den ganzen Tag auf einem Kongress. Dann möchte ich mit dem Neurochirurgen sprechen. Der Assistenzarzt hat dafür kein Verständnis. Doch auf mein Drängen hin bemüht er sich, dass der Neurochirurg heute noch mal zu uns kommt.

Am Wochenende war der Chef der Neurochirurgie bei uns und auch er sagte, dass die Ableitung bald herauskommen muss.

Als Matthias von der Arbeit kommt, erzähle ich ihm völlig aufgelöst, was der Stationsarzt behauptet hat. Leider kann Matthias nicht mit auf den Neurochirurgen warten, weil er sich mit einem Freund in der Gemeinde verabredet hat, doch er will danach noch mal bei uns vorbeikommen.

So gegen 18 Uhr geht die Tür auf und der Neurochirurg kommt mit einem Schwanz anderer Ärzte ins Zimmer geschwebt. Unter anderem ist auch Dr. Perser dabei.

Der Neurochirurg stellt sich mir gegenüber auf, stemmt seine Hände in die Seite und sagt: „So, Sie wollen also, dass die Ableitung wieder herauskommt?“ Sein Tonfall ist aggressiv und provozierend. Ich bemühe mich, mich nicht darauf einzulassen: „Nein, ich möchte nur wissen, was Sache ist! Am Anfang wurde uns gesagt, dass so eine Ableitung nur vier Tage liegen bleiben darf, und auch Ihr Chef hat am Wochenende gesagt, dass die Ableitung diese Woche raus muss, und heute höre ich, dass sie noch mindestens vier Wochen liegen bleiben soll.“

„Es ist richtig, dass die Ableitung noch vier, sechs oder sogar acht Wochen liegen bleiben wird.“

„Dann möchte ich Benjamin mit der Ableitung mit nach Hause nehmen! Das, was ich hier mache, kann ich auch zu Hause machen. Und einen Monitor für die Überwachung können wir auch noch besorgen!“ Der Neurochirurg wird aggressiver in seinem Ton: „Das lasse ich nicht zu! Wenn die Nadel verrutscht oder sonst etwas passiert, wird Ihr Kind daran sterben!“

„Und das kann alles im Krankenhaus nicht passieren?“, will ich wissen. „Doch, aber dann kann er gleich wiederbelebt und auf die Intensivstation gebracht werden. Wenn er von zu Hause erst abgeholt werden muss, ist er tot, bis er hier ist.“

Ich spüre, wie Tränen der Wut in mir aufsteigen. Gewaltsam drücke ich sie nieder: „Selbst wenn das Gleiche hier passiert, sind wir uns mit den Ärzten einig geworden, dass alle diese Maßnahmen nicht mehr getroffen werden! Wenn die Gefahr, dass Benjamin sterben könnte, hier im Krankenhaus genauso groß ist wie zu Hause, dann soll er doch lieber in seiner gewohnten Umgebung sterben dürfen!“

Ich merke, wie ich innerlich vor Wut koche. Was ist das nur für ein arroganter Pinsel! Wie konnte ich jemals begeistert von ihm sein?! Dr. Perser versucht mir zu helfen: „Vielleicht gibt es ja doch eine Möglichkeit, um der Familie Steinebach zu helfen. Die Situation ist nicht ganz einfach für sie.“ Das ist mutig von Dr. Perser, vor so vielen Kollegen und der Mutter dem Neurochirurgen zu widersprechen. Doch bei diesem heizt das nur seine Wut an. Er wendet sich zu mir und sagt: „Wenn mein Kollege Ihnen erlaubt, mit dem Kind nach Hause zu gehen, dann ist das seine Sache. Ich erlaube es nicht! Und wenn Sie es wirklich machen und dem Kind passiert etwas, dann bin ich der Erste, der zum Staatsanwalt geht!“ Damit hat er auch Dr. Perser die Möglichkeit genommen, uns nach Hause gehen zu lassen.

Ich sage zum Neurochirurgen: „Damit setzen Sie mich ja unter Druck! Ich kann jetzt gar nicht anders, als mein Kind hier zu lassen. Das ist eine unfaire Methode. Eine echte Begründung haben Sie mir nicht gegeben."

„Sehen Sie es, wie Sie wollen. Ich möchte nicht, dass Sie nur lethargisch zustimmen. Wir sind auf Ihre Mitarbeit angewiesen."

„Ich mache alles, um meinem Kind zu helfen. Das ist der einzige Grund, weshalb ich hier bin!" Mit einem kurzen Gruß entschwebt der Neurochirurg mit seinem Anhang aus dem Zimmer. Dr. Perser bleibt als letzter Arzt zurück. In der Tür dreht er sich noch mal um, zwinkert mir zu und sagt: „Keine Angst, Weihnachten sind Sie zu Hause!"

Jetzt kann ich meine Tränen nicht mehr zurückhalten. Ich muss hier raus. Ich halte es in diesem Zimmer nicht mehr aus. Aber es ist Zeit für Bennys Abendbrei. Ich bitte eine Schwester, mir den Brei zu geben. Dass ich geweint habe, sieht sie mir sicher an, denn sie fragt mich, ob alles in Ordnung ist. Nachdem Benny fertig ist, sage ich der Schwester Bescheid, dass Benny im Zimmer ist und schläft und dass ich jetzt mal für eine halbe Stunde weggehe. Ich weiß ja, dass Matthias in der Gemeinde ist. In zehn Minuten kann ich bei ihm sein.

Auf dem Weg dorthin geht mir das Gespräch mit dem Arzt nicht aus dem Kopf. Immer wieder steigt die Wut in mir hoch. Die Tränen, die ich zurückgehalten habe, fließen wieder, als ich Matthias von dem Gespräch berichte. Auch er ist wütend. „Ich habe morgen frei und werde so früh wie möglich bei euch sein. Dann reden wir noch mal mit Dr. Perser."

Am nächsten Tag ist Matthias wirklich in aller Frühe bei uns. Wir sagen einer Schwester Bescheid, dass wir Dr. Perser sprechen wollen, sobald er da ist. Die Schwester hat einiges von dem Gespräch gestern mitbekommen und ist genauso wütend über die Dinge, die hier schief laufen, wie wir. Wir bekommen mit, dass sie Dr. Perser in den Aufenthaltsraum für die Schwestern bittet. Der Raum liegt direkt neben unserem Zimmer und obwohl alle Türen geschlossen sind, hören wir, was sie sagt: „Das kann man ja gar nicht mit ansehen, was mit der Familie gemacht wird. Schon allein, dass niemand weiß, wie der Beutel hängen soll. Der eine sagt, er soll hoch hängen, der andere wiederum sagt, dass er tief hängen soll, und der dritte will etwas ganz anderes! Und alles wird auf die Mutter abgewälzt und wir Schwestern müssen die Änderungen von der Mutter erfahren, weil uns kein Arzt informiert!" Sie regt sich wirklich sehr darüber auf und kommt tränenüberströmt aus dem Zimmer heraus. Ich finde es sehr lieb von ihr, dass sie sich so für uns einsetzt.

Nun kommt Dr. Perser zu uns. Er entschuldigt sich für das Gespräch gestern Abend. Matthias sagt ihm: „Wir haben es nicht nötig, uns von einem dahergelaufenen Neurochirurgen drohen zu lassen! Mit diesem Arzt brauchen Sie uns gar nicht mehr anzukommen. Wir lehnen es ab, unseren Sohn von ihm behandeln zu lassen!" Ich bin baff, so habe ich Matthias noch nie reden hören. Dr. Perser muss lachen, als Matthias den Neurochirurgen dahergelaufen nennt, reißt sich aber zusammen und sagt: „Naja, dahergelaufen ..." Hier bricht er ab, grinst und wechselt schnell das Thema. Er verspricht, das Möglichste für Benjamin zu tun: „Ich finde auch, dass Benjamin noch so viel wie möglich zu Hause sein soll!"

Nun erzähle auch ich ihm von den unterschiedlichen Behandlungsmethoden seiner Kollegen: „Ich weiß schon gar nicht mehr, wem ich glauben soll!"

„Ab jetzt bin nur noch ich für Sie zuständig", sagt Dr. Perser. „Wenn jemand etwas anderes sagt als ich, dann schicken Sie ihn zu mir."

Das ist ein Wort! Er setzt es auch gleich in die Tat um, indem er die richtige Höhe für den Liquorbeutel festlegt.

So langsam verraucht der Zorn. Wir gehen mit Benny auf dem Gelände spazieren und begegnen Professor Krause. Wir erzählen ihm die Geschichte von gestern Abend und er sagt: „Ach ja, den Neurochirurgen kenne ich. Mir war er auch nie sonderlich sympathisch. Er ist so hart. Ich werde mal sehen, was ich für euch tun kann." Doch wir sagen ihm, dass nun alles geklärt ist, dank Dr. Perser.

Doch Professor Krause hat anscheinend dennoch mit Dr. Perser gesprochen, denn der kommt nach der Mittagsbesprechung noch einmal zu uns, um uns noch mal zu sagen, dass er alles dafür tun wird, damit wir so schnell wie möglich nach Hause kommen.

Inzwischen ist es wohl auch für jedermann erkennbar, dass ich am Ende meiner Kräfte bin. Es werden auch von allen Seiten Erwartungen an mich herangetragen, die sicher auch begründet sind. Da ist zuerst meine Erwartung an mich selbst und die der Ärzte, dass ich, wenn möglich, bei Benjamin bleibe, so oft es geht. Es geht hier schließlich um ihn. Er ist derjenige, der mich am meisten braucht.

Doch auch andere Eltern haben Kinder, um die sie sich sorgen. Da sind zuerst meine Eltern. Wie angespannt ich bin, bekommen sie nur teilweise durch die Telefonate mit. „Mach mal ein paar Tage Urlaub, sonst klappst du noch zusammen", schlagen sie vor. Doch sie sehen ein, dass ich mich sicher nicht erholen kann, wenn ich nicht weiß, wie es Benny geht.

Und da sind Matthias' Eltern, die sich Sorgen um ihren Sohn machen. „Du musst auch mal nach Hause fahren, um für Matthias zu sorgen. Der isst bestimmt nicht richtig", fordern sie. Ich vermute auch, dass sie mit ihrer Befürchtung Recht haben. Deshalb gehe ich auch öfter mal mit Benny in den Supermarkt, der gegenüber dem Klinikgelände liegt, und besorge Fertigmenüs für Matthias. Doch jeden Tag nach Hause fahren und zwischendurch den Haushalt machen und dann wieder schnell in die Klinik fahren und Benjamin versorgen, das schaffe ich nicht. Matthias steht voll hinter mir, in allem, was ich mache: „Du machst es schon richtig! Benny braucht dich jetzt, deshalb ist es richtig, dass du in der Klinik bleibst. Vertrau einfach auf dein Gefühl."

Dennoch merke ich, wie einsam Matthias ist. An einem Abend, als Matthias wieder so traurig nach Hause gefahren ist, bringe ich Benjamin direkt nach seiner letzten Mahlzeit zur Sitzwache, sage der Schwester, dass ich schnell für ein Stündchen nach Hause fahre, setze mich ins Auto und fahre los. Matthias liegt schon im Bett und freut sich unglaublich, dass ich zu ihm komme. Schnell steht er auf und wir trinken noch zusammen eine Tasse Tee. Dass ich nicht lange bleiben kann, ist uns beiden klar. Wir kuscheln uns noch für ein paar Minuten aufs Sofa, bevor ich wieder weg muss. Dabei bin ich wohl eingeschlafen. Als ich wieder aufwache, ist es höchste Zeit zum Fahren. Ich ziehe schnell meine Jacke an, verabschiede mich von Matthias und renne zum Auto. Noch während ich den Motor anmache, packt mich ein Gefühl der Panik. „Du schaffst es nicht, bis zum Krankenhaus zu fahren. Du musst fahren, Benjamin braucht dich. Er ist doch bei der Sitzwache, du kannst doch hier bleiben. Aber was ist, wenn er in der Nacht aufwacht! Dreh lieber um, sonst wirst du gleich ohnmächtig! Nein, ich muss es schaffen, jetzt zur Klinik zu fahren. Nein, ich schaffe es nicht!"

Diese Gedanken gehen mir durch den Kopf, während ich langsam unsere Straße entlangfahre. Nach etwa 200 Meter wende ich das Auto doch. Mein Herz rast, mir wird heiß, ich habe das Gefühl, gleich die Besinnung zu verlieren. Was dann? Es ist dunkel und spät. Niemand würde merken, wenn ich ohnmächtig im Auto liege. Matthias vermutet mich in der Klinik und die Schwestern werden denken, dass ich zu Hause geblieben bin. Ich drücke auf die Hupe, in der Hoffnung, dass Matthias unser Auto erkennt und nachschauen geht. Mir ist so schwindelig, als ich zum Haus gehe, dass ich kaum noch gerade gehen kann. Matthias nimmt mich an der Wohnungstür in Empfang und legt mich gleich aufs Sofa: „Du bleibst heute Nacht mal hier!", entscheidet er und ruft auf der Station an, um die Nachtschwester darüber zu informieren.

Nachdem diese Entscheidung gefallen ist, geht es mir besser. Endlich kann ich mich mal gehen lassen.

Meine nervliche Belastung merke ich noch an einer anderen Sache. Jedes Mal, wenn ich mit Benjamin ins Krankenhaus muss, habe ich Probleme mit dem Lesen. Diesmal ist es so schlimm, dass ich mir eine Lupe zum Lesen besorgt habe. Geht es Benjamin besser und ich muss mir nicht so große Sorgen um ihn machen, dann schaffe ich es, auch ohne Lupe zu lesen.

Doch heute bin ich erst einmal froh, dass Matthias den ganzen Tag bei uns sein kann und dass Dr. Perser sich für uns einsetzt. Am Nachmittag geht plötzlich die Tür auf, Dr. Perser steckt seinen Kopf herein und sagt: „Heute kommt die Ableitung raus und morgen dürfen Sie nach Hause gehen!" Er strahlt über das ganze Gesicht. Wir wollen wissen, wieso das denn jetzt so schnell umentschieden wurde. „Wir denken, dass der Eiweißgehalt des Liquors deshalb so stark steigt, weil laufend mehr durch die Ableitung abfließt als normal ist. Wir sehen jetzt erst einmal, wie sich der Kopfumfang verändert. Wächst er zu stark, dann punktieren wir einmal, lassen die Nadel aber nicht liegen." Das ist genau das, was Matthias von Anfang an vorgeschlagen hatte. Doch jetzt freuen wir uns erst mal, dass es vorwärts geht. Dr. Perser nimmt die Sache nun selbst in die Hand. Wieder gehen wir in den Behandlungsraum und legen Benny auf den Tisch. Matthias und ich werden in alle Arbeiten mit einbezogen. Erst wird der Gips an Benjamins Kopf mit Wasser vorsichtig eingeweicht und mit einer Schere Stück für Stück abgeschnitten. Dann wird noch einmal Liquor aus dem Schlauch entnommen. Der Eiweißgehalt ist auf 7,0 angestiegen. Eigentlich ist Liquor klar wie Wasser, doch bei Benjamin ist er gelb mit rot vermischt. Das bedeutet, dass da noch irgendwelche Blutungen im Gehirn vorhanden sind, dass also der Hirnabbauprozess noch nicht zu Ende ist. Doch das Blut ist schon sehr viel weniger geworden als am Anfang.

Nun wird die Nadel herausgezogen. Der Kopf ist bei Kindern sehr unempfindlich, sodass Benny nichts spürt.

Es ist wie ein Fest, als wir unser Kind wieder ohne Schlauch und senkrecht auf den Arm nehmen dürfen.

Zwischen dem Arzt, der Schwester und uns Eltern fliegen die Scherze nur so hin und her. Irgendwie müssen wir unserer Erleichterung Luft machen. Ich nehme mein Kind auf den Arm und tanze mit ihm im Zimmer rum. Matthias bereitet derweil das Bad vor und badet dann seinen Sohn. Und morgen gehen wir dann nach Hause!

Noch heute Morgen hat mir ein Stationsarzt gesagt, dass wir noch mindestens vier Wochen hier bleiben müssen. Diese Aussage muss er nun zurücknehmen. Irgendwie tut er mir auch Leid. Er wurde schließlich nicht richtig informiert. Doch bevor es endgültig nach Hause geht, wird noch einmal ein EEG geschrieben. Dann warten wir auf das Abschlussgespräch mit Dr. Perser. Das findet am Nachmittag statt. „Wenn Sie den Eindruck haben, dass der Kopfumfang wieder zu stark wächst und Benjamin sich weniger bewegt und sehr schläfrig wird, dann kommen Sie zu mir und wir punktieren ihn wieder. Aber versuchen Sie es so weit wie möglich hinauszuschieben. Je öfter wir punktieren, desto höher steigt der Eiweißgehalt des Liquors."

Endlich können wir gehen. Das Zimmer habe ich schon seit Stunden geräumt, das Bett abgezogen und mir von der Schwester einen Eimer Wasser mit Desinfektionsmittel geben lassen, um die Tische, die Wanne und die Wickelkommode abzuwischen. Damit ist das Zimmer für den nächsten Patienten fertig und die Schwestern freuen sich, dass sie Arbeit gespart haben. Ich habe damit nur meine Ungeduld und Langeweile vertrieben.

Jetzt haben wir mehr denn je das Gefühl, hier weg zu müssen, doch die Fahrt zu unseren Eltern dauert uns in dieser Situation einfach zu lange. Jens und Claudia haben uns angeboten, übers Wochenende zu ihnen zu kommen: „Dann hört und seht ihr mal was anderes!" Wir nehmen diese Einladung gerne an. So gehen wir schon am nächsten Tag auf die Reise. Ich bin vom Krankenhausaufenthalt noch ziemlich erschöpft. Die letzte Nacht im Krankenhaus hat Benjamin in meinem Zimmer geschlafen. Er war die ganze Nacht sehr unruhig und ich habe nur drei Stunden geschlafen. Die erste Nacht zu Hause verlief dagegen besser.

Nach anderthalb Stunden Fahrt sind wir bei Jens und Claudia angekommen. Sie haben es sehr gemütlich für uns gemacht. Sie wollen, dass wir erst einmal zur Ruhe kommen. Wir wissen, wie schlecht es um Benny steht. Vielleicht haben wir ihn nur noch ein Jahr lang, vielleicht auch nur ein halbes Jahr. Egal wie lange wir ihn noch haben werden, für uns ist es immer viel zu kurz. Das drückt natürlich etwas auf unsere Stimmung. Auf der anderen Seite leben wir jetzt viel bewusster. Wir genießen jede Minute, die wir mit Benjamin haben. Wir lassen ihn kaum noch aus dem Arm.

Die Auswirkung vom psychischen Stress der letzten Tage stellt sich bei mir am Abend ein. Mich überkommt eine plötzliche Übelkeit, die jede Regung unmöglich macht. Ich liege nur still auf dem Sofa, den Kopf in Matthias Schoß, und versuche mit der Übelkeit fertig zu werden. Jens und Claudia bemühen sich, mir irgendwie zu helfen. Irgendwelche Tropfen, die Claudia anschleppt, scheinen wirklich zu helfen. Mit dem letzten Rest Humor, der mir noch geblieben ist, sage ich zu Claudia: „Aber sonst war dein Essen echt gut!" Doch dass es nicht am Essen lag, ist mir klar. Ich fühle mich sowohl körperlich als auch seelisch völlig ausgepumpt.

So wird der Abend vorzeitig beendet und auch der nächste Tag wird ruhig angegangen. Beim Abschied sagen Jens und Claudia zu uns: „Wenn ihr das Gefühl habt, mal von zu Hause weg zu müssen, dann könnt ihr jederzeit zu uns kommen." Wir sind dankbar, dass wir in dieser schweren Zeit echte Freunde haben.

Die Woche läuft ruhiger bei uns ab. Ich verzichte jetzt darauf, mit Benjamin zur Krankengymnastik zu gehen. Das bedeutet für ihn nur eine Qual und bringen tut es ja sowieso nichts, zumindest in seiner Situation.

In der Gemeinde werden wir oft gefragt, wie es mit Benjamin weitergehen soll. Ich bin dann ehrlich und erkläre, dass Benjamin keine lange Lebenserwartung mehr hat, dabei hoffe ich immer noch, dass uns doch noch ein paar Jahre bleiben. Oft sagen mir die Leute dann: „Ich finde das gut, wie du dich damit abfinden kannst. Wie du so ruhig darüber reden kannst!"

„Ich habe Benjamin ja noch! Ihn nicht mehr zu haben, kann ich mir gar nicht vorstellen, darum bin ich noch so ruhig", antworte ich dann.

Doch es gibt auch Leute, die, sicher ungewollt, auf unseren Gefühlen herumtrampeln. Da ist die Frau, die zu mir kommt und sagt: „Ach, der lebt ja noch. Wir überlegen immer schon, ob er noch lebt, wenn wir euch das nächste Mal sehen." Ich blicke auf mein Kind in meinem Arm und bin fassungslos über diese Worte.

Ich weiß nicht, ob wir das alles so durchstehen könnten, wenn wir unseren Glauben nicht hätten. Doch die Gewissheit, dass wir in Gott geborgen sind, auch wenn unser Kind einmal sterben sollte, macht uns ruhig. Wir glauben daran, dass Gott eine neue Erde schaffen wird, wie es in der Bibel steht, und dass er alle Menschen, die sich zu ihm bekannt haben, auf die neue Erde holen wird. Dort gibt es dann kein Leid mehr und keinen Tod. Dort werden uns Engel unseren Benjamin wieder in die Arme legen, und zwar so gesund, wie er im Leben noch niemals war. Ich habe einmal zu Sabine gesagt: „Weißt du, das tröstet uns. Wir wissen genau, dass Benjamin auf jeden Fall auf der neuen Erde sein wird. Er kann sich niemals gegen Gott entscheiden und auch niemals für ihn. Aber ich bin überzeugt davon: Jedes Kind gehört von Anfang an Gott! Und Satan tut alles, um den heranwachsenden Menschen von Gott zu entfernen. Doch bei Benjamin kann ihm das nie gelingen, weil sich Benny nie gegen Gott entscheiden kann. Darum bleibt er auf ewig ein Kind Gottes!"

Sechs Tage nach unserer Entlassung aus dem Krankenhaus haben wir das Gefühl, dass der Druck in Bennys Kopf wieder zu stark wird. Benjamin bewegt sich kaum noch, selbst wenn er weint, zieht er weder die Arme noch die Beine an, was jedes Kind sonst macht. Ich rufe also in der Klinik an und bekomme für den späten Nachmittag einen Termin bei Dr. Perser. Matthias hat frei und kommt mit zur Punktion. Wir werden von einer Schwester in der Ambulanz in Empfang genommen und in einen Untersuchungsraum geführt. Kurz darauf kommt Dr. Perser herein: „Ich werde die Punktion heute selber vornehmen, dabei muss ich Ihnen sagen, dass es auch für mich das erste Mal ist. Doch ich habe das letzte Mal gut aufgepasst." Er ist sichtlich aufgeregt und wir müssen ihm Mut machen: „Wir vertrauen Ihnen. Das schaffen Sie schon!" Die Schwester steht im Hintergrund und wird von Dr. Perser nur benötigt, um Sachen herbeizuholen. Den Rest machen Dr. Perser, Matthias und ich alleine. Dr. Perser macht die Punktion, Matthias assistiert ihm und ich bin für Benjamin da, halte ihn fest und beruhige ihn. Doch die Atmosphäre hier im Raum ist so ruhig, dass auch Benjamin ruhig ist. Wir haben ihn auf ein weiches Fell gelegt und die Wärmelampe über ihm angemacht. Das ist schön gemütlich.

Dr. Perser sticht die Nadel in den Kopf und hält den Schlauch hoch, doch kein Liquor ist zu sehen. Er wird unruhig. Die Nadel wird etwas gedreht, doch es tut sich immer noch nichts. Es lässt sich nicht ändern, die Nadel muss wieder raus. An der Luft versucht der Arzt durch die Nadel zu blasen, doch auch das geht nicht. Ein Stück Knochen hat sich darin festgesetzt. Eine zweite Nadel muss her. Nun versucht der Arzt durch die Fontanelle zu stechen. Diesmal klappt es und der Liquor fließt. Es wird wieder eine Eiweißprobe entnommen. Der Eiweißgehalt ist nur von 7,0 auf 6,9 gesunken. Aber immerhin ist er nicht angestiegen.

„Nun müssen wir eine halbe Stunde warten, bis das überflüssige Liquor abgelaufen ist“, sagt Dr. Perser. Man sieht ihm den Stolz über die gelungene Arbeit an. Er holt eine Polaroidkamera, um Bilder von der Nadel in Bennys Kopf zu machen: „Für die Unterlagen“, sagt der Arzt. „Falls mal ein Kollege von mir die Punktion machen muss.“

Doch ich habe das Gefühl, dass er eins von den Bildern für sein Privatalbum behält. Er hat es aber auch wirklich gut gemacht. Während der halben Stunde merken wir schon, wie Benjamin sich verändert. Er wird lebhafter und wacher. Darüber freuen sich nicht nur Matthias und ich.

Nach einer halben Stunde wird die Nadel entfernt und wir dürfen wieder nach Hause gehen. Fröhlich verabschieden wir uns von Dr. Perser. Wir haben noch bei keinem anderen Arzt so sehr das Gefühl gehabt, dass wir mit ihm zusammenarbeiten, wie bei ihm. Lieber schickt er die Schwestern aus dem Raum und lässt sich von uns Eltern helfen, als dass wir Eltern den Raum verlassen müssen. „Es ist aber auch wirklich ein Glück, dass Sie beide in der Krankenpflege tätig sind“, hat er einmal gesagt. Dazu hat Matthias noch das Talent, in medizinischen Dingen so selbstbewusst aufzutreten, dass so mancher Arzt sich lieber einen Rat bei ihm holt, als zu einem Kollegen zu gehen.

Am 23. Dezember, sechs Tage nach der letzten Punktion, gehen wir mit Benny noch einmal zu Dr. Perser zum Punktieren. Wir hätten vielleicht noch ein oder zwei Tage warten können, doch an den Feiertagen hat Dr. Perser keinen Dienst und einen anderen Arzt wollen wir da noch nicht so gerne dranlassen. Diesmal werden wir wieder in das Untersuchungszimmer auf der Station gebeten. Alle sind in Weihnachtsstimmung. Inzwischen sind die Menschen, die auf dieser Station arbeiten, schon ein fester Bestandteil unseres Lebens. Wir rechnen damit, dass wir sie noch oft zu sehen bekommen. Und für die Ärzte und Schwestern gehören wir auch schon zum Team dazu, wobei Benjamin der Mittelpunkt des

Teams ist. Das wurde am Tag unserer Entlassung deutlich. Dr. Perser kennt Benjamin ja erst, seitdem es ihm so schlecht geht. Dass er vorher ganz schön fit war für ein Down-Kind mit einem schweren Herzfehler, konnte er sich nie richtig vorstellen. So habe ich am letzten Abend auf der Station einmal den Videofilm mitgebracht, den wir von Benny gedreht haben. Dr. Perser kam nach Dienstschluss zu mir und wir haben uns den letzten Teil des Films im Konferenzraum angesehen. Der Film war nur acht Minuten lang, zeigt aber die letzten Tage im September, wo Benny auf dem Höhepunkt seiner Entwicklung stand, die Zeit auf der Intensivstation und die Zeit nach der Entlassung. Der Film endet mit der Entlassung von Dr. Persers Station, als wir wegen der Krämpfe dort waren.

Am nächsten Tag, als sich Dr. Perser noch mal dafür bedankt, dass ich ihm die Aufnahmen gezeigt habe, haben auch die Schwestern vom Videofilm erfahren. Nach ihrer Übergabe am Mittag wollen auch sie den Film sehen. Auch sie opfern dafür ihre freie Zeit. Benjamin schafft es immer noch, die Menschen für sich zu gewinnen.

Für uns beginnt das Weihnachtsfest nach der Punktion, als wir sehen, dass es Benjamin besser geht.

24. Dezember, Heiligabend. Unser erstes Weihnachten mit Kind. Wir haben in unserer Musikecke einen kleinen Weihnachtsstrauß hingestellt, ihn schön geschmückt und Kerzen drangemacht. Doch bevor wir sie anzünden, gehen wir zum Weihnachtsgottesdienst in die Gemeinde. Ich liebe diese Stimmung am Weihnachtsabend.

Zu Hause angekommen, wickeln wir Benjamin gemeinsam und bekommen unser schönstes Weihnachtsgeschenk: Benjamin bewegt die Arme und Beine und das nicht nur beim Weinen. Das ist ein Zeichen, dass es ihm heute wirklich so richtig gut geht. Es ist Wochen her, seit er das letzte Mal seine Arme und Beine angezogen hat, ohne dass er dabei weint.

Während Matthias ihn anzieht, mache ich die Kerzen und die Musik an. Nun können wir uns an den Weihnachtsbaum setzen. Bei den Lichtern gehen Bennys Augen weiter auf. Fixieren kann er die Lichter zwar nicht, aber die schöne Stimmung spürt auch er. Ich nehme ihn auf den Arm, nachdem wir alle Bilder mit Kind unterm Weihnachtsbaum geknipst haben. Dann packe ich mit ihm zusammen sein Weihnachtsgeschenk aus. Auch hier habe ich das Gefühl, dass es ihm schon lange nicht mehr so gut ging wie heute.

Matthias und ich sind glücklich. Diesem Glück geben wir uns heute völlig hin.

Der erste Feiertag ist grau und trübe. Die gemütliche Stimmung des gestrigen Abends ist vorbei. Heute machen wir uns einen ruhigen Trödeltag, an dem wir nur für unser Kind da sind. Einen solchen Tag hat man ab und zu mal ganz gerne, aber als der zweite Feiertag auch wieder so zu werden scheint, packt uns doch die Langeweile. Benny geht es heute auch nicht so gut. Er atmet recht laut und ist sehr blass. Wir beschließen, ihn warm anzuziehen und trotz des Schmuddelwetters mit ihm an die frische Luft zu gehen. Vielleicht atmet er dann ruhiger. Ich kenne das von ihm. Frische Luft hat ihm da immer am besten geholfen. So scheint es auch heute zu sein.

Den Nachmittag verbringen wir damit, Dias auszusortieren. Mir ist dabei langweilig und so telefoniere ich nebenbei mit Anke. Auch meine Schwester verbringt den Nachmittag wie ich auf dem Sofa liegend, nur hat sie nicht eins ihrer Kinder dabei auf dem Bauch. Wir tauschen telefonisch unsere Sorgen mit unseren Männern aus, spaßeshalber versteht sich, denn eigentlich hat keine von uns beiden ernsthaften Grund zur Klage.

Ich bin froh, als es Zeit zum Baden wird. Matthias ist noch mit den Dias beschäftigt. So habe ich jetzt erst einmal genug mit Benjamin zu tun. Nach dem Baden wiege ich ihn: 8900 Gramm. „Benjamin hat von gestern auf heute fast 500 Gramm zugenommen", rufe ich Matthias zu. „Wenn das man nicht bedeutet, dass wieder zu viel Liquor im Kopf ist! Ich denke, wir müssen morgen wieder zum Punktieren gehen."

Nach der Abendmahlzeit lege ich Benjamin in seinen Stubenwagen. Um zehn Uhr bekommt er die letzte Mahlzeit vor der Nacht.

Als ich Benny um zehn Uhr aus seinem Bett nehme, um ihm zu trinken zu geben, erschrecke ich. Er hat einen pfeifenden Atem und ist ganz weiß im Gesicht. Doch das Gleiche war vor ein paar Tagen schon mal. Nach einigen Stunden hat sich das von selbst wieder gegeben. So setze ich mich erst einmal an den Tisch, um Benny die Flasche zu geben. Wir haben uns vor einiger Zeit ein Stillkissen geholt. Bennys Kopf ist jetzt so schwer, dass man ihn kaum noch die ganze Mahlzeit über mit dem Arm hochhalten kann. Einen neuen Schrecken bekomme ich jetzt, als ich merke, dass Benjamin nicht mehr schluckt: „Matthias, wir müssen sofort in die Klinik. Der Druck in seinem Kopf muss so hoch sein, dass er nicht einmal mehr schlucken kann."

„Wenn wir jetzt, mitten in der Nacht, zur Klinik fahren, dann behalten sie ihn gleich auf der Intensivstation da. Lass uns mal morgen hinfahren. Da ist kein Feiertag mehr." Matthias sitzt auf dem Sofa und sieht Benjamin nicht. Ich bringe ihn zu ihm, lege ihm das Kind in den Arm und sage: „Ich rufe jetzt in der Klinik an und frage, ob Dr. Perser Hintergrunddienst hat. Der wird schon dafür sorgen, dass wir nicht unnötig dableiben müssen." Die Schwester am Telefon bestätigt mir, dass Dr. Perser Rufbereitschaftsdienst hat. Also ziehen wir Benny eine warme Jacke über seinen Schlafanzug, wickeln ihn in eine Decke, und fahren, ohne weiter Zeit zu verlieren, in die Klinik. Wir werden gleich in den Raum geführt, in dem wir schon Anfang Oktober mit dem krampfenden Benjamin auf die Ärzte gewartet haben. Heute hat der Arzt von der Station 38 Dienst, dessen Kind auch einen Herzfehler hat. Ich bin froh, dass es ein Arzt ist, der Benjamin kennt und mit dem ich mich immer sehr gut verstanden habe.

Benjamin liegt auf dem Untersuchungstisch und man sieht ihm an, dass er kämpft und sich quält. Der Arzt wirft einen Blick auf ihn und sagt: „Oh weh, der sieht aus, als ob er seine letzte Reise antritt!" Ich lache etwas, halte das für einen bösen Scherz: „Warten Sie mal, wie gut es ihm wieder geht, wenn er punktiert ist. Das liegt jetzt nur am hohen Druck im Gehirn." Jetzt, wo ich mit Benjamin im Krankenhaus bin, habe ich keine Angst mehr. Hier wurde ihm bisher immer geholfen. Der Arzt geht aus dem Zimmer, um mit Dr. Perser zu telefonieren. Weder Matthias noch ich haben die Worte des Arztes realisiert. Wir reden beruhigend auf Benjamin ein: „Bald geht es dir besser, kleiner Schatz!" Die Tür geht auf und der Arzt und eine Schwester kommen herein. Der Arzt sagt: „Ich habe mit Dr. Perser gesprochen. Er sagt, dass wir nichts mehr tun sollten, sondern Benny in Frieden sterben lassen sollen." Ich habe das Gefühl, als würden die Füße unter mir weggerissen werden. Mein Kind soll jetzt schon sterben?! Jetzt?! Nein, ich habe doch noch mit ein paar Jahren gerechnet! Benjamin kann doch jetzt nicht einfach sterben!

Der Arzt redet weiter: „Wenn wir heute punktieren, sind Sie morgen wieder hier und übermorgen muss dann zweimal punktiert werden und so weiter. Irgendwann muss das ein Ende haben. Wenn Sie aber noch Zeit brauchen, dann punktiere ich Benjamin heute noch einmal, dann haben Sie vielleicht noch drei Tage Zeit, bis er stirbt. Ich könnte verstehen, wenn Sie das möchten. Entscheiden Sie das ruhig."

Die Schwester sieht, dass wir Zeit brauchen, und sagt zum Arzt: „Wir lassen die Familie jetzt besser mal allein."

„Ja, wenn Sie sich entschieden haben, sagen Sie uns Bescheid." Damit verlassen der Arzt und die Schwester den Raum.

Ich lege meinen Kopf auf die Liege neben mein Kind und fange bitterlich an zu weinen: „Matthias, sie können ihn doch nicht so einfach sterben lassen! Es ist doch unser Baby! Er darf jetzt nicht sterben!" Alle Verzweiflung bricht aus mir heraus. Auch Matthias weint, doch er bleibt dabei ruhig und nüchtern: „Ach Heike, wollen wir denn, dass sich Benny noch drei Tage länger quälen muss? Was hätte er denn von diesen drei Tagen außer Schmerzen?!" Ich weiß ja, dass Matthias Recht hat. Wieder einmal muss ich mich zusammenreißen, um nicht zuerst an mich zu denken. Ich schaue auf mein Kind und sehe, wie es sich quält. Ich kann ihn da jetzt nicht so allein liegen lassen, nehme ihn auf meinen Arm und setze mich in die Ecke auf einen Stuhl. Sofort wird Benjamin ruhiger, atmet wieder leichter und entspannt sich.

„Gut", sage ich. „Sag dem Arzt Bescheid, dass wir Benny nicht mehr punktieren lassen."

Matthias ist bald wieder bei mir: „Der Arzt kommt gleich."

„Was sollen wir denn machen, wenn Benjamin zu Hause stirbt? Ich habe gar keine Ahnung, was in so einem Fall zu tun ist. Vielleicht sollten wir mit Benny im Krankenhaus bleiben. Die haben sicher einen ruhigen, gemütlichen Raum, wo wir mit ihm sitzen können." Bennys Atmung setzt schon seit längerer Zeit immer wieder einmal für ein paar Sekunden aus. Dann fängt er wieder leicht an zu atmen, die Atemzüge werden tiefer, um dann wieder abzuflachen und einige Sekunden auszusetzen. Ich weiß, dass das die cheynstoksche Atmung ist. Diese Atmung leitet in der Regel den Tod ein.

Der Arzt betritt wieder den Raum, sieht uns in der Ecke sitzen und wie ruhig und entspannt Benjamin in meinem Arm liegt: „Das ist ja unglaublich", ruft er aus. Wendet sich dann zur Schwester, die hinter ihm steht und sagt: „Schauen Sie mal, was das für ein Unterschied zu eben ist. Benjamin liegt da so ruhig und friedlich, das hätte ich nie gedacht!" Wir fragen ihn, was wir tun müssen, wenn Benny in der Nacht zu Hause stirbt.

„Sie müssen dann den Notarzt holen, der den Tod feststellt."

„Aber wird Benny dann nicht obduziert?" Dieser Gedanke erscheint mir schrecklich.

Doch der Arzt beruhigt mich: „Ich gebe Ihnen unsere Telefonnummer mit. Sagen Sie dem Notarzt, dass er mich anrufen soll. Ich erkläre ihm dann, was Benjamin hat, und er schreibt dann auf den Totenschein: Todesursache geklärt. Alles Weitere erklärt Ihnen der Notarzt dann." Ich finde es schrecklich, dass wir jetzt über diese Dinge reden müssen. Benjamin lebt doch noch! Aber wir müssen das ja schließlich wissen.

„Sie können aber auch mit Benjamin hier im Krankenhaus bleiben. Sie bekommen ein Zimmer für sich alleine und in dieser Situation werden beide Elternteile mit aufgenommen. Dann sind Sie nicht so allein, wenn es passiert."

„Wie lange wird es denn dauern?", fragt Matthias.

„Das kann heute Nacht sein, aber es kann auch noch drei Tage dauern."

„Dann nehmen wir Benjamin mit nach Hause. Er war selten genug zu Hause, dann soll er wenigstens dort in Frieden sterben dürfen!", entscheiden wir.

Der Arzt gibt uns zwei Ampullen Dolantin mit nach Hause. Das ist ein Medikament, das stärker ist als Morphium: „Wenn Sie das Gefühl haben, dass sich Benjamin quält, dann geben Sie ihm dieses Medikament. Spritzen bekommen Sie von uns mit. So werden ihm die Schmerzen genommen. Sie wissen auch, dass unter Umständen damit auch der Tod schneller eintreten kann. Aber für Benjamin bedeutet das, dass sein Leiden schneller zu Ende ist."

Wir ziehen Benjamin wieder seine Jacke an. Matthias nimmt ihn auf den Arm. Der Arzt streichelt Benny über den Kopf und sagt: „Mach's gut, kleiner Mann!" Man merkt, dass ihm der Abschied schwer fällt. Über mehrere Wochen hat er Benjamin jetzt betreut. „Wenn Sie es zu Hause nicht aushalten, kommen Sie ruhig wieder zu uns", sagt der Arzt dann zu uns. Dann verabschieden wir uns.

Wir legen Benjamin nicht mehr in den Kindersitz. Keine Sekunde lassen wir ihn jetzt aus dem Arm!

Ich fahre so schnell ich kann nach Hause, denn die Atempausen werden immer länger. Wir wollen nicht, dass Benny unterwegs im Auto stirbt. Der Weg vom Parkplatz zum Haus ist sehr dunkel und jedes Mal, wenn Benjamin eine längere Atempause macht, haben wir Angst, es könnte sein letzter Atemzug gewesen sein.

In der Wohnung angekommen, ziehen wir ihm seine Jacke aus, machen etwas gedämpftes Licht an und setzen uns mit Benny im Arm auf das Sofa. Es ist halb eins in der Nacht. Ich bin unruhig. Hier zu sitzen und darauf zu warten, dass Benny stirbt, macht mich fast wahnsinnig. Ich fühle mich unglaublich einsam und allein. „Matthias, ich rufe jetzt Anke an. Ich brauche einfach das Gefühl, dass jetzt jemand an uns denkt und für uns betet!" Matthias nimmt Benny inzwischen auf seinen Arm. Ich wundere mich, dass Anke so schnell am Telefon ist, doch sie war noch nicht im Bett. „Anke, Benny stirbt gerade, kannst du für uns beten?!" Ich bekomme die Worte kaum heraus. Auch Anke weint, als sie uns verspricht, für uns zu beten. Dann lege ich den Hörer wieder auf und nehme Benny in den Arm. „Komm, wir beten auch", schlägt Matthias vor. Wir knien uns gegenüber nieder und nehmen Benny in unser Arme. „Vater im Himmel, du weißt, was nun vor uns liegt. Wir haben unseren Benny von dir bekommen und nun möchten wir ihn wieder in deine Arme zurücklegen. Sei du jetzt ganz besonders bei ihm und bei uns! Schenke ihm einen ruhigen Tod, ohne Schmerzen und Qualen! Darum bitten wir dich von Herzen, Amen."

Dann stehen wir wieder auf und setzen uns auf das Sofa. Ich halte Benjamin im Arm und Matthias hält mit dem einen Arm mich und mit dem anderen Arm Benjamin fest. Wir legen eine Decke über ihn, damit er nicht friert, wenn die Durchblutung schlechter wird. Wir reden mit ihm: „Es ist alles gut, Spatzekind. Du musst nicht mehr kämpfen! Laß dich einfach fallen. Mami und Papi sind bei dir!" Dabei streicheln wir seine Wange. Benny öffnet die Augen und fängt eine Weile lang an, wieder ganz ruhig und normal zu atmen. Er liegt völlig entspannt in unseren Armen. Zweimal verzieht er kurz das Gesicht, als ob er weinen wollte. Wir wissen nicht, ob er doch Schmerzen hat, und so spritzt Matthias ihm etwas von dem Schmerzmittel. Ich möchte das so, denn nichts ist schlimmer, als wenn Benny leiden muss.

Die Atmung wird immer flacher und noch bevor das Mittel wirken kann, macht Benjamin seinen letzten Atemzug.

Er hat die Augen dabei geschlossen, als ob er schläft. Sein Gesicht ist völlig entspannt. Er sieht so zufrieden aus. Matthias horcht mit dem Stethoskop sein Herz ab, doch auch das hat nun aufgehört zu schlagen.

Es ist der 27. Dezember, um 1. 04 Uhr.

Was uns bleibt

Wieder nehmen wir unser Kind und knien mit ihm im Arm nieder. „Vater im Himmel, noch einmal legen wir dir unser Kind in den Arm. Wir wissen, dass du ihn uns einmal gesund wiedergeben wirst. Habe Dank für die Zeit, die wir mit ihm verbringen durften! Er hat unser Leben reich gemacht! Bitte hilf du uns jetzt. Wir schaffen es ohne dich nicht. Gib uns Kraft zum Weiterleben!"
Wir setzen uns auf das Sofa. Benny liegt in meinem Arm und sieht aus, als ob er schläft. Sein Anblick macht uns ruhig und vertreibt die Trauer. Wir wissen, er hatte einen schönen Tod. Er musste nicht leiden und wusste bis zum Schluss, dass wir bei ihm waren. Das hat er gespürt.

Der kleine Körper ist noch ganz warm. Irgendwie schaffen wir es noch nicht, ihn aus dem Arm zu legen. Wir wissen, es sind die letzten Minuten, die wir unser Kind im Arm halten können. Matthias möchte Benny auch noch einmal nehmen. Ich verstehe das und lege ihm sein Kind in den Arm. Wir weinen nicht, noch erfüllt uns auch keine Trauer. Es ist auch unmöglich, in das friedliche Gesicht von Benjamin zu sehen und zu weinen. Wir wissen, dass für ihn nun alle Qual ein Ende hat.

Um zehn nach eins klingelt das Telefon. Anke ist am Apparat. Sie hatte keine Ruhe mehr und will wissen, wie es Benjamin geht. „Benjamin ist gerade gestorben. Er ist ganz friedlich eingeschlafen", sage ich ihr. Anke ist traurig. Sie hat nicht den Vorteil, Benny jetzt zu sehen.

Als Benjamins Körper etwas kälter wird, legen wir ihn im Schlafzimmer auf den Wickeltisch. Nun rufen wir den Notarzt an. Wir sagen, dass er den Tod eines Kindes feststellen muss. Der Arzt sagt, dass er in einer halben Stunde da sein wird. Matthias und ich überlegen, ob wir unsere Eltern jetzt in der Nacht anrufen sollen. Meine Eltern sind auf dem Campingplatz. Die können wir sowieso nicht erreichen, aber wir wissen, dass Matthias' Eltern sehr traurig wären, wenn wir sie nicht gleich benachrichtigen würden. So ruft Matthias seine Eltern an und sagt ihnen, dass Benjamin gestorben ist. Sie fangen an zu weinen, doch wir können sie trösten, indem wir ihnen sagen, dass Benjamin ganz ruhig eingeschlafen ist. Ich wundere mich, dass wir stark genug sind, um andere zu trösten. Sicher, auch bei uns fließen immer wieder einmal die Tränen. Bis der Notarzt kommt, stehen wir noch oft am Wickeltisch um bei unseren Sohn zu sein. Er sieht immer noch so friedlich aus, doch sein Gesicht ist sehr blass. Das macht uns bewusst, dass er nun nicht mehr lebt. Das tut weh! Matthias zieht mich aus dem Schlafzimmer fort: „Komm, das macht es dir auch nicht leichter." Doch ein paar Minuten später finde ich ihn weinend im Schlafzimmer.

Als der Notarzt kommt, geben wir ihm die Telefonnummer des Arztes aus der Klinik. Wir haben ihn vorher schon informiert, dass Benny gestorben ist. „Nun hat er es geschafft. Glauben Sie mir, für ihn ist es besser so", versucht er uns am Telefon zu trösten. Auch der Notarzt ruft bei ihm an. Ich weiß nicht, was der andere Arzt ihm gesagt hat, aber nachdem der Notarzt Benny untersucht hat, hat er auf den Totenschein geschrieben: Todesursache geklärt.

Bei der Untersuchung müssen Matthias und ich das Zimmer verlassen, aber darüber bin ich auch froh.

„Kann ich Ihnen irgendwie helfen?", fragt uns der Notarzt noch. Wir fragen ihn, ob er ein Bestattungsunternehmen für uns anrufen könnte. Das tut er dann auch. Benjamin soll noch in dieser Nacht abgeholt werden. Ich könnte kein Auge zutun, wenn ich wüsste, dass mein totes Kind noch bei mir ist. Wie schrecklich wäre dann das Erwachen am nächsten Morgen. Nein, das wollen wir beide nicht.

Um drei Uhr kommt der Mann vom Bestattungsunternehmen. Er hat einen kleinen grauen Metallsarg bei sich, den er im Schlafzimmer auf den Boden stellt. Er ist sehr mitfühlend: „Möchten Sie, dass das Kind etwas Bestimmtes anzieht?" Nein, wir wollen, dass er darin beerdigt wird, worin er gestorben ist, in dem weißen Schlafanzug mit dem Hasen vorne drauf. Aber seine blaue Kinderdecke lege ich in seinen Sarg. Der Bestatter will Benjamin gerade vom Wickeltisch nehmen, doch ich bitte ihn, mich das machen zu lassen. Ich war die letzten Monate jede Minute bei meinem Kind und habe alles für ihn getan, da möchte auch ich es sein, die ihn als letzte Tat an ihm in den kleinen Sarg legt. Ich kann dieses Bedürfnis nicht logisch begründen, vielleicht liegt es daran, dass ich nie gerne fremde Menschen an Benny herangelassen habe.

Es ist fast vier Uhr, als Matthias und ich völlig erschöpft an Körper und Seele ins Bett sinken, doch an Schlaf ist nicht zu denken. Jetzt, wo Benny nicht mehr da ist, spüren wir die Leere in der Wohnung. Doch irgendwann müssen wir wohl doch eingeschlafen sein.

Um sieben Uhr sind wir wieder wach. Wir müssen so viel organisieren. Heute ist Dienstag. Wir wollen, dass Benjamin noch vor dem Wochenende begraben wird. So verhindern wir, dass zu viele Leute von der Beerdigung erfahren. Vor diesem Tag haben wir die größte Angst. Wir wollen nicht, dass so viele Menschen kommen. Diejenigen, die einen besonderen Kontakt zu Benny hatten, die sollten dabei sein.

Zuerst rufen wir das Jugendamt an und sagen dort Bescheid. „Es tut uns so Leid für Sie! Können wir etwas für Sie tun? Sollen wir die Beerdigung organisieren?“, bieten sie uns an, doch wir wissen, dass sie so schon genug zu tun haben, und lehnen das Angebot dankbar ab. Vielleicht ist es auch gut für uns, wenn wir erst einmal nicht zur Ruhe kommen. „Sie müssen bei den Kosten keine Rücksicht auf uns nehmen. Wenn Sie nicht gerade eine Prunkbeerdigung wünschen, übernehmen wir alle Kosten“, wird uns noch versichert. Doch wir wollen sowieso nur eine kleine, besinnliche Beerdigung. Da sowohl Matthias als auch ich einen Leichenschmaus verabscheuen, sind wir uns einig, dass wir den sicher nicht machen.

Alles erinnert uns noch an Benny. Seine Flasche von der Zehn-Uhr-Mahlzeit gestern Abend steht noch in der Küche. Im Windeleimer sind noch seine Windeln. Sein Stubenwagen steht noch so im Raum, wie er stand, als ich Benny zur Mahlzeit herausgenommen habe. Alles ist noch da von ihm, nur er nicht! Wieder und wieder müssen wir weinen.

Wir möchten gerne, dass Thomas die Beerdigungsansprache hält. Er hat Benjamin so gern gehabt, dass wir sicher sind, dass er die richtigen Worte findet. Er ist schockiert, als er von Benjamins Tod hört, aber ist sofort bereit, die Andacht zu halten. Morgen wird er zu uns kommen und alles mit uns besprechen.

Wir machen uns auf, um die Formalitäten mit dem Bestattungsunternehmen zu klären. Wir werden in einen Raum mit schweren, dunklen Möbeln geführt. Man geht sehr behutsam mit uns um. Als wir auf die Kostenfrage zu sprechen kommen und erklären, dass das Jugendamt die Kosten übernehmen wird, weil Benjamin unser Pflegekind war, wird der Umgangston gleich anders: „Ach, das war nicht Ihr eigenes Kind? Wenn das Jugendamt die Kosten trägt, dann nehmen wir von allem das Billigste. Den billigsten Sarg, den billigsten Friedhof ..." Hier unterbreche ich die Dame: „Nein, wir wollen, dass Benjamin auf dem Friedhof begraben wird, der in unserem Ort ist!" Das bedarf erst einer telefonischen Rücksprache mit dem Jugendamt, das uns jedoch zustimmt. Dann ergibt sich ein neues Problem. Da der Friedhof ein kirchlicher Friedhof ist und Benjamin nicht getauft ist, müssen wir mehr zahlen, als üblich ist. Doch auch dazu stimmt das Jugendamt zu. Der Friedhofsorganist darf aus diesem Grund auch nicht die Orgel spielen, muss aber von uns bzw. dem Jugendamt bezahlt werden. Es ist alles sehr kompliziert und eigentlich haben wir andere Dinge als solche Unwichtigkeiten im Kopf. Wir weinen sehr oft. Alles erinnert uns an Benjamin. Zu Hause liegt noch die ungebrauchte Ampulle Dolantin. Die müssen wir wieder zurückbringen.

Der Arzt, der gestern Dienst hatte, ist auch heute noch auf der Station. Wir übergeben ihm die Ampulle. Er ist sehr bedrückt, sagt uns aber: „Ihre Entscheidung gestern war richtig. So schwer es nun auch für Sie ist, aber Benjamin hätte nur noch leiden müssen."

Dr. Perser kommt den Flur entlang. Als er uns sieht, kommt er gleich zu uns. Schweigend drückt er uns die Hand. Dann nimmt er uns mit in den Behandlungsraum, in dem er Benny das erste Mal punktiert hat. „Warten Sie hier einen Augenblick, ich bin gleich bei Ihnen." Nun sitzen wir in dem Raum, aus dem wir vor zehn Tagen so gut gelaunt und hoffnungsfroh herausgegangen sind. Die Erinnerung ist schwer zu ertragen. Nach kurzer Zeit kommt Dr. Perser zu uns herein und setzt sich uns gegenüber auf einen Stuhl: „So, nun habe ich Zeit für Sie! Ich wollte Sie gerne noch einmal sprechen. Ich kann mir vorstellen, wie schwer es jetzt für Sie ist, aber die Entscheidung der letzten Nacht war gut so. Sie haben Benjamin längeres Leiden erspart. Aber ich wollte mich ganz besonders bei Ihnen für die gute Zusammenarbeit bedanken." Auch wir bedanken uns bei ihm für alles, was er für Benny getan hat.

Dieses Gebäude mit dem Wissen zu verlassen, hier müssen und brauchen wir nie wieder hin, ist schon sehr seltsam. Aber es verstärkt das Gefühl der Leere in uns.

Am Abend tun uns die Augen vom Weinen so sehr weh, dass wir sie nicht mehr aufhalten können.

Am nächsten Nachmittag ist Thomas bei uns. Wir müssen ja noch die Beerdigung besprechen. Nun steht der Termin auch fest. Sie soll am Freitag, dem 30. Dezember um elf Uhr stattfinden.

Wir wollen keine traurige Beerdigung, die nur Seelenmatsch macht. Wir möchten, dass deutlich wird, dass wir dankbar für die Zeit sind, die wir mit Benjamin verbracht haben. Darum wählen wir auch das Lied aus: Nun danket alle Gott!

Meine Eltern und mein Schwiegervater kommen am Freitagmorgen zu uns. Sie bleiben alle drei eine ganze Woche lang bei uns, denn ab Sonntag müssen wir anfangen, die neue Wohnung zu renovieren. Nun haben wir endlich eine Wohnung mit drei Zimmern und das Kinderzimmer wird leer stehen. Dennoch ist der Zeitpunkt des Umzug gut, denn so kommen wir aus der Wohnung raus, in der uns alles an Benny erinnert.

Sabine hat mir geholfen, Benjamins Sachen in Kartons zu packen und auf den Dachboden zu stellen. Ich bin so froh, dass meine Kusine für mich da ist.

Wir müssen einen Kranz bestellen. Doch auch da entscheiden wir uns lieber für ein Gesteck. Gelbe Rosen sollen darauf kommen und auf der Schleife soll stehen: In Liebe, Mami und Papi.

Nun ist der gefürchtete Tag der Beerdigung da. Wir haben Angst davor, den kleinen Sarg zu sehen. Thomas wollte Benny gestern noch mal sehen, doch das Beerdigungsinstitut hat den Sarg schon vor der Überführung zunageln lassen. Die Begründung dafür lautet: „Es war ja nur ein Pflegekind, wir haben nicht damit gerechnet, dass die Pflegeeltern das Kind noch mal sehen wollten."

Es ist kalt, aber sonnig. Wir fahren mit unseren Eltern zum Friedhof. Matthias' Mutter muss leider arbeiten. Für sie ist es sicher schrecklich, nicht dabei sein zu können. Thomas und Sabine sind schon da und gehen mit uns in die Kapelle hinein. Als ich den kleinen, weißen Sarg auf dem lilafarbenen Samt sehe, bricht alles aus mir heraus. „Mein Baby! Er war doch mein Baby!" Es ist mir unbegreiflich, dass mein Baby in diesem weißen Kasten liegt. So ein Kindersarg hat etwas ungeheuer Brutales an sich. Ich knie neben dem Sarg und kann es nicht fassen.

Matthias zieht mich von der Erde hoch und nimmt mich in den Arm. „Geh da nicht hin, es tut nur weh!"

Ich bekomme nichts mehr von meiner Umwelt mit. Ich sehe nur diesen kleinen Sarg, in dem mein Kind, mein Benjamin drinliegen soll. Wo sind all die Hoffnungen geblieben, die wir mit diesem Kind hatten? Da spüre ich, wie Matthias meine Hand in seine nimmt, und da weiß ich, ich bin nicht allein.

Dann fängt Thomas an zu reden. Man spürt, dass es ihm schwer fällt. Ich kann ihn durch den Tränenschleier kaum erkennen. Er beschreibt Benny so, dass man das Gefühl hat ihn direkt vor sich zu sehen: seine braunen Augen, mit denen er seine Umwelt in sich aufnimmt, mit denen er die Menschen fixiert. Seine Fröhlichkeit, die er sich trotz der schwierigen Umstände, mit denen sein Leben begonnen hat, bewahrt hat. Benjamins Fähigkeit, Liebe so zu empfangen, dass der Gebende dadurch glücklicher wird. Und nicht zuletzt Bennys Bedürfnis nach Geborgenheit, besonders in der letzten Zeit. „Sein erster Name, Etilolio, deutet auf einen großen Kämpfer hin", sagt Thomas. „Und kämpfen, das konnte Benjamin! Ohne seinen Willen zum Leben hätte er sicher nicht die schwere Herzoperation überlebt, geschweige denn die Unterzuckerung. Aber den Willen zum Leben, den hat er von seinen Eltern, von Heike und Matthias bekommen. Sie gaben ihm einen Grund zu leben. Die ersten drei Wochen in seinem Leben wurde er zwar versorgt, aber niemand war da, der ihm die Liebe gab, die er brauchte. Ihr habt ihm den Namen Benjamin gegeben. Das bedeutet: Sohn meines Glücks", dabei wendet er sich zu Matthias und mir: „Glücklich wart ihr mit Benjamin. Das haben alle gesehen, die euch kennen. Ihr habt euch einen Bibeltext aus der Offenbarung ausgesucht. Und zwar aus dem 24. Kapitel, den Vers 4: Er wird alle ihre Tränen abwischen. Es wird keinen Tod mehr geben und keine Traurigkeit, keine Klage und keine Quälerei mehr.

Was einmal war, ist für immer vorbei!

Das ist eure und unsere Gewissheit. Benjamin wird leben, wenn Jesus wiederkommt. Und er wird kommen, denn das hat er uns in der Bibel versprochen. Ihr werdet euren Benjamin gesund in die Arme gelegt bekommen und er wird euch erkennen. Dann könnt ihr sehen, wie Benjamin sich entwickeln wird und werdet eure Freude an ihm haben!"

Ich spüre, wie bei der Andacht von Thomas meine Tränen versiegen. Ich werde ausgefüllt von dem Wissen: Dieser Abschied ist nicht für immer! Ich bekomme meinen Benjamin wieder!

Als die Glocken läuten und wir hinter dem Sarg zum Grab gehen, bekomme ich mit, wer alles gekommen ist. Es sind wirklich nur unsere engsten Freunde, wenige Leute aus der Gemeinde, die gehört haben, dass Benny gestorben ist, und unsere Sachbearbeiterin vom Jugendamt mit Frau Schulz, von der wir Benny bekommen haben. Dass beide gekommen sind, freut uns ganz besonders.

Während der Sarg in die Erde gelassen wird und wir dann am offenen Grab stehen, geht mir das Lied durch den Kopf, mit dessen Text Thomas seine Andacht beendet hat:

Was uns bleibt

Was uns bleibt
von unserm Lebenstanz,
ist nicht das Lachen, nicht die Lust,
die Schönheit und der Glanz.

Was uns bleibt
von unserm Lebensfleiß,
ist nicht die Arbeit, nicht der Lohn,
die Mühe und der Schweiß.

Die Liebe bleibt,
was wir aus Liebe tun, das bleibt bestehn,
auch wenn es still geschieht und ungesehn,
wenn es nur Liebe ist, die uns hier treibt,
die Liebe bleibt.

Was uns bleibt
in unsrer Lebenszeit,
ist stärker noch als Leid und Tod
und bleibt in Ewigkeit.

Was uns bleibt,
das finden wir bei Gott,
die Liebe trieb ihn in die Welt
und für uns in den Tod.

Die Liebe bleibt,
was Gott aus Liebe tat, das bleibt bestehn,
und das kann heute noch bei uns geschehn,
wo seine Liebe uns zur Liebe treibt,
die Liebe bleibt.

Manfred Siebald

Unser **Benjamin**
muss nicht mehr kämpfen.

Er ist am 27.12. ruhig in unseren Armen
eingeschlafen.

Was uns bleibt –
die Liebe, die Erinnerung
– die Gewissheit,
ihn gesund
wiederzubekommen.

Heike und Matthias Steinebach

Nachwort

2. Mai 1996. Heute ist es genau zwei Jahre her, dass wir den Anruf vom Jugendamt bekommen haben, mit dem alles anfing. Ich bin traurig, denn unsere Hoffnung, dass wir bald wieder ein Kind bekommen, hat sich bisher nicht erfüllt.

Als das Telefon klingelt und die Stimme am anderen Ende sagt: „Guten Tag, Frau Steinebach, hier ist das Jugendamt", spüre ich, dass das der Anruf ist, auf den wir anderthalb Jahre gewartet haben.

Unsere kleine Tochter ist achteinhalb Monate alt, als sie zu uns nach Hause kommt, genauso alt wie Benny war, als er starb.

Benny wird uns immer fehlen, aber wir haben gelernt, mit diesem Verlust umzugehen. In der Zeit seit Bennys Tod hat uns Gott immer genügend Kraft gegeben, mit diesen Gefühlen fertig zu werden.

Die Zeit nach Benjamins Tod war eine größere Belastung für unsere Ehe als die Zeit im Krankenhaus. Jeder von uns hatte eine andere Art, mit der Trauer umzugehen. Eigentlich brauchten wir einander mehr denn je, doch keiner wollte den anderen mit seiner Trauer belasten. Es hat seine Zeit gebraucht, bis wir erkannt haben, dass wir es nur gemeinsam schaffen, durch diese Zeit zu kommen, und nicht jeder für sich alleine.

Gott hat dafür gesorgt, dass wir nie ganz ohne Kinder waren. Er gab uns Tageskinder, für kurze Zeit ein Pflegekind und Freunde, die uns jederzeit ihre Kinder überließen, wenn wir mal wieder Sehnsucht nach Windeln, Kinderlachen und verschmierten Mündern hatten.

Wir haben in diesem Jahr seit Bennys Tod Freunde gefunden, die uns zur Seite standen, wann immer wir sie brauchten. Ohne sie wären wir sicher so manches Mal durchgedreht. Es sind Freunde, die vor unserer Trauer nicht die Augen verschlossen haben, sondern mit uns mitgelitten haben.

Doch die größte Hilfe ist uns immer noch unser Gott. Zu ihm

können wir in jeder Sekunde gehen. Das Gebet ist für uns zu einer echten Kraftquelle geworden.

Unsere Tochter kann uns Benny nicht ersetzen, doch sie hat die Stille in unserer Wohnung und die Leere in unseren Herzen vertrieben. Wir lieben sie genauso, wie wir Benny geliebt haben, und das nicht, weil wir keinen Benjamin mehr haben, sondern weil sie eine eigene, liebenswerte kleine Persönlichkeit ist.

Wir freuen uns nun umso mehr auf ein Wiedersehen mit unserem Benjamin. Denn erst dann wird unsere Familie komplett sein!

Nach Benjamins Tod hat Jens ein Lied für uns geschrieben:

Das Benny-Lied

Was ihr getan habt für den kleinsten meiner Brüder, ein gutes Wort, die Hand voll Liebe,
in der Wüste unsrer Zeit. Seid euch ganz sicher, ihr habt Engel damit froh gemacht.
Und unser Vater, der uns trägt, steht segnend hinter jedem Tag.
Teilnahmslose Augen, ein vertrautes Gesicht. Was mit so viel Zuversicht begann,
wird durch die Wirklichkeit verwischt. Bei aller Hoffnung, die euch bleibt,
bei allem Glauben, der euch trägt, bleibt die Frage nach dem Jetzt, eine Stille,
die euch lähmend quält.

Was ihr getan habt für den kleinsten meiner Brüder, ein starker Arm,
ein wenig Wärme in der Kälte unsrer Zeit. Seid euch ganz sicher,
ihr habt Engel damit froh gemacht. Und unser Vater, der uns trägt,
steht segnend hinter jedem Tag.
Kraftlose Hände, fragend suchen sie nach Halt. Gestern war noch alles möglich,
der ganze Himmel schien bereit.
Keine Nacht war euch zu lang und keine Strecke war zu weit.
Hilflos klingt der schwache Trost, auf Antwort in der Ewigkeit!

Was ihr getan habt für den kleinsten meiner Brüder,
ein kleines Lied, Melodie der Hoffnung
in der Traurigkeit der Zeit!

Seid euch ganz sicher, ihr habt Engel damit froh gemacht
und unser Vater, der uns trägt, steht segnend hinter jedem Tag.
Ein lebloser Körper, schweigend reicht ihr euch die Hand.
Keine Worte für die Einsamkeit,
kaum ein Trost, der euch erreicht.
Ihr habt alles gegeben, es wird Zeit, dass ihr empfangt!
Benny wird leben, durch die Hand des Herrn! Herr Jesus komme bald!